# 学前儿童音乐教育与活动指导

第3版

黄瑾 阮婷 编著

华东师范大学出版社

·上海·

**图书在版编目(CIP)数据**

学前儿童音乐教育与活动指导/黄瑾,阮婷编著. —上海:华东师范大学出版社,2014.7

学前教育专业系列教材

ISBN 978 - 7 - 5675 - 2349 - 4

Ⅰ.①学… Ⅱ.①黄…②阮… Ⅲ.①学前儿童-音乐教育-高等学校-教材 Ⅳ.①G613.5

中国版本图书馆 CIP 数据核字(2014)第 170701 号

## 学前儿童音乐教育与活动指导

| | |
|---|---|
| 编　　著 | 黄　瑾　阮　婷 |
| 策划编辑 | 朱建宝 |
| 项目编辑 | 王瑞安 |
| 审读编辑 | 林芷立 |
| 责任校对 | 王　卫 |
| 封面设计 | 高　山 |

出版发行　华东师范大学出版社
社　　址　上海市中山北路 3663 号　邮编 200062
网　　址　www.ecnupress.com.cn
电　　话　021 - 60821666　行政传真 021 - 62572105
客服电话　021 - 62865537　门市(邮购)电话 021 - 62869887
地　　址　上海市中山北路 3663 号华东师范大学校内先锋路口
网　　店　http://hdsdcbs.tmall.com

印 刷 者　上海市崇明县裕安印刷厂
开　　本　787 毫米×1092 毫米　1/16
印　　张　15
字　　数　357 千字
版　　次　2014 年 12 月第 1 版
印　　次　2025 年 2 月第 16 次
书　　号　ISBN 978 - 7 - 5675 - 2349 - 4/G·7532
定　　价　36.00 元

出 版 人　王　焰

# 目 录

## 第一章

# 音乐与儿童音乐

## 第一节 音 乐

音乐是以有组织的、在时间上流动的音响为物质手段来塑造艺术形象,表达思想感情的一种社会性的艺术。它是人类特有的一种文化现象和艺术形式。在人类社会发展的历史中,音乐最初究竟是怎样产生的? 自古以来,人们就试图回答这个问题。人类学家和历史学家认为,最原始的音乐或许在远古的野蛮时代就已经出现了。虽然这些原始音乐已经随着时间的消逝而无从考察了,但我们仍可从残存的原始乐器中窥见音乐漫长的历史。

### 一、音乐的起源与发展

关于音乐的起源,古今中外历代的哲学家、美学家和文艺理论家们有许多不同的解释,其中影响较大的有四种:一是"模仿说",即认为音乐来源于对客观的自然界和社会现实的模仿。这或许可以算是最古老的一种说法。早在两千多年前,古希腊哲学家德谟克里特就认为艺术是对自然的"模仿"。亚里士多德更认为模仿是人的本能。他认为,所有的艺术都是模仿,差别只在于模仿使用的媒介不同,音乐是以声音来模仿的艺术形式。这种理论体现了一种朴素的唯物主义观点。二是"游戏说"。这种说法主要是由18世纪德国哲学家席勒和19世纪英国哲学家斯宾塞提出来的。他们认为,艺术活动和审美活动起源于人类所具有的游戏本能,人的这种"游戏"的本能和冲动,就是艺术创作的动机。在这种无功利、无目的、自由的音乐活动中,人的过剩精力得到了宣泄,同时也获得了快乐,即美的愉快的享受。三是"巫术说"。这种理论在19世纪末和20世纪初逐渐兴起,后来影响越来越大。它认为音乐起源于人类早期原始文化的图腾歌舞、巫术礼仪。四是"表现说",即认为音乐艺术起源于音乐家的主观想象和情感的表现。这种理论在东西方都有着悠久的历史。

应当承认,以上理论和说法都从某一个角度、某一个侧面探讨了音乐的产生,有一定的合理性,有助于揭示音乐起源的奥秘。但是,它们却忽略了音乐产生的最根本原因。我们知道,虽然原始歌舞与巫术有密切的联系,原始的音乐、歌舞活动具有明显的巫术动机或巫术目的,但归根结底还是不可能离开人类的社会实践活动,尤其是物质生产活动;同样,虽然音乐家、艺术家确实是通过自己的作品向他人、向社会表现自己的思想和情感,但是把音乐艺术的起源简单地归结为

"表现"，脱离人类的社会实践，这显然也不能科学地阐明音乐的起源问题。所以，从总体上说，音乐产生的原因归根结底离不开人类社会的实践活动。音乐是人类文化发展历史进程中的必然产物，其起源是一个多元多因的、漫长的历史发展过程。

音乐的产生经历了一个由实用到审美、以社会劳动为前提的漫长的历史发展过程。（1）原始社会的音乐：它是从人类社会生活的各个非审美领域中萌发，逐步分化，再综合起来的，是集音乐、诗歌、舞蹈于一体的"乐舞"的艺术形式。（2）古代的音乐：在原始乐舞的基础上进一步分化、发展，产生了歌曲、器乐音乐、舞蹈及最初的戏剧和诗歌。以中国古代音乐的发展轨迹来看，早在先秦时期就出现了由朝廷制定的"雅乐"和流行于民间的俗乐"郑卫之音"，并且乐器也较原始社会有了更大的进步和发展，出现了堪称我国古代最庞大的乐器——编钟；到了汉魏时期，音乐进一步得到发展，北方的相和歌以及南方的清商乐都取得了很高的艺术成就；而隋唐时期在大量吸收西域音乐的基础上，更出现了新俗乐（燕乐），各类音乐艺术形式获得了更为充分而自由的发展；宋元明清时期的音乐，一个重要的发展特征是音乐中心的移位，从以宫廷音乐活动为中心转向世俗的、平民的、民间的音乐，尤其是元杂剧及南北曲、昆曲的诞生……可见中国古代音乐的发展经历了雅乐音乐时期、清乐音乐时期、燕乐音乐时期和俗乐音乐时期。（3）近代的音乐：在音乐形式方面得到了更高度、更细致的分化和发展。特别是诞生了歌剧、芭蕾舞剧、音乐剧等综合了音乐、戏剧、美术、舞蹈的新的艺术形式，同时也出现了各种不同的音乐流派，体现了精彩纷呈、繁荣发达的发展局面。以西方近代音乐的发展为例，这个时期不但涌现出了许多著名的音乐家，创作出了一系列优秀的音乐作品，还产生了各具特色的音乐艺术流派。以海顿、莫扎特和贝多芬等为代表的古典乐派，推崇理性和情感的统一，追求艺术形式的完美和严谨，注重创作手法上的对比、冲突和发展；以舒伯特、李斯特、肖邦、勃拉姆斯等为代表的浪漫乐派，强调激情，强调抒发主观情感，强调表现个性；以格里格、德沃夏克等为代表的民族乐派，主张音乐的鲜明民族风格和民族特色，主张将传统音乐成果与本民族音乐密切结合起来，等等。（4）现代的音乐：现代音乐的发展既遵循着不断分化、不断融合的规律，同时音乐艺术形式本身也在不断地吸取外部新的生命动力，成为相对独立的音乐形式，展现出更广阔的发展天地。其音乐流派更显纷繁复杂，如以法国音乐家德彪西为代表的印象派音乐，以意大利音乐家布梭尼为代表的新古典主义音乐，以奥地利音乐家勋伯格为代表的表现派音乐等等，难以尽述。同时，随之相继出现了爵士乐、摇滚乐、电子音乐等综合性音乐艺术，大大地推动了音乐艺术和音乐文化的进一步发展和繁荣。

## 二、音乐的本质

究竟什么是音乐？它具有哪些基本特征？许多思想家、美学家和艺术家们很早就开始探索这些问题。

马克思指出，物质生活的生产方式制约着整个社会生活。艺术作为一种特殊的社会意识形态，虽有着自身的发展规律，但归根到底离不开经济基础的决定和制约。因此，无论怎样特殊的艺术现象，都可以从现实存在中找到其根源。艺术是人类社会生活在艺术家头脑中的形象反映，而音乐作为艺术的组成部分，同样也体现出艺术的本质规律与特性。所以说，音乐是对社会生活的主观反映。当然，音乐之反映社会现实生活并非如"模仿说"所说的那样，完全是对现实生活中声音的自然模仿,因为构成音乐形象的音响材料虽可以从现实音响中找到模拟原型,但更多的却是音乐家经过加工、整理、改造,即艺术的概括而成的。因此,音乐反映社会生活,不是对社会生活的直接描绘,而是音乐家把个人对社会生活的理想、态度、体验等高度概括、提炼并用有组织、有意识的具体音响形式加以表达的结果。音乐是一种社会审美生活的主观反映。

### 三、音乐的基本特征

音乐作为艺术的一大门类,具有区别于其他艺术形式的基本特征。

#### (一)材料的特殊性

我们知道,音乐是由声音构成的。它是以声音为物质材料,根据声音的高低、长短、强弱、音色等特性,构成节奏、节拍、速度、力度、旋律、音区、调式、和声、织体、曲式等音乐表现手段和组织形式来表现人的内心情感并反映一定的社会生活的。音乐中的声音并不是生活中各种音响的随意堆砌,也不仅仅是单个的音响,而是具有一定特性的乐音,即按照一定关系构成的有机的乐音体系,由它们所构成的音乐作品既有着严密的组织和逻辑关系,又包含着丰富的内涵。

由于音乐是声音的艺术,人们是用听觉来感知声音的,所以,也就派生出音乐艺术听觉的属性。音乐家把他对生活的体验和感受凝聚为音乐形象,以具体的音响形式表现出来,诉诸人们的听觉器官。所以,音乐也是听觉的艺术。各种音乐活动都离不开听觉,音乐听觉能力是形成各种其他音乐能力的前提和基础。如音乐的感受能力、记忆能力、表达能力、审美能力、欣赏能力等都是来自听觉的。但是,虽然音乐主要是通过听觉渠道,接受的主要是听觉刺激,但以音响为"原料"的音高运动却能唤起人们多方面的心理反应和活动,如肌肉的运动、想象、类比、联想的产生等,借助于多种感知通道的协同参与来获得对音乐的体验和感受。

#### (二)流动性

音乐是在时间中进行,在时间中发展,随着时间的进程而逐渐展示音乐作品的各个组成部分并最终为听者所感受理解的。因此,音乐是在时间进程中运动着的时间艺术,具有流动性。这也正是音乐作为听觉艺术与视觉艺术最明显的区别。它能够表现出视觉艺术所不能表现的时间延续、运动发展的过程,它能够在时间的流动中不断展开、发展和完善其组织结构,从而使听者的情绪情感体验不断得到积累和深化,在时间的流动中长久地沉浸、享受于音乐之中。

#### (三)情感性

我国先秦时代最有代表性的音乐论著《乐记》曾给音乐艺术下过这样的断语:"凡音者,生人心者也。情动于中,故形于声,声成文,谓之音。"也就是说,音乐是用声音来表达情感的艺术。

由于音乐是以有组织的、在时间上流动的声音为物质材料来塑造音乐形象的、诉诸听觉的艺术,因而它不可能像造型艺术那样直接逼真地塑造具体事物或生活图景,也不可能像语言艺术那样直接表述概念和思想。音乐所擅长的是通过感情的抒发和表达来打动人、感染人,正如黑格尔所说:"音乐是心情的艺术,它直接针对心情。"正是因为音乐具有以情动人、以情感人的艺术魅力,因而也被人们公认为是情感的艺术。

### (四) 表现性

音乐虽然也是对人类社会生活的主观反映,但由于音乐构成材料的特殊性,使得这种反映与美术、文学等艺术样式完全不同:它既不能把纷繁复杂的大千世界以语言文字符号的形式描绘出来,也不能如绘画般直接诉诸人的视觉。因此,它也就不是艺术家创作完了之后即可欣赏、再现的,音乐对现实生活的反映和表现带有一定的间接性。这种间接性表现在音乐家创作的音乐作品,必须通过演唱、演奏等"再度创作"过程才能成为活生生的音乐艺术供人们欣赏;离开了表演、表现,谱面上的音乐作品就无法转化为流动的音响,自然也就失去了音乐本身存在的价值。可见,音乐具有明显的表现性特征。

### (五) 不确定性

由于音乐不能直接提供视觉形象,不能直接表述思想内容,难以直接用具体的形象来反映,人们通过听觉感受到的音乐信息是非语义性的,所以音乐在一定程度上具有不确定性。对于歌曲或是标题性音乐,人们可以借助歌词和标题文字说明来确定音乐作品所反映的内容,而对于无标题的纯器乐曲,它往往更多地需要借助个人的生活经验、音乐经验、艺术修养、认识能力等,需要通过联想再造形象。因而,这种音乐形象往往体现出个人的、个性化的水平和特点,表现出人的听觉感受能力的明显差异性:即使是同一首乐曲,不同的欣赏者也会产生不同的情感体验,且情感体验的程度也不同;同时,即使是同一主体,在不同的时间、地点、场景中对同一首乐曲也会有不同的情感体验。正是因为情感体验带有很大的主观性,音乐艺术才表现出不确定性的特点。

### 四、音乐的功能

音乐的功能是指音乐在人类社会生活中所起的作用。音乐作为一门古老的艺术,在社会生活中所起的作用是多方面的。其具体的社会功能有许多种,且随着社会历史的不断发展,人们对音乐的社会功能的认识也有新的发展和变化。

### (一) 教育功能

对音乐教育功能的阐述早已有之。我国古代伟大的思想家孔子曾以"礼乐相济"的思想创立了最早的教育体系,提倡"六艺"——礼、乐、射、御、书、数。其中的"乐",就是诗、歌、舞、演、奏等的艺术综合体。古希腊哲学家柏拉图也认为,音乐教育比其他教育都重要得多。虽然近现代许多教育家、思想家对音乐阐述过各自不同的理论,但他们有一个观点是共同的,即音乐可以教育人。具体说来,音乐的教育功能体现在以下两个方面:

1. 启迪智慧,诱发灵感

伟大的科学家爱因斯坦曾经说:"我的科学成就很多是从音乐启发而来的。"确实,音乐能够激发人的灵感,启迪智慧,促进思维的发展。人们通常习惯把左脑称为"语言脑",把右脑称为"音乐脑"。多听优美的音乐,不仅能够活化右脑,还能够通过大脑兴奋点的激发,带动、促进左右脑的协调,推动想象、思维和创造活动,从而诱发出人们潜在的巨大力量和智慧火花。

2. 潜移默化,陶冶情操

音乐作为人类生活中不可缺少的精神食粮,可以净化人的心灵,陶冶人的情操和品格。

音乐是一种情感的艺术。鲜明的音乐形象能生动地反映和影响人的思想感情,而这种音乐美的强烈艺术感染力能够通过审美体验的积淀,对人产生潜移默化的教育和影响。同时,音乐又最富表现力和感染力。如一首高昂、雄壮的乐曲能够对人的心灵产生极大的震撼,鼓舞人的思想和感情,使人的心灵在潜移默化中得到美的净化和陶冶。

### (二) 保健功能

人类对于音乐与健康关系的探索由来已久。音乐的保健功能具体表现在以下两个方面:

1. 调节身心

音乐对调节人的生理机能、促进身心健康具有重要的作用。科学研究证明,当人在倾听、欣赏美妙的音乐时,音乐节奏的频率能够通过听觉器官与机体内的各个共振系统的节奏(如声带发音、胃肠蠕动、心脏跳动等)相协调,产生有益的共振。随着这种生理共振的产生,人的心跳速度、皮肤温度以及呼吸、循环、消化、内分泌都会发生一系列变化,从而对调节躯体功能起到良好的作用。[1] 此外,优美的音乐作用于人的大脑,能提高神经细胞的兴奋性,从而调节血流量,促进血液循环,加强新陈代谢。

同样,音乐对人的心理功能、心理健康也具有一定的调节作用。日本科学家曾经做过研究和测量,发现人的脑波在紧张时 β 波会增加,轻松时 α 波会增加;在优雅的环境中倾听优美、柔和的音乐旋律,就可使脑波从 β 波状态变成 α 波状态。[2] 可见,音乐能够缓解、调节人的情绪,排解因为现代生活的快节奏、超负荷所带来的紧张和不安。许多生理学和心理学的研究都表明,音乐具有改变情绪和情感的效果。通过音乐还可以培养人稳定、积极的情绪和坚强的意志,使人获得精神力量,满怀热情地投入到意志行为中去,增强对人生意义的认识和自信心。

2. 治疗疾病

用音乐来治疗疾病的历史源远流长。早在古希腊,亚里士多德就曾经指出,音乐具有治疗疾病的功能,我国古代历史上也早有类似的记载。而现代音乐疗法更被广泛地吸收、运用于临床实践之中:利用音乐中不同的旋律、节奏、调式来刺激人的听觉器官,能对机体产生兴奋、镇静、止痛、降压等生理疗效和治疗作用。国外曾有报道,一曲娓娓动听的小提琴协奏曲可使血压下降10—20毫米汞柱。随着现代医学、生理学研究的不断深入和发展,用音乐疗法来医治各类慢性病、精神病、孤独症和自闭症等已十分普遍。通过轻快美妙的音乐来调整人的情绪进而调节生理节律,达到治疗疾病、促进健康的效果是完全可能的。

---

[1] 李璞珉:《心理学与艺术》,首都师范大学出版社 1996 年版,第 385 页。

[2] 同上书,第 384 页。

### （三）娱乐功能

音乐还具有娱乐的功能。人们能够通过音乐获得精神的享受和愉悦，使身心得到愉快和休息。对于这一点，古希腊哲学家亚里士多德早有论述："消遣是为了休息，休息当然是愉快的，因为它可以消除劳苦工作所产生的困倦。精神方面的享受是大家公认为不仅含有美的因素，而且含有愉快的因素，幸福正在于这两个因素的结合，人们都承认音乐是一种最愉快的东西……人们聚会娱乐时，总是要弄音乐，这是很有道理的，它的确使人心旷神怡。"①当人们在欣赏音乐过程中获得快乐、满足时，会自然而然地畅神益智。

除此，音乐还具有其他一些实用功能，它是人们在长期的社会生活实践中创造和派生出来的，如音乐的广告功能、风俗礼仪功能等等。总之，音乐的社会功能既是多方面的，又是互相联系、互相渗透的，要真正实现音乐卓有成效的价值和功能，必须依赖于音乐教育的实施。

# 第二节 儿童音乐

音乐是没有国界的，正如叶圣陶先生所说，"音乐是世界的语言"。它是一种人类都能理解、不需翻译、可直接交流思想感情并产生共鸣的"世界语"。

儿童充满着好奇和探究来到这个世界，展现在他们眼前的不仅有色彩斑斓、五彩缤纷的图案和景物，还有不绝于耳的丰富多变而美妙的音响。我们常常听到孩子们在游戏、玩耍的时候本能地哼着歌；也常看到蹒跚学步的婴儿听到音乐就扭动身体，手舞足蹈，甚至还不会讲完整句子的孩子却能哼唱完整的乐句……对此，美国哥伦比亚大学师范学院儿童音乐教育家爱丽丝教授认为，常态的儿童没有一个不喜欢音乐的，声音和动作是儿童生活中最有趣的两个因素。由此可见，孩子天生是喜爱音乐的，热爱音乐是儿童的天性。

儿童由于缺乏知识、经验，他们渴望模仿，通过模仿习得经验和本领，而音乐可以为儿童提供极好的模仿材料。儿童不需任何外部工具的借助，张嘴就能模仿一些结构工整、短小、旋律优美朴素的童谣。儿童好想象、爱幻想，生动形象、富于变化的音乐旋律与节奏，很能发挥儿童的想象力；儿童情感外露，富有情绪感染力的音乐不仅能唤起儿童的内心感受，还能使不善于用言语表达内心情感体验的儿童情不自禁地喜欢音乐，并随之手舞足蹈。

我国著名儿童教育家陈鹤琴先生就提出过"儿童生活音乐化"的思想。他认为，天真活泼的儿童对音乐有着天然的亲近和向往。每个儿童都需要音乐，每个儿童都有接受音乐文化的愿望和权力，儿童音乐应伴随着儿童的生活和成长。

## 一、儿童音乐的基本特点

所谓儿童音乐，是指儿童所从事的音乐艺术活动。它反映了儿童对音乐的感受、体验、表现

① 北京大学哲学系美学教研室编：《西方美学家论美和美感》，商务印书馆1980年版，第45页。

及创造，也表现出儿童对周围世界的认识、情感和思想。对于3—7岁的学龄前儿童而言，他们所从事的音乐活动从内容上可以分为歌唱活动、随乐动作表现活动（韵律动作、打击乐和音乐游戏）和音乐欣赏活动；从形式上可以分为欣赏活动、表演活动和创作活动。具体地说，儿童音乐有以下一些基本特点：

### （一）愉悦性

音乐艺术之所以能打动人的情感世界，是因为其本身具有强烈的愉悦性、感染性。一部优秀的音乐作品，人们在欣赏它那听的旋律时，会直接诉诸审美情感，仿佛进入一个新的世界。各种各样使人感兴趣的事物、丰富多彩的优美境界，活灵活现地展现在人们的眼前，使人们从内心洋溢起一种难以名状的喜悦，精神振奋，心情舒畅，这就是音乐的愉悦性和感染性。难怪列宁在欣赏贝多芬的《热情奏鸣曲》时，感情激动，认为这是人间奇迹。

儿童在倾听一支乐曲的时候，往往会身不由己地陶醉在乐曲所描绘的境界之中，从而产生情感上的共鸣。我们不难观察到，在音乐活动中，孩子们的表情自始至终处在愉快欢乐的状态之中。这是因为儿童天生的好动性在音乐活动中得到满足，从而获得快乐；同时，儿童音乐所显示的歌唱、韵律、音乐游戏等活动能在满足儿童社会性需求的同时带给儿童愉快的情绪。这一点在学龄前儿童的音乐活动中体现得尤为明显。笔者曾经在幼儿园看到一位教师在幼儿自由活动的时间里随意地在钢琴上弹奏《铃儿响叮当》的乐曲，钢琴声一起，一旁分散玩耍的几个孩子不约而同地合着音乐的节拍，高兴地用跑跳步跳了起来，动作合拍、轻松而协调，精神和情绪愉悦而欢快。

### （二）教育性

音乐艺术不仅具有愉悦性和感染性，而且还有潜移默化的育情冶性的教育作用。儿童音乐的愉悦性、娱乐性特点，是吸引儿童积极参与音乐活动的重要原因之一。利用这一特点，可以引导儿童在玩中学、在乐中学。而寓教于愉快的音乐感受和音乐表现活动，更能使儿童学有所得。这便是儿童音乐教育性的体现。

儿童音乐的教育性影响往往不像语言那样直截了当，而是像春雨般点点滴滴渗透到儿童的内心情感和心灵深处，起着熏陶、感染的教育作用。比如，对4至5岁的儿童进行尊重长辈和他人的教育，儿童歌曲《我的好妈妈》就是一首富有教育意义的歌曲。儿童在演唱这首歌曲的一系列音乐活动中，能形象化地体验到成人劳动的辛苦，他们会在妈妈下班后发自内心地唱一句："妈妈，妈妈，快坐下。"他们也会在幼儿园亲切地向老师道一声："老师，您辛苦了。"儿童音乐的教育作用能够在儿童的内心情感和心灵深处引起震撼，它比说教更有说服力、更深刻、更持久。

### （三）个体性

音乐不仅是通过音响来反映人们思想、感情以及社会生活的听觉艺术，而且也是极富个性的艺术。每个作曲家对作品内容的表述，每个表演者对作品内容的诠释，每个欣赏者对作品内容的感受和理解都是独特的。黑格尔曾经说过："音乐用作内容的东西乃是主体的内心生活本身。"音乐正是"主体内心生活的显现"。

对于儿童而言,音乐也是其个体发展的一种表现。不同年龄阶段的儿童对外部世界的认识和体验是不相同的,表达自己情绪和情感的方式也是各有差异的,这就是儿童独特个性的表现。而音乐正能反映儿童的发展水平和个体差异:即使上百个儿童在一起聆听同一首音乐作品,每个儿童的心理活动和听觉感受也是各不相同的。这种不同,受儿童认识发展水平的制约,也受个人情感、个性等发展状况的影响。每个儿童都会自觉或不自觉地进行感知、想象、理解等具有个性化的心理活动。我们在生活中常常发现儿童会自发地运用音乐自娱。美国的道罗西·麦克唐纳先生曾在《儿童早期音乐教育》一书中详细地描述了 3 至 4 岁儿童在自编歌曲、自由即兴创作曲调、自由敲击节奏等方面多种自发创作的个案观察记录。他认为,音乐对于儿童是其生命过程的一部分,是代表其作为一个独立的人、独立的社会成员的内在表达。由此可见,儿童音乐在一定程度上反映着儿童的认知、情感和个性发展的状况。同时,正是因为儿童音乐是儿童发展的一种个体化表现,儿童音乐活动在唤醒儿童的主体意识、促进儿童的主体性发展上具有其特殊的教育价值。

## 二、儿童音乐的审美特性

儿童的音乐世界实质上是一种审美世界,是一种超越以个人为中心的社会功利、社会化价值的艺术境界。儿童音乐除了具有音乐艺术一般的美学特性外,还有其独立的美学特性。这是因为,儿童音乐既包括"为儿童创作"的音乐,也包括适合儿童的各种成人音乐。一方面,作曲家的创作目的是要写给儿童表演或欣赏,其审美体验往往来源于作曲家在幼年、少年时代的音乐生活经验。他们以儿童的视角作为音乐作品的视角,呈现的是充满童心、童真、童情、童趣的孩提世界。另一方面,适合儿童的成人音乐,由于其音乐形式、风格、体裁和题材往往也以适合儿童的生活经验和音乐体验特点来呈现,是与儿童的音乐审美心理相吻合的,因而具有儿童音乐的基本审美特性。这种审美特性主要表现在形式美与内涵美两个方面。

### (一)形式美

正如绘画的美首先来源于线条、构图、色彩等绘画要素一样,音乐的美也体现在音区、力度、节奏、旋律、音色、织体、曲式、和声等音乐要素上。这些要素加起来,形成了音乐作品的整体艺术结构和独特的艺术审美特征。其中,与儿童音乐审美特征联系最为紧密的音乐形式美主要体现在音色、节奏、旋律、力度四个方面。

#### 1. 音色

音色是指嗓音或乐器的音质。人声的音色往往有嘹亮柔美、激昂高亢、浑厚温暖、庄重厚实、清脆悦耳等区分。乐器的音色则更丰富:小提琴纤柔灵巧,大提琴深沉淳厚,双簧管优雅甘美,小号高昂嘹亮等。在儿童音乐创作中,作曲家对于音色的运用非常讲究,往往会选择对儿童特别有吸引力的音色,如用稚气的童声作为演唱音色,用沉闷的定音鼓模仿打雷的音色等。这些各式各样的声音特质对作曲家来说,就像画家手中的色彩,会令儿童音乐作品产生鲜明的效果。

法国作曲家圣桑在他的组曲《动物狂欢节》中,运用多种音色生动地描绘了各种动物的形象,其中大象的音色选用了低音区声音粗拙的倍大提琴,突出大象粗壮的体态和沉重的舞步;天鹅的音色则选用温暖的大提琴,表现了天鹅高贵优雅的气质。同样,木管乐器中的长笛、双簧管、单簧管常常被用来描绘大自然,因为它们的音色犹如鸟儿的鸣啭,或者是田园牧笛。挪威作曲家格里格在管弦乐组曲《培尔·金特》第一组曲"晨景"中,就以不同的木管音色对清晨的景致作了极其美妙的描绘。这些音乐都能带给儿童美好的音乐体验。

2. 节奏

音值是乐音的长短。不同长短的音按照一定的时间规律组合起来,形成节奏。在自然界和我们的生活中,常常可以发现节奏的踪迹,例如潮汐的涨落、月亮的盈缺、时钟的摆动、奔驰的马蹄声等。节奏是一种动态的存在形式。音乐中节奏的概念是很宽泛的,包括音乐中各种各样的运动形态,既有轻重与缓急,又有松散与紧凑。具体地说,节奏包括节拍、速度等要素。因此,强弱、快慢、松紧是节奏的决定因素。音乐作品中的节奏可分为两大类:一类是节拍或重音规则交替进行的节奏,另一类是较为松散的节奏。儿童音乐作品以规则鲜明的节奏为主,如二拍子的强弱对比鲜明有力,宜于表现活泼欢快、刚劲果敢的情绪;而三拍子富有悠缓动荡的特点,常用于表现摇摆、悠缓的意境。

通常,快的节奏比较令人兴奋,与孩子们激烈运动时的心跳、呼吸相呼应;而慢的节奏则使人心态平和,情绪稳定。一般来说,儿童兴奋、欢乐、活泼的情绪,与快速度相配合;阳光明媚、春意盎然的大自然风光等,则往往与适中的速度相配合;而较为深沉的回忆、壮观的颂歌等,则多与慢速度相关。儿童音乐中,快速和中速是常见的类型,因为它比较符合儿童的生活经验和情绪情感体验。

3. 旋律

乐音通过一定的音高变化勾勒出不同的旋律。正如文学家写小说是用文字来叙述小说的情节,音乐的"情节"是依靠旋律表达出来的。旋律是构成音乐美的主要艺术手段,它是由不同音高组成的富有逻辑规律的单声部音乐所构成的。在音乐作品中,旋律既可是单声部音乐的整体,也可是多声部音乐的主干声部。儿童音乐作品旋律的表现是多种多样的,它是作曲家体验儿童情感并进行艺术表现的主要方式。儿童音乐旋律的表现形态主要有平稳式的进行、上升式的进行、下滑式的进行、弧形的进行及以上各种旋律状态不同组合的进行。不同的旋律走向,会影响儿童在音乐体验中的情绪状态。

旋律和我们的日常语言关系十分紧密。在儿童音乐中,旋律的曲折变化往往依附于语言本身,也就是将语言的音高加以夸张得来的。许多儿童歌曲都是将歌词夸张朗诵后,模仿语音语调的起伏来确立旋律线条的。另外,音区的运用在儿童音乐的旋律写作中也是十分重要的手段。不同音区的旋律可以表达不同的思想情感,高音区一般具有清脆尖锐的特性,而低音区往往给人浑厚深沉感。音区的对比,能够为旋律营造新鲜感和情绪的变化。这样的例子很多,如英国作曲家阿诺尔德的《四首苏格兰舞曲》中的第二首,就是一首适合儿童欣赏的音乐作品。它的素材十分简洁,运用不同音区的旋律变化,使音乐显得妙趣横生。

4. 力度

力度是指音乐的强弱程度。力度的变化对音乐形象的塑造起着很重要的作用。一般来说,力度强烈的音乐让儿童兴奋、愉悦、充满向往；力度轻柔的则让儿童安静，有更多的思考。渐强、渐弱、突强、突弱、强后弱等力度变化，不仅能更多地吸引孩子们的注意力，也能让他们对音乐的体验更投入。

通过力度变化产生的音响可以表达狂风暴雨、奔腾豪放等强烈的情感，也可以表达低声倾诉、喃喃细语等内心的微妙感受，还可以表达空谷回声、黄昏钟鸣、高山流水、小溪潺潺等大自然的奇观美景，甚至是阳光、月色、云彩、微风等看得见摸不着的物体。力度的表现力是相当丰富的。挪威作曲家格里格的管弦乐组曲《培尔·金特》中的《在山大王的宫中》是一段适合儿童欣赏的音乐。作曲家在这个场景的描写中，运用了鲜明的力度变化，起初的力度很弱，逐渐加强，直到非常响亮。它成功地描绘了越来越多的妖怪和他们越来越疯狂的舞蹈。全曲虽然只有一个旋律素材，但却通过乐音的强弱和力度变化，产生了极其生动的表现效果。

### (二) 内涵美

儿童音乐语言的内涵美是儿童音乐审美特性中重要的组成部分，它主要体现在以下三个方面：

#### 1. 直观

学前儿童的思维比较直观，他们对具象的事物会投入更大的注意力。因此，儿童音乐常常模仿自然界的声音以暗示某种景物，或通过音响运动状态象征某种视觉形象，使音乐具有某种程度的造型性，以此来吸引孩子的注意力，增加孩子对音乐的兴趣。写实式的拟音是表现自然音响较恰当的形式。自然音响中，最富音乐性的要数鸟鸣了。如柴可夫斯基《儿童曲集》中的《云雀之歌》，就是以写实手法表现自然音响的一个典型例证。它也是一首适合儿童演奏和欣赏的音乐。乐曲运用前倚音和波音式三连音，生动刻画了云雀欢快的叫声。音乐清脆悦耳，使人宛如身处大自然之中。又如法国作曲家比才的组曲《儿童游戏》中的第三乐章《陀螺》，利用低音部 mi、fa 两个音的循环交替，产生听觉上的旋转的感觉，加上高音旋律的上下起伏，音量渐强渐弱的反复和突发性的重音，形象地描绘出陀螺忽而摇摇欲坠，忽而充满动力、飞速旋转的形象特征。这一声音效果所产生的音乐形象，惟妙惟肖，生动直观。

在儿童音乐的许多作品中，也常常生动、具象、直观地描绘孩子的形象。但是，由于儿童的年龄特点所限，加之儿童的思维比较单纯，因而用音乐描写儿童不像描写成年人那样侧重刻画内心世界。一般说来，音乐中的儿童形象往往是通过表现儿童生活情景的活动来塑造的。如德国作曲家舒曼《童年情景》中第九乐章的《竹马游戏》，乐曲通过特意改变 3/4 拍常规强弱重音，左右手声部重音交错，模仿一种重心不平衡的感觉；通过别具一格的节奏律动表现孩子骑竹马时前摇后摆、上下颠簸的动态形象。正是这一节奏和力度的变化表现，活灵活现地刻画出一个玩耍的儿童无所顾忌、兴致勃勃地骑着竹马一颠一跳的样子。

#### 2. 稚拙

每个幼小的生命都保持着一种纯洁的天真。儿童世界与成人世界相比，具有无法比拟的独特童趣。纯真是儿童的天性。用简洁的富有童趣的音乐形式来表达生活，是许多音乐家向往的艺术风格。因此，许多儿童音乐常用清晰流畅的旋律、和谐明朗的和声与简洁透明的织体来表现孩子们活泼率真的本性。在儿童音乐作品中,稚拙不仅表现为音乐形式的朴素,也表现为心理内涵的单纯。这种朴素和单纯是回归儿童思维本性的艺术再现,是闪烁着灵感的高级的纯朴。相对于成人音乐而言,儿童音乐总是洋溢着更为浓郁的谐趣和欢愉之美。

舒曼的《童年情景》是音乐史上的一部极为独特的作品。这部作品虽然按内容来说是描写儿童生活的,但不只是为儿童所写,在一定程度上也表现了成年人对童年时光的回忆。作品手法简练,形象刻画生动准确,心理描写逼真,欢快动人,饶有童趣。在第三乐章《捉迷藏》中,作曲家回忆起了童年时代与同伴做游戏的生动场景。全曲通过快速上下行音阶式的音型在声部间此起彼伏,像孩子们忽隐忽现、相互追逐着游戏玩耍。童年天真稚拙的形象从音乐中流泻而出。又如柴可夫斯基《儿童曲集》第三首《小骑士》,全曲每小节都由带跳音的三个八分音符组成,一直延续到曲子结束。作曲家避免了华丽的装饰音和复杂的节奏,简单质朴却栩栩如生地刻画了小骑士神气活现的形象。稚拙的儿童音乐总是呈现出一种柔和、淡雅、原始、质朴、明净、透彻的美,它拒绝成人音乐大多精雕细作的创作手法,而往往与原始艺术的美学特征有异曲同工之处。

3. 幻想

幻想是儿童的一种天赋和本能。儿童有了思维,也就有了种种幻想。在儿童的思想中,世界上的万物和自己一样有生命,它们喜怒哀乐地活动着。凭借着幻想,他们在现实的大世界中,营造着自己的小世界。儿童音乐创作中的种种幻想,是音乐家对儿童的快乐天性与纯真童心的深刻领悟与精心创造,也是音乐家对儿童音乐审美心理的一种独特的外化形态。儿童音乐因其直观、稚拙的本质而具有幻想的审美特性。

舒曼的《童年情景》中既有孩子的嬉戏玩乐,也有儿童的沉思遐想。其中第七首《梦幻曲》表现了作曲家童年时代天真烂漫的幻想和向往未来的憧憬,优美的旋律充满了迷人的魅力。这首曲子的主题非常简洁,具有动人的抒情风格和芬芳的幻想色彩;旋律线几经跌宕起伏,婉转流连,使人不知不觉中被引入轻盈飘渺的梦幻世界,因而成为全世界妇孺皆知的名曲,也深受孩子们的喜爱。

普罗科菲耶夫有一套儿童交响组曲《冬天的篝火》。第一乐章《出发》是描绘一群儿童坐火车去郊外欢度寒假的情景。在充满幻想的音乐进行中,出发的号角吹响了,火车徐徐开动了,长笛等吹出了一支兴高采烈的曲调,孩子们怀着激动的心情离开城市,坐在火车上观看辽阔的原野,欣赏祖国的山河。窗外的一切都使他们感到新鲜,他们幼小的心灵与列车的车轮一起跳动。丰富的音色渲染了儿童世界的幻想性、幽默感和童话色彩。

## 三、儿童音乐的类型特征

儿童音乐不仅具有独特的内涵,还具有丰富的外延。在这里,"儿童音乐"的界定是比较宽泛的。它不仅包括适合学前儿童在幼儿园集体活动中使用的音乐,也包括与家庭以及社会早期儿童音乐教育相适应的音乐作品,还包括一些在题材与形态上具有儿童音乐的某种特征、老少皆宜的音乐作品。对儿童音乐适当分类,将更好地了解儿童音乐的功能和价值。

### (一)按照体裁分类

体裁是作品的存在形式。儿童音乐根据使用的乐器(或人声)、表演的形式、作品的曲式和风

格,可以分为以下几类:

### 1. 儿童歌曲

歌唱是儿童与生俱来的一种音乐能力,也是儿童最常见的音乐活动方式。孩子在牙牙学语时就已经在享受歌唱的快乐了。学前儿童歌唱的意义,更多地体现在诸如培养乐感、建立表演自信心、辅助语言能力的发展,以及更好地认识自我、认识世界等方面。很多国家都有专门为儿童创作的歌曲,有为帮助学习字母和看字读音教学法的音乐,如 Barney 的 Alphabet Zoo(字母动物园);有为帮助发展讲话和语言能力的音乐,如 Dan Crow 的 The Word Factory(词汇工厂);有适合学习外语的音乐,如 Beth Manners 的 Fun French For Kids(幼儿趣味法语);有帮助建立自信的音乐,如 Mr. Rogers 的 You Are Special(你是特别的)[①]等。这类音乐通常与孩子的游戏、学习、家庭生活密切结合,更注重生活化、情境化。

儿童歌曲种类繁多,主要类型有摇篮曲、数数歌、问答歌、连锁调、绕口令、游戏歌、谜语歌等。通常,儿童歌曲的特点是主题单一,即整首歌曲只表达一个思想内容;内容浅显,即歌曲内容大多是儿童所熟悉的生活,并且与他们的接受能力相一致;结构简单,即外部结构篇幅短小,内部结构线索单一,层次分明;语言通俗,音乐性强,主要表现在语言口语化,读起来顺口流畅,易读易记易唱。另外,在旋律进行上具有轻快、跳跃感,音程以级进与小跳相结合的进行为主。节奏简洁,节拍安排上也以 2/4、4/4 拍为主,3/4、6/8 拍相对少些。速度处理适中,因儿童的气息有限,过慢的句子不适合调整呼吸,过快则易造成吐字不清。在乐句的安排上,一般速度以两小节为一句,速度较快时可以四小节为一句。音域选择一般限制在十度以内。

### 2. 儿童器乐

儿童器乐曲主要包括两类:一类是指适合儿童演奏的器乐作品,是作曲家专门为提高儿童演奏技术而创作的,如 J·S·巴赫的《初级钢琴曲集》、布格缪勒的《儿童简易练习曲 25 首》、汤普森的《幼儿钢琴教程》、舒曼的《儿童钢琴曲集》、门德尔松的《儿童小曲》、肖斯塔科维奇的《儿童钢琴小曲》、柴可夫斯基的《少年钢琴曲集》、巴托克的《献给孩子们》、维尔的《世界儿童钢琴名曲集》、我国作曲家丁善德的钢琴组曲《快乐的节日》,以及为儿童创作的其他乐器的练习曲等。这些乐曲形象生动,旋律优美动听,适合儿童趣味,并且有一定的技术目的性,一般以适合儿童的演奏技术和审美心理为目的。

另一类是适合儿童欣赏的乐曲。除上述这些音乐作品外,各国音乐家为孩子写了大量优秀的乐曲。这些乐曲往往有一定的技术难度,并不适合儿童演奏,但适于儿童欣赏,如舒曼的钢琴套曲《森林景象》及他为中提琴和钢琴而作的《童话场景》,穆索尔斯基的《童年回忆》,里姆斯基-柯萨科夫的《野蜂飞舞》,安德森的《跳圆舞曲的小猫》、《滑雪橇》、《打字机》,贝多芬的《孩子的梦》、《献给爱丽丝》,莫扎特的《土耳其进行曲》,克莱斯勒的《玩具进行曲》,约翰·施特劳斯的《游览列车波尔卡》,哈恰图良的《玫瑰少女舞曲》,普洛柯菲耶夫的交响童话《彼得与狼》,贺绿汀的《牧童短笛》、《晚会》、《摇篮曲》等等。其中有一些是带有标题的儿童组曲。一般而言,组曲中都是不太长的小曲子,富有变化,比较适合儿童欣赏。如德彪西的《儿童乐园》、拉威尔管弦乐组曲

---

① [美]约翰·M·奥提兹著,袁艺译:《给孩子插上音乐的翅膀》,中国纺织出版社 2001 年版,第 33—35 页。

《鹅妈妈组曲》、比才的《儿童游戏》、弗雷的《洋娃娃组曲》、普罗科菲耶夫的儿童交响组曲《冬天的篝火》等,都是很有感染力的器乐作品。儿童器乐曲大多形象单一,感情纯朴,表现儿童无忧无虑的欢乐情绪;在创作手法上,一般都有舞蹈性的特点;节奏轻巧,曲调单纯少用变音,调式明朗,常在较高音区用高音乐器以较多的断音奏法演奏;句法简短,结构重复,因此主题比较容易记忆。随着科技的发展和音乐风格的多元化,原本单纯念、唱的儿童歌谣被改编为纯器乐曲的形式越来越丰富。这类作品由于曲目内容本身的亲和力,很容易获得儿童的喜爱。

### 3. 儿童歌舞剧

儿童歌舞剧既包括儿童歌剧、儿童舞剧,也包括综合了儿童诗歌、音乐和舞蹈的儿童歌舞剧。儿童歌剧是随着学校音乐教育的逐渐成熟而产生并发展起来。儿童天性好动活泼,喜欢富有动感的场景,因而儿童歌剧的结构简单,情节生动,故事性强,尤其是动作性突出,富有儿童情趣。

儿童舞剧一般以一个适宜儿童的故事为背景,根据故事配合音乐,安排不同的角色,通过舞蹈表演的方式来展现剧情。如巴托克的《木刻王子》、普罗柯菲耶夫的《灰姑娘》、拉威尔的《鹅妈妈》、根据安徒生童话改编的《拇指姑娘》,以及我国的《夜郎新传》、根据恩斯特·霍夫曼的童话《胡桃夹子和鼠王》改编的舞剧《胡桃夹子》等。

儿童歌舞剧是以歌唱为主要表现手段的儿童剧,主要以演员的唱词和舞蹈动作、音乐曲调的设计来表现剧情、反映生活。一般来说,儿童歌舞剧比较突出音乐性、动作性和统一性。在表演中,或以歌唱为主,或以歌舞并重,或配以诗歌朗诵和旁白等。表现方式多种多样,大多采用童话的方式。其中的歌曲大多亲切、好唱、好记,再加以优美的舞蹈动作和真实的表演,对儿童具有很强的吸引力。早在20世纪20年代,我国现代儿童歌舞剧作家黎锦晖先生就创作了13部儿童歌舞剧,其中《麻雀与小孩》、《葡萄仙子》、《小小画家》、《月明之夜》,以及歌舞表演曲《可怜的秋香》比较著名。剧目语言生动、明快,词曲通俗易懂,采用民歌音调,深受少年儿童喜欢,许多年来影响教育了几代人。

### 4. 交响童话

交响童话是专为儿童创作的,以儿童童话为表现内容的交响乐,如普罗柯菲耶夫的《彼得与狼》、史真荣的《龟兔赛跑》等。《彼得与狼》这部作品整个乐曲为自由发展的奏响曲式,创作手法上不仅用管弦乐队的多种乐器音色来演奏表达不同的音乐形象;同时,还运用富于表情的朗诵词来解说音乐内容的情节。这部交响童话中有很多角色,如彼得、小鸟、鸭子、猫、大灰狼、老爷爷及猎人等。在乐曲的开始处,乐队把每一个角色分别以七种不同乐器,奏出七个具有特征的短小旋律主题,具有很强的艺术感染力和表现力,因而成为交响童话的典范。

### (二)按照题材分类

题材是作品的内容范畴。在儿童音乐作品中,题材一般是针对适合儿童的、具有文学内容的音乐或是标题性的音乐。对于无标题音乐,题材与音乐内容一样无法用语言来明确。在儿童音乐作品中,常见的题材有以下几类:

### 1. 游戏题材

玩耍是儿童的本性。在儿童的观念中,音乐是"有趣"和"游戏"的一部分。"游戏"一词最初就含有声音、运动和舞蹈的涵义。儿童把音乐与游戏连接起来作为一个整体来看待,通过一体化的感受,将声音作为既听又看,又引起身体反应(跳舞),同时又理解、服从的东西,并用这种方式来体验世界。① 游戏题材的儿童音乐作品数量繁多,也是深受孩子们喜爱的音乐题材。

比较具有代表性的作品有比才的管弦乐组曲《儿童游戏》,音乐紧凑简洁,想象力丰富。乐曲描述的是作曲家用心观察到的东西:秋千、陀螺、布娃娃、木马、羽毛球、喇叭、小鼓、肥皂泡、跳房子、过家家等地道的儿童游戏。它真实地再现了儿童游戏的乐趣,用音乐的方式揭示玩耍的真谛;穆索尔斯基的《儿童游戏》以及声乐套曲《儿童之家》,作品描绘了儿时玩捉迷藏等游戏的情形,是对儿童的游戏、梦幻和纯真情感的惟妙惟肖的写照;巴托克《献给孩子们》第一卷中《玩耍的儿童》、《玩耍》、《游戏歌曲》、《儿童游戏》,第二卷中的《捉迷藏》等,以诙谐性的旋律生动形象地描述了儿童游戏时的场景。② 在音乐史中,儿童游戏题材始终受到音乐家的青睐,并把它作为描绘儿童生活世界的重要手段。

2. 生活题材

儿童的生活世界是丰富多彩的。许多儿童音乐以儿童的家庭生活和学校生活为题材,捕捉儿童的生活场景,具有浓厚的生活气息。如舒曼的《少年曲集》,其中许多曲目都是与舒曼家庭生活中的情景休戚相关的。舒曼用音乐记录了他的孩子们童年时期的一些生活琐事。印象派作曲家德彪西的《儿童园地》也是为其5岁的小女儿写的。其中《大象催眠曲》表现了孩子手抱大象玩具入眠的过程;《洋娃娃小夜曲》为孩子对着洋娃娃天真地歌唱;《白雪飘飘》以最初的4个单音描写雪花飘飘,描绘了孩子们寂寞的心态;《小小牧羊人》是玩具人吹奏只有笔尖那么小的角笛;《黑娃娃步态舞》则模仿美国黑人的舞蹈,每一个场景都来源于孩子们的生活。

绝大部分的儿童歌曲都是生活题材的,我们熟悉的有《小看戏》、《新年好》、《郊游》、《开火车》、《可爱的家庭》、《打电话》、《幼儿园里好事多》等。这些歌曲因其歌词内容生活化,贴近儿童的经验而受到孩子们的喜爱。

3. 童话题材

在儿童音乐中,运用较为广泛的是童话寓言题材,因为童话最基本的特征是幻想。幻想是儿童音乐的审美特征,也是童话的灵魂。寓言和童话都源于民间,受到神话、传说的直接影响,有较强的幻想虚构性,象征性明显,也蕴涵着一定的人生哲理,对儿童具有深刻的教育意义。因此,儿童音乐中含有大量的童话寓言题材的作品。

除了普罗柯菲耶夫的交响童话《彼得与狼》外,同样著名的还有法国近代作曲家杜卡斯的《小巫师》,该剧取材于约瑟夫·雅各布斯的童话故事《魔法师的徒弟》。另外,还有印象派作曲家拉威尔的《鹅妈妈组曲》。乐曲主要取材于法国作家贝洛的民间童话集《鹅妈妈的故事》,虚构出一个童话世界,表现了儿童的天真无邪和幻想情趣。如第三段《丑姑娘和瓷娃娃女皇》,充满了西方儿童对古老中国的神往和遐想,音乐富有东方的异国情调。童话中矮小的瓷娃娃,在儿童的幻想中一个个活动起来,组成一个中国的丝竹乐队,增添了东方古国的神秘气氛。

① [挪]J·R·比约克沃尔德著,王毅译:《本能的缪斯》,上海人民出版社1997年版,第48页。
② 朱彤:《西方儿童音乐的文化考察》,南京师范大学硕士学位论文,2004年,第36页。

### 4. 大自然题材

自古以来,丰富多姿的自然美景赋予音乐家无尽的创作灵感。在儿童音乐作品中,高山、流水、花、草、树木、走兽、飞鸟,以及春、夏、秋、冬等大自然题材历来受到孩子们的喜爱。最为人所熟知的与动物有关的音乐无疑要数法国作曲家圣-桑的《动物狂欢节》了。这部作品由14首套曲组成。从每首套曲中,我们都能体验到作曲家对某种动物活动习性的细致的观察和深刻的把握,以至于作曲家能以高超的点睛之笔,形象地刻画出要表现的动物之神态。狮子的进行曲节奏庄严,极有王者的气派;袋鼠的乐曲轻快,用了与休止符交替进行的、带装饰音的跳音,像袋鼠一样有跳跃性;充满流动、色彩多变的音响,让人仿佛看到各种水族生物在水中自在遨游,鳞光闪烁。

适合儿童欣赏的大自然题材的音乐作品曲目繁多,如柴可夫斯基《胡桃夹子组曲》的最后一组《花之舞曲》,是脍炙人口的描绘花的作品。它以圆舞曲的轻快节奏和优美动人的旋律,使人仿佛回旋于万紫千红的花丛之中。此外,还有穆索尔斯基的《图画展览会》,德彪西《儿童园地》中的《雪花飞舞》,舒曼《儿童钢琴曲集》中的《可爱的五月》、《春之歌》,巴托克《小宇宙》中的《乡村小调》、《田园曲》、《乡村集市》,柴可夫斯基《儿童曲集》中的《冬晨》等。

## 思考题

1. 试评析各种音乐起源说的合理性及局限性。
2. 如何理解音乐的本质和基本特性?
3. 音乐有哪些基本功能?
4. 儿童音乐具有哪些基本特点?
5. 儿童音乐的审美特性反映在哪些方面?
6. 结合自己的实践和体验谈谈对儿童音乐作品题材的认识。

# 第二章

# 学前儿童音乐教育的基本理论问题

## 第一节　学前儿童音乐教育的作用

教育是有目的的、有计划地对教育对象施加影响，并使他们在思想、情感、行为等方面发生变化的过程。学前儿童的音乐教育是人类社会进步所特有的一种社会活动，也是儿童发展的需要。它作为学前儿童教育必不可少的组成部分，无论从社会的发展还是儿童个体的发展来看，都具有十分重要的价值与作用。

### 一、学前儿童音乐教育与社会发展

音乐是人类创造的一种文化现象。为了实现其存在价值和寻求自身的发展，音乐教育便随着社会的进步和发展应运而生，并逐渐成为一种有目的、有意识的社会性教育活动。音乐教育与社会的沿革、发展是同步和相辅相成的。一方面，音乐教育表现出对社会明显的依存性：社会生产力的发展水平、社会政治制度等能对音乐教育产生干预性的制约作用，音乐教育的指导思想和培养目标受到社会的宏观调控，社会经济基础也决定着、制约着音乐教育的物质条件；另一方面，音乐教育事业的发展，又对人类社会的进步产生积极的推进作用，对整个社会文化环境产生潜移默化的影响。[①] 千百年来，随着人类社会的不断发展，音乐教育的价值与功能也在不断地发展变化着。在日本，很早就把音乐作为普及教育的一种方式，在中小学的教育过程中包含了一系列渐进式的音乐教育课程，规定小学毕业前儿童须修满 6 年的音乐课程，中学生还有附加的音乐课程。每个中学生在毕业前不仅能够识谱，而且能用历史的、理论的方法来欣赏、鉴赏音乐。可以这样说，到目前为止，世界上许多国家和地区已经把音乐教育作为国民义务教育的一个有机组成部分，并确立了它在促进儿童全面发展教育中应有的地位。确实，随着社会的进步、文明的推进和科技的发展，人们对早期儿童的音乐启蒙日趋重视。在此，我们仅就学前儿童音乐教育对社会发展的作用简述如下。

#### （一）有利于培养良好的社会道德风尚

审美作用是音乐的首要功能。只有通过音乐的美感体验，人们才能在身心愉悦的前提下深

---

① 曹理：《普通学校音乐教育学》，上海教育出版社 1993 年版，第 23 页。

刻地感受音乐、鉴赏音乐和表现音乐，从而实现音乐的其他功能。而音乐教育的功能是其存在价值的具体体现，它与音乐的功能有着密切的联系。虽然音乐功能是音乐教育功能的基本核心，但两者都具有一种精神价值，这种精神价值即体现在从政治态度、伦理道德等方面对人产生影响，从而激起一种潜移默化的力量。学前儿童的音乐教育也不例外，它把这种情绪上的感染、思想上的影响转化成一种"寓教于乐"的表现形态。对此，古希腊哲学家柏拉图曾深刻地阐述过。他认为，音乐对儿童心灵的深入，经久不会磨灭。他说："受过这种良好音乐教育的人，可以敏捷地看出艺术作品和自然界事物的丑陋，很正确地加以厌恶，但是一看到美的东西，他就会赞赏它们，很快乐地把它们吸收到心灵里，作为滋养，因而，自己的性格也变得高尚优美。"[①]柏拉图所谓的"良好音乐教育"，当然不只是指音乐本身的形式美，更包含有启迪儿童心灵、陶冶儿童情操的良好音乐教育内容。可见，音乐教育是一种富有强烈艺术感染力的审美教育，它可以把高度发展的社会理性转化为生动、直观的感性形式。在学前儿童的音乐教育中，应为儿童提供精心选择的"精神产品"，通过高雅优美、健康活泼、积极向上的音乐作品中蕴含的爱国主义精神及良好道德品质的内涵，提高儿童音乐审美感受和表现能力，净化心灵，升华道德，完善人格，进而对社会的精神文明环境、社会文化环境产生间接的影响，以推进良好的社会生存环境和文明环境的形成。

### （二）为造就一代有艺术修养的高素质公民打基础

现代社会给人类带来了更大的文明和进步，工业化、都市化、信息化为人类生存的自然环境和社会环境带来了日新月异的变化。作为社会教育中重要教育方式之一的音乐教育，也随着时代和社会的需要而发生着变化。随着社会经济的发展及全方位的开放，音乐也日益成为人们交流思想感情、协调社会成员的意志行为和享受社会文化环境的有力途径。当今社会，家长普遍重视对儿童的早期艺术启蒙教育，但由于对音乐学习、艺术学习与儿童成长的关系认识不清楚，以至于出现不少误区：有的是为了让孩子能表演或演奏些什么；有的认为音乐可以开发儿童的智力；有的是为了提供给孩子一种有益无害的消遣；还有的把学习音乐作为儿童日后进入社会生活的一种装饰。其实，音乐学习的最大作用之一恰恰是对人的情感、品味和修养的培养。马克思说："要鉴赏艺术的话，就必须成为一个在艺术上有修养的人。"儿童音乐的早期启蒙和学习，并不单纯是为了让儿童学习一种技巧，也不是为了培养、造就一个音乐专业人才，更不是为了作为儿童生活的一种点缀，而是为让儿童在享受美、抒发情中得到教益，培养素质，提高修养，为日后成为一代具有高雅艺术趣味和创新探索精神的人才打下基础。

### 二、学前儿童音乐教育与儿童个体发展

学前儿童音乐教育对儿童个体发展的作用和功能是与对社会发展的作用和功能相统一的。音乐教育作为全面发展教育中不可缺少的一个部分，是促进儿童在认知、情感、个性及社会性等方面协调发展的重要途径之一。

---

① 李晋瑗：《幼儿音乐教育》，北京师范大学出版社 1998 年版，第 60—61 页。

**(一) 音乐教育与儿童的认知发展**

音乐是一种抽象的艺术,它需要感知、记忆和概念化的过程。布鲁纳曾经把儿童从环境中理解和处理信息的方式描述为三种:一是通过活动和操作;二是通过组织感觉(听觉、动觉和视觉)和想象;三是通过词和符号。而音乐活动正能够为儿童提供使用这三种认知方式的机会。

1. 音乐教育与儿童感知能力的发展

音乐是一种听觉的艺术。音乐活动主要是借助听觉器官来进行的,音乐认识活动也必须建立在听觉感知的基础上。因此,音乐教育对儿童认知发展的促进作用首先表现在能促进感知能力,特别是听觉感知能力的发展。儿童听觉的发展先于视觉,学前阶段是听觉能力发展最迅速的时期。瑞士心理学家皮亚杰曾经把儿童认知发展过程归纳为四个阶段,其中第一个阶段是感知运动阶段(0—2岁),孩子对外界的感知主要是通过视觉、听觉、触觉、味觉等感觉器官来进行的。这个阶段的儿童也已有了对音乐最初的感知体验,不同音乐中的不同音色、织体、节奏、风格会刺激他们的音乐听觉和动觉,为他们日后的音乐学习和音乐兴趣的培养建立基础;第二个发展阶段是前运算阶段(3—7岁),这个阶段的儿童随着其语言和思维的发展及有关概念的形成,在音乐的感知能力上也有了更进一步的发展,他们能辨别音乐中力度的强弱、速度的快慢、音的长短和高低。有关研究者曾经对成年专业音乐家做过调查,[①]发现在2—4岁开始接受音乐教育的人中,有92%的人可能获得绝对音高感;在4—6岁开始接受音乐教育的人中,这个比例便下降到68.4%。可见,及早地、更多地为儿童提供各种音乐活动的机会和环境,并有意识地引导儿童进行听觉的感知和分辨活动,是十分有意义的。

2. 音乐教育与儿童记忆能力的发展

听觉能力的培养不仅仅涉及听觉感知、听觉辨别、听觉注意能力,更表现在听觉记忆能力方面。所谓听觉记忆能力,是指记忆音乐、再现音乐的能力。音乐是在时间的流动中展开音乐形象、深化音乐表达内容的,因此,任何音乐的表演、欣赏或创作活动,都不可能脱离对音乐表象的记忆、再认和再现。伟大的作曲家贝多芬之所以能在双耳失聪后创作出《第九交响曲》,正是因为在他的头脑中储存着大量的听觉表象。这些听觉表象为音乐家的创作做了充分的准备。此外,听觉记忆与听觉感知、听觉注意能力是密切相关的。听觉感知、注意制约着记忆表象的形成,同时听觉的记忆表象又直接影响到对音乐的感受和理解。众多的研究表明,学前期是培养听觉能力的最佳期,儿童的音乐学习和体验能使他们在这种活动中增强听觉的敏感性,发展听觉感知和记忆表象的能力。

3. 音乐教育与儿童想象、联想、思维能力的发展

音乐教育对儿童认知发展的促进作用,还表现在能发展儿童的想象、联想和思维能力。想象是由表象深入发展而形成的一种较高级的心理现象,它与感知、记忆表象、思维等认识过程共同构成了一个人完整的心理过程。正如音乐活动离不开记忆表象一样,音乐活动也往往离不开想象和联想,它是儿童沉浸于音乐活动之中并获得快乐的重要表现之一。我们经常可以看到,当儿童在欣赏富有感染力、表现力的音乐作品时,往往会情不自禁地陶醉于充满乐趣的想象活动之

---

① 许卓娅:《学前儿童音乐教育》,人民教育出版社1996年版,第16页。

中,对音乐产生一定的共鸣。

音乐教育也能发展儿童的思维能力。心理学中根据思维发展水平及凭借内容的不同,把思维概括为直觉行动思维、具体形象思维和抽象概念思维三种形式,而音乐教育与它们都有着一定的联系。首先,直觉行动思维与儿童的实际动作是直接联系的,儿童在模仿成人的歌唱或做身体动作的过程中,是边动作边思考,直至完全学会的。儿童还能在此基础上逐渐积累起初步的概括能力、判断能力,如分辨音乐的风格、性质,知道这首歌曲或乐曲是活泼的还是宁静的,是快乐的还是忧伤的;能对不同风格、体裁和情绪性质的乐曲作出比较,进行分类,初步建立起音乐与音乐之间关系的体验等。这些形象思维所包含的判断、分类、概括、推理等一般认识活动的能力,都能在音乐教育的活动中得到发展和提高。

其次,尽管儿童对音乐的感知、理解带有明显的直观、形象性,儿童的音乐思维方式是以一种外化的、直觉的、整体的、形象的把握方式为主的,但音乐思维本身有形象思维,又有抽象思维。因此,教师和成人有必要在音乐教育的活动中利用一切机会和手段来帮助儿童加深对音乐与音乐之间、音乐的整体与部分之间、音乐与其表现的客观事物之间、音乐与主体的感知体验之间关系的把握和理解,逐渐建立起最初的音乐抽象概念。例如,经过合理而有系列的感受、体验和分析、比较活动,可以帮助大班儿童逐渐了解和掌握进行曲、摇篮曲、舞曲等不同性质乐曲的基本概念,并会用一定的语言来描述。

同样,根据思维的主动性和创造性不同,我们还可以将思维分为习惯性思维和创造性思维两种不同的形式。习惯性思维也称常规性思维,是指某种新的思想的产生是按照一定程序,逻辑地、辩证地、由此及彼地导出正确的结论。它是指用人们常用的方法来解决问题的思维方式。创造性思维也称超常规思维,它是思维活动的高级水平,是指在已有知识经验的基础上,从问题中找出新关系,寻求新答案的过程。它具有突出的新颖性、独创性和发散性。而音乐中正蕴含着音乐性质的超常规思维。人们常说,音乐是三度创作:作曲家,表演者,鉴赏者。"音乐美的本质是反映作曲家不同凡响的超常规思维力,它可以把人类各种复杂的思想感情细腻地谱写成异乎寻常的极美的乐章。"①确实,我们可以从经典而优秀的音乐作品中亲身体验到伟大艺术家活生生的超常规思维的美和力。除此之外,我们还可以从音乐的特征上来认识音乐活动中创造性教育的特点和价值。通过渗透着音乐艺术美的潜移默化的音乐教育活动来激发、培养儿童的超常规思维(创造性思维)。首先,音乐是运用旋律、节奏、音色以及速度、力度等变化要素来展现音乐形象、表达思维情绪的艺术。它能刺激作用于儿童的大脑,使右脑中棘突触数增加,从而促进儿童形象思维能力,特别是想象和创造性思维的开发。

其次,音乐本身是一种抽象化的、个性化的艺术,对音乐的感受和体验没有固定、统一的标准答案,因而它恰恰能给儿童提供更广阔的创造空间。所以,在学前儿童的音乐教育过程中,儿童的生理、心理条件以及音乐本身的独特性都为儿童创造性思维的培养和发展提供了很好的契机。对于儿童随意哼唱或拍击出的某一个节奏或旋律,即使是很幼稚的,有时还是孩子无法重复的,我们都应加以珍视,因为这都是儿童最可贵的创造性思维的萌芽。这种创造性活动的尝试并没

---

① 沈建军:《音乐与超常思维》,华中理工大学出版社 1997 年版,第 15 页。

有对、错之分,关键是能让儿童体验到发现、创造的乐趣和成功的喜悦。在当今学前儿童音乐教育的实践中,教育者已经更多地注意到了为儿童提供参与、探索、迁移、表现和实践的环境,使他们有更多的机会独创、试验自己的艺术想象,进而最大限度地挖掘孩子的创造潜能,鼓励求异思维。

### (二) 音乐教育与儿童的情感、意志发展

#### 1. 音乐教育与儿童的情感发展

所谓情感,是指人的社会需要是否得到满足而产生的体验。它虽然无影无形、捉摸不定,但却伴随着人的认识活动而产生,同时又对认识的发展起推动或阻碍作用,正如列宁所言:"没有'人的情感',就从来没有也不可能有人对真理的追求。"可见,培养积极情感是教育的重要任务之一。音乐是通过旋律、音响等手段来表现人类最为细腻的心理活动和感情波动的艺术。音乐艺术的最大特点在于以情动人,以情感人,正如音乐家斯特拉文斯基所言,音乐就是情感,没有情感就没有音乐。因此,通过音乐教育促进儿童情感的发展,就成为音乐本身应有的题中之义。

我们知道,学前期的儿童正处于个人情感由低级向高级逐步发展的重要阶段。随着儿童社会交往活动的日益扩大、情感体验的日趋丰富及分化的逐渐细腻,富有情感性的音乐活动已逐渐成为能促进儿童情感发展的有效手段之一。音乐,既能够帮助儿童明确建构自己的感情,也能帮助儿童与自己的感情沟通,并与其他人的感情沟通。一首好的音乐作品,一次成功的音乐教育活动,都能使儿童产生对音乐的情感共鸣,培养和激发起儿童良好的情绪情感。此外,在音乐教育活动中,儿童能广泛接触到表现不同情感、内容的音乐,由此他们的情感世界会逐渐变得丰富而充实。如音乐欣赏曲《洋娃娃的葬礼进行曲》是柴可夫斯基写给儿童的一首童话题材的作品,表现出儿童在认识体验成人情感世界时的那种悲伤和无奈。欣赏、感受这样一首充满哀伤气氛的乐曲,能使儿童的情感体验得到丰富和深化。

#### 2. 音乐教育与儿童的意志发展

意志是人根据一定的目的对自己的行为进行激发、维持、抑制等调节的一种心理过程。音乐教育也具有促进学前儿童意志品质得到发展的潜力。这是因为,音乐教育活动是一种有目的、有计划的实践活动,无论是学习歌唱还是乐器演奏,都需要有一定的音乐技能的学习。对于幼小儿童,特别是初学音乐的儿童来说,没有坚持不懈的刻苦精神和克服困难的勇气、意志,是无法达到一定目标的。正如铃木镇一创建的儿童音乐教育体系强调坚持不懈的大量练习一样,其看重的教育价值不在技能的习得和娴熟,而在于锻炼坚韧不拔的意志品质。另外,音乐教育是一种情感参与的活动。儿童作为一个个体,不仅需要调控自己的行为使之配合音乐,而且还要协调自己与他人之间的关系,这样才能达到和谐统一。

总之,通过音乐教育能够培养和发展儿童基本的意志品质,从而使作为意向活动范畴的非智力因素得以更好地养成。

### (三) 音乐教育与儿童的个性发展

所谓个性,是指区别于他人的稳定的、独特的、整体的特性。个性化作为儿童人格发展过程

的一个侧面,是个体在生理上、心理上获得独立的过程,即自我确立、自我形成的过程。它强调的是个体的需要、特征、独特的权力、个人发展、自我实现、个体在世界上的唯一性等。

音乐教育活动对儿童个性发展的促进作用,首先表现为能促进儿童积极的个性意识倾向性的发展。所谓个性意识倾向性,是人进行活动的基本动力,它包括需要、动机、兴趣、理想、信念、世界观等。其中兴趣是指人积极探求某种事物的意识及行为倾向,它是产生主动学习行为的内动源。音乐作为一种与儿童关系最为密切的艺术形式,其丰富的音响、鲜明的节奏、动听的音调能让他们直接体验到快乐,从而培养起对音乐的兴趣。国内外许多调查研究表明,音乐是普遍受到儿童喜爱的学习内容之一。在生活中,儿童自发的音乐活动随时可见,而且孩子们对此投入了很大的兴趣。此外,在幼儿园的音乐教育实践中,儿童创造性音乐学习的价值已普遍地受到重视。它作为与儿童自发音乐活动不可分割的一个组成部分,正体现了儿童的自然需要。儿童在教师提供和创设的自由、宽松、信息量大且充满创造氛围的环境中,其参与活动的态度主动而积极,兴趣也由直接指向材料本身的短暂兴趣而逐渐发展演变为稳定而持久的浓厚兴趣。这类学习活动不仅使儿童获得了认知、情感和音乐操作技能等方面的有效发展,获得并享受了快乐的体验,同时更促发了儿童对人和事物的积极态度的初步养成,而这种积极态度、探究精神、创造精神及自信心等,在适当的条件下又是发展成为积极人生态度的重要基础。由此,我们可以说,良好的音乐教育有助于促进儿童积极个性意识倾向性的发展。

音乐教育对儿童个性发展的作用,还表现为能促进儿童自我意识的发展。所谓自我意识,是指个体对自己存在的感觉,即自己认识自己的一切,包括生理状况、心理特征以及与他人的关系等。首先,儿童自我意识的发展主要集中反映在自我认识方面,即认识自己,把自身与物体、与他人区分开来,建立自身的认同感。在音乐教育活动过程中,儿童对音乐的感受和表现正需要儿童能有意识地认识到自己的活动状况,有意识地调控自己的身体动作和活动,使之与音乐协调一致。

其次,随着儿童活动范围的扩大,他们逐渐开始意识到自身与他人的区别,会在比较的过程中产生简单的自我评价。而学前儿童的音乐教育,特别是幼儿园的音乐教育活动多为一种集体的音乐活动形式,一种引发儿童能积极主动参与的活动环境。在这类音乐活动中,儿童会逐渐产生日益明显的探索行为的倾向,且在探索过程中其自尊心迅速发展。他们迫切地要求表现自己,要求自主,这也正是儿童自我意识的显著特征。关于以音乐来促进儿童的自尊意识的研究资料,我们早有所闻。来自美国的调查资料显示,那些参加国家级艺术大赛、有较高演出水平的儿童,经常能够获得来自于家庭、教师及同辈间肯定的反馈信息,从而增强了自尊心和成就感,也提高了音乐能力。再者,集体的音乐活动形式还能够使儿童获得来自于同伴、教师的各种评价,它也会对儿童自信心、自尊心和自我评价、自我态度的形成产生重要的影响。

### (四) 音乐教育与儿童的社会性发展

音乐不仅能给儿童提供美感和创造性发展的机会,而且也能提供儿童发展社会性的机会。对于尚未社会化的儿童来说,在其以自身的思维和行为方式去适应社会时会遇到很大的障碍。儿童的社会性是在与周围人群的交往中逐渐发展起来的,其发展过程是一个渐进的、日益丰富和日益完善的过程。它不仅是社会发展的需要,也是儿童自身发展的需要。音乐活动作为艺术活动的一种形式,其重要的功能之一是开拓人的交流手段,使人们得到更多的心与心的沟通,进而建立感情上的和谐关系。学前儿童的音乐教育活动能够为儿童提供大量的人际交往和合作交流的机会,有意识地培养他们的交往观念和交往技能。通过幼儿园组织的、集体形式的音乐活动,如合唱、合奏、集体舞等要求高度协作的音乐表演形式,儿童不仅能够懂得只有齐心协力、共同合作才能演唱、演奏出优美动听的歌曲和音乐,而且更能够体验到集体协作的快乐,逐渐学会理解、尊重、接纳和欣赏他人。此外,音乐本身内在的节奏、韵律、合奏中各声部间的配合及律动、舞蹈中动作的编排、音乐游戏的规则等,都能使儿童在一种愉快的、"不强迫"的情境下养成自愿遵守规则的习惯,从而培养儿童形成自律、责任感和自我激励的意识,而这些正是儿童将来进入有秩序的社会交往活动所必须具备的基本准则。

## 第二节  学前儿童音乐教育的价值取向

学前儿童音乐教育是以音乐为内容的一种教育实践活动。作为社会实践活动,它与其他学科教育存在着许多共同的属性;但是,它作为艺术教育的一个分支,又体现出其本质不同于其他学科教育的特性。这种特性体现在两个方面:一方面指儿童音乐;另一方面指用音乐进行教育。由此,我们既不能把学前儿童音乐教育理解成纯知识、纯技能、纯艺术性的音乐教育,也不能脱离了音乐艺术本身的特殊规律及儿童音乐心理发展的规律来实施音乐教育。只有把两方面有机地结合在一起,才能真正使学前儿童音乐教育成为建立在音乐艺术基础之上的、儿童积极参与的音乐实践活动。

关于艺术教育的价值,西方历来有两派理论:其一是本质论。它以美国美术教育家艾斯纳和格利为代表,强调美术教育的主要价值在于它对个人经验的独特贡献,认为美术能力是教育的结果,而非自然发展的结果;其二是工具论。它以英国美术教育家里德和美国美术教育家罗恩菲尔德为代表,主张通过艺术教育促进儿童人格的健全发展,促进儿童创造性的发展。提出这两派理论的是美术教育的一些专家,虽然他们直接讨论的是美术教育的价值,但这些观点影响到整个艺术教育。

纵观音乐教育的发展历史,可以发现,正是由于人们对音乐教育的认识和理解不尽相同,因而导致了对学前儿童音乐教育的把握上存在一定的差异。长久以来,对音乐教育存在及价值的理解常在两种观点之间摇摆:一种观点强调音乐的"内在价值",认为音乐是人的一种天赋的社会文化才能,儿童接受音乐教育最主要的动力在于能从事表演和表现活动,能体验到自我表达和创造的快感。这种观点显然与本质论是相一致的;另一种观点则强调音乐的"功利价值",认为音乐可促进其他能力的发展,儿童接受音乐教育能促进运动能力和节奏感的发展、获得书面和口头语言的进步、促进认知和思维的发展、习得社会性交往和合作的技能等,由此,音乐教育能够为实现人类的其他发展起到催化剂的作用。这种观点显然较多地受到工具论的影响。前者认为艺术教育的目的就是艺术本身;而后者则认为艺术教育的目的在于儿童创造性和人格的发展。我们认为,可以把学前儿童音乐教育的价值观取向归纳为以音乐为本位的学前儿童音乐教育价值观和以教育为本位的学前儿童音乐教育价值观。

## 一、以音乐为本位的学前儿童音乐教育价值观

以音乐为本位的学前儿童音乐教育价值观强调以音乐为本位,以教育为手段,对学前儿童施以音乐的早期启蒙,以发展儿童的音乐潜能,使儿童获得音乐艺术内涵的教育。

戈登(Edwin E. Gordon)是一个长期致力于儿童音乐,尤其是学前儿童音乐教育研究的知名学者。他曾任美国坦普大学和南卡罗来纳大学的教授,从事儿童音乐心理学以及教学研究。在长期研究的基础上,戈登博士提出了具有相当权威性的"音乐性向理论"。该理论认为,每个儿童天生就具备学习音乐的潜能,即音乐性向,这种潜能在儿童刚出生时是呈正态分布的(68%的儿童具有一般的音乐潜能,另各16%的儿童具备较高和较低的音乐潜能)。虽然每个个体的音乐潜能是与生俱来的,但这种潜能和性向却是在不断波动的,尤其受到环境的影响,且在很大程度上受到9岁之前得到的音乐体验和鼓励的影响。9岁之前的音乐性向取决于先天的潜能和后天的音乐环境影响,被称为是一种"发展中的音乐性向";而音乐环境对音乐性向的影响是随着儿童年龄的增长而减弱的,因此,9岁之后儿童的音乐性向也被称为是一种"稳定的音乐性向"。由此可见,儿童早期(学龄前)是发展其音乐能力和音乐性向的关键期。早期的缺失,即使是以后的补偿式教育也是无法得到弥补的。戈登博士不仅论述了早期音乐教育的价值和重要性,更提出了包括"音乐性向"、"音乐听想的类型与阶段"、"节奏与律动"等一系列儿童音乐学习理论。

戈登博士的理论认为,儿童早期的音乐启蒙既是可能的,也是必要的、重要的,其主要价值就是帮助和鼓励增加儿童的音乐体验,以发展儿童的音乐性向和能力。该理论无疑更注重音乐本身,更看重音乐的内在价值和本质特性。

可见,以音乐为本位的学前儿童音乐教育价值观重视音乐的本体功能,把音乐作为传播、延续和发展人类音乐文化方式的最初阶段。它旨在为音乐本身的内在价值及其音乐功能的实现打下基础。

## 二、以教育为本位的学前儿童音乐教育价值观

以教育为本位的学前儿童音乐教育价值观,是通过音乐教育,通过听、唱、跳、奏等音乐实践活动,来促进儿童身心的健康成长,培养儿童的审美情趣,引导儿童良好的个性及创造力的发展。

音乐教育和德育同属于社会意识形态范畴,都具有一定的阶级性。两者互相影响、互相促进。对音乐教育德育功能的认识由来已久。苏联儿童音乐教育家卡巴列夫斯基曾经说:"艺术课程与技术课程的原则区别,就在于任何一个真正的艺术作品都要有道德因素和美的因素。"[①]音乐是一种情感的艺术。鲜明的音乐形象能主动地反映和影响人的思想感情,它不是以说教论理的方式进行思想品德教育,而是以音乐强烈的艺术感染力来影响儿童,潜移默化地培养他们热爱社

---

① 魏煌、侯锦虹:《苏联音乐教育》,上海教育出版社1999年版,第76页。

会主义祖国、热爱集体、关心他人等良好的道德品质和精神面貌,从而产生相应的行为力量。所以,音乐教育是对儿童进行德育的最佳方式之一。

众多的研究结果也向我们揭示了音乐教育确实具有发展智能、培养创造意识等智育功能。我们知道,智力的构成因素是多方面的,如心理学中表述的感知、观察、记忆、想象、创造等思维能力。而智育的根本目的是促进智力的发展,在学前儿童的音乐教育过程中同样也需要运用这样一些心理过程:例如通过辨音游戏等活动,使儿童的听觉感知能力更敏锐;通过音乐欣赏,丰富儿童的想象、联想和创造等。正是因为音乐教育与智育有着共同的教育心理机制,才使音乐教育对培养和促进儿童智能发展大有裨益。

此外,音乐教育隶属于艺术教育,它是美育的重要组成部分。因而,学前儿童音乐教育作为向儿童实施美育的主要途径之一,负有培养儿童的审美兴趣,丰富儿童的审美情感,发展儿童的审美感知、理解和创造能力的重要使命。正如苏联早期教育家卢那卡尔斯基所言:"进行美育教育,不是只简单地教会儿童一种艺术技能,而是系统地发展感受能力及创作能力,使孩子们热爱世界上一切真、善、美的东西,并且能动手美化这个世界。"[1]

## 第三节　学前儿童音乐教育的涵义

上述两种不同的价值观体现了对学前儿童音乐教育涵义认识上存在着的不同倾向和侧重,前者更多考虑和看重的是音乐教育本身的音乐目的——借助于教育的形式来发展儿童的音乐技能和音乐能力;而后者强调的是把音乐教育视作一种手段——通过音乐这一媒介来促进儿童在身体、认知、情感、个性、社会性等方面的整体和谐发展。

### 一、如何理解学前儿童音乐教育

为了更好地把握、理解学前儿童音乐教育的涵义,我们有必要分析和汲取两种不同价值取向的音乐教育中的合理部分,加以相互地借鉴和有机地统一。正如后一种音乐教育价值取向所主张的那样,儿童音乐教育可以促进儿童的健全发展;但是,充分利用音乐教育这一手段,让儿童在适当的时候适当地掌握音乐艺术表现的技巧等也是必需的。所以,前一种音乐教育的价值取向可以对后一种有所补充;同时,音乐艺术是人类文化的重要组成部分,而"教育的天职便在于培养主体和传递文化,通过传递文化使主体得以成长,并使文化在主体那里成活为生动的精神"[2]。以教育为价值取向的音乐教育旨在培养主体,以音乐为价值取向的音乐教育在于传递和发展音乐艺术文化本身,而两者实际上可以在音乐教育的过程中达到统一。对于学前儿童音乐教育而言,应以教育价值取向为主,以音乐价值取向为辅,两者互为补充。

---

① 魏煌、侯锦虹:《苏联音乐教育》,上海教育出版社 1999 年版,第 76 页。
② 刘晓东:《儿童教育新论》,江苏教育出版社 1998 年版,第 244 页。

在教育这个特定的领域中,学科仅仅是被利用来帮助儿童达到理想发展目标的媒介,音乐教育也不例外。学前儿童音乐教育作为学前教育的一个方面和要素,既要遵照学前教育的总目标,遵循学前教育的一般规律,又要体现出自身的特殊规律——用音乐进行教育和教儿童音乐。

一方面,通过学前儿童音乐教育需要让儿童认识表现音乐的各种符号手段,掌握必要的演唱、演奏技巧,同时学会感受音乐、理解音乐和表现音乐,培养和发展儿童的音乐能力和音乐才能。它是学前儿童音乐教育的首要任务。因此,从这个意义上而言,音乐教育承担着这样一些音乐本身的教育目的。

另一方面,儿童学习音乐的过程,不仅是儿童逐步学会认识音乐、把握音乐、养成对音乐的积极态度的过程,更是儿童在身体、智力、情感、个性、社会性等方面获得全面、和谐发展的过程。通过音乐教育,培养儿童健全的人格,促进儿童全面、和谐、整体的发展,是学前儿童音乐教育的根本目的和任务。因此,从这个意义上而言,音乐教育更是实施全面发展教育的手段。

以音乐为手段,在音乐教育的过程中促进儿童的全面发展,是指除了教给儿童一些基本的音乐知识、技能技巧、感受表现等音乐本身的东西以外,还必须使儿童在精神与心灵等方面获得更多有益的东西。对于这一点,古今中外的哲学家、思想家、教育家们都有过十分精辟的论述。孔子曾经这样说过:"兴于诗,立于礼,成于乐。"他认为,仁人君子修身养性的完成是通过音乐艺术的熏陶来达成的,音乐可以融合、协调人的知识、经验,促进人的和谐、整体的完善和发展。古希腊著名哲学家德谟克里特也认为,艺术、音乐是改变人、造就人的重要手段。他主张对儿童的音乐教育,既要注重天赋,也要强调勤学苦练,在儿童学习技能的同时培养其意志品质、净化其心灵。20世纪日本著名音乐教育家铃木镇一先生更是强调在音乐教育中培养、锻炼儿童的意志品质——坚韧不拔、克服困难、坚持不懈的努力、追求。他认为,这些品质的养成,对儿童今后的成长将是受用一生的。由此可见,把音乐教育作为培养人的整体全面发展的手段和途径之一,已经成为古人与今人的一种共识。

因此,把握学前儿童音乐教育,既要遵循音乐学习规律及儿童音乐心理发展特点进行音乐潜能的培养和一定的音乐基本知识、技能的教育和熏陶,也要以全面发展教育为中心,通过音乐的手段、音乐教育的途径以促进儿童在身体、智力、情感、个性、社会性等方面的和谐发展。

## 二、学前儿童音乐教育的特点

学前儿童的音乐教育是通过音乐学科本身的情感性、感染性和愉悦性的特点来引发儿童的情感体验,从而获得审美感受。因为它的内容、手段和形式更贴近于儿童的天性,因而呈现出以下特点:

### (一) 形象性和感染性

艺术和社会科学一样,都是社会生活的反映,但是它们反映的方式却有所不同。社会科学是用抽象的概念反映生活,而艺术则是用具体的形象来反映生活。形象是艺术反映现实生活的一种特殊手段。音乐,作为内容和形式有机统一的一种艺术美的样式,其内容总是通过由一定的色、声、形等物质材料所构成的外在的、感性的具体形式而表现出来的,总是可以凭着欣赏者的感官直接感受到的。虽然音乐是以流动的音响为物质材料,依靠于听觉来感知的特殊艺术,它的形象也是非视觉的,但由于它不是抽象逻辑思维的产物,可以通过联想、表象、想象等活动来构成有思想情感的、有审美价值的内容,因此,音乐的形象性是一个比较宽泛的概念。①

学前期的儿童随着活动范围的扩大、感性经验的增加及语言的逐步丰富,其思维也有了一定的发展。这一年龄阶段儿童的思维主要是依赖于事物的具体形象、表象以及对表象的联想而进行的。在学前儿童的音乐感受活动中,儿童对音乐的理解和把握也不可能脱离其本身认知、思维发展的水平。因此,学前儿童音乐教育的内容、形式及方法都较多地体现出形象性的特点。

在儿童音乐教育内容和音乐教材(作品)的选择中,无论是声乐作品还是器乐作品,无不具有其鲜明的音乐形象性,它是通过具体可感的艺术形象来反映儿童所熟悉的社会生活,通过儿童感知理解的具体感性事物,组成生动形象、栩栩如生的音乐画面。如《动物狂欢节》中变幻的旋律、乐音构成了一个个可爱的动物形象——快速跳跃的声音表现了小兔活泼伶俐的音乐形象;缓慢、滞重的旋律使儿童感受联想到大象笨重迟缓的音乐形象……又如选择一些儿童生活中熟悉的模拟音乐声:风声、雨声、钟声、小鸟鸣叫声等,通过节奏、力度、音色的变幻透出其生动的音乐形象性。这种声音形象作用于儿童的听觉,使他们在感受的同时产生一定的联想和想象,在情绪上受到感染和陶冶。可以这样说,儿童音乐教育内容和作品的形象性不仅为儿童音乐教育所特有,更是儿童喜爱音乐、亲近音乐、进入音乐的一种基本前提和保证。

形象性的特点还体现在学前儿童音乐教育的形式和方法上。形象性、直观性都是审美的显著特性之一,也是美育的重要原则之一。在学前儿童音乐教育的过程中,从形式及方法的运用上体现形象性、直观性的特点可以更好地调动儿童的审美感官,使其领略到音乐的美,在为儿童提供感受、理解、表现音乐的具体方式时,可以引导儿童从音乐的直观形象入手,俄国著名教育家乌申斯基曾说过,儿童的天性明显地要求直观性。对于儿童来说,直观形象性既可以是具体化的视觉形象,也可以是听觉形象,当然后者并不像前者那样以具体的画面呈现在欣赏者眼前,但它可以通过教师、成人设计的非音乐辅助手段,如图片的展示、语言的讲解、动作的表演等外在形式帮助儿童展开丰富的想象和联想,从而领略、体验到音乐的意境。

音乐艺术的美不仅是具体、形象的,而且还具有很强的感染力。它不是直接诉诸人的理智,而是诉诸人的情感。以情动人、以情感人、以情悦人是音乐艺术的魅力所在。音乐艺术美的感染性是其本身固有的特点,它既不是单纯地表现在内容上,也不是单纯地表现在形式上,而是从内容与形式的统一中体现出来的。儿童在接触音乐作品、学习音乐的过程中,通过感知音乐作品的艺术美,能使他们在情感上产生共鸣,从而培养他们对音乐作品及事物的是非、善恶、美丑的初步鉴赏和判别能力。此外,学前期儿童正处于个人情感由低级向高级逐步发展的重要时期,其情感体验也趋逐步丰富,富有情感性和感染性的音乐教育活动对儿童的情感发展有着明显的促进作用,它既可以使儿童兴奋,又可以使他们镇静、轻松,消除紧张和不安,以获得情感上的平衡。因此,应运用音乐本身美的感染力于儿童音乐教育之中,让儿童多参加各类富有感染性、情绪性的音乐活动。通过体验音乐本身所表现出的形象美和形式手段美,既能使儿童的积极情感逐步丰

---

① 曹理:《普通学校音乐教育学》,上海教育出版社 1993 年版,第 21 页。

富、深刻起来,又能对儿童的思想意识、道德行为、情绪体验、个性特征等方面产生潜移默化的影响。它也是音乐教育不同于其他学科教育的特殊性之一。

### (二) 趣味性和游戏性

幼年时代是游戏的时代。儿童无忧无虑,生动活泼的游戏与儿童的生活、活动密切相连。儿童所追求的就是如何使自己的生活愉快欢乐,趣味成了他们参加一切活动的准则。而儿童音乐本身的娱乐性特点,正是吸引儿童喜爱音乐活动并积极参加音乐活动的原因之一。

利用音乐的娱乐性和儿童追求、向往游戏的天性,引导儿童在玩中学,在乐中学。把音乐教育寓于愉快的音乐感受和音乐表现之中,把"乐"、"趣味"作为向儿童进行音乐能力培养及整体发展和教育的有效手段,可以更好地促进儿童形成活泼开朗的个性及积极向上、主动探索的精神。

学前儿童音乐教育的趣味性、游戏性最直接地体现在"音乐游戏"上。音乐游戏是借用游戏的形式以发展儿童音乐能力的一种音乐活动,它是一种有规则的游戏。无论是侧重于创造和表现的歌舞游戏,还是侧重于情节和角色的表演游戏,或侧重于音乐要素分辨能力的听辨反应游戏,都能在听听、唱唱、动动、玩玩的趣味活动中增强儿童的节奏感,促进儿童动作的协调性,提高儿童辨别音乐性质的能力。同时,又使儿童获得愉快的情绪情感体验。

1. 内容上的趣味性和游戏性

除上述音乐游戏内容之外,在儿童的歌唱、韵律活动、打击乐演奏和音乐欣赏活动领域的具体内容中,趣味性的特点也是十分突出的。例如,在学前儿童歌唱活动中的歌曲作品中,节奏鲜明、歌词富有童趣及表现儿童游戏活动的歌曲占了很大的比例。如《颠倒歌》、《跷跷板》、《拉拉钩》等等,特别是我国的传统民间童谣,生动有趣,朗朗上口。再如,在音乐欣赏活动内容中,随着近年来音乐教育改革与研究的深入,越来越多的专业理论和实践工作者在探索和研究该领域的活动。其中,运用趣味性的游戏活动来引导儿童进入音乐欣赏,已成为幼儿园音乐欣赏活动倾向的形式之一。如音乐欣赏曲《登长城》是一首三段式的带有中国传统民族音乐特色的作品。教师在给大班儿童欣赏该曲时,采用了游戏化的手段,引导儿童做"登长城"的游戏。通过角色扮演,用动作体验、表现音乐所体现的爬长城、小憩及到达山顶欢呼等情节内容,把情节、角色、规则等游戏的因素引入音乐欣赏过程,用外显动作表现式的游戏来激发儿童对欣赏活动的兴趣以及对所欣赏乐曲的充分感受和理解。

2. 形式上的趣味性和游戏性

学前儿童音乐教育形式上的趣味性和游戏性主要体现在教育活动的形式是自由、灵活而多样的。在幼儿园的音乐教育活动中,大多数活动组织形式是一种集体的音乐活动,但它并不是唯一的活动形式。针对同一个教育内容,音乐活动的形式可以是灵活而多样的。譬如,歌唱活动的形式既可以是集体的齐唱,也可以是个别的独唱、小组的接唱或同伴间的对唱等,可以根据活动的需要交替呈现多样形式。在音乐教育活动中,作为活动主体的儿童可以自由地选择合适的活动空间,选择合作活动的同伴,选择自己喜欢的活动小组等。在复习性质的"小小音乐会"游戏式的音乐活动中,儿童可以自发地、主动地提出活动的要求、内容及形式安排,并引导活动的进程(由个别儿童担任活动的组织者,大多数儿童担当表演者);教师与儿童的关系也是灵活多变的,教师可以各种不同的角色身份（观察者、表演者、示范者、参与者、引导者、学习者……）直接或间接地指导儿童的音乐活动，儿童也可以尝试以不同的角色身份（学习者、表演者、欣赏者、示范者、组织者……）参与音乐教育活动。

3. 方法上的趣味性和游戏性

趣味性和游戏性是最具特色的一个方面。根据儿童身心发展及年龄阶段的特点，教师可以在音乐教育活动的设计与组织中，创造性地采用趣味化、游戏化的口吻来诱发儿童对音乐活动的兴趣，以及对将要学习内容和技能的理解、把握。示范、讲解、提问的方法，是音乐教育中最普遍的方法之一。教师在使用这些方法的过程中，要注意通过语言、表情、体态上的变化，通过创造一种具有游戏性质的假想情境，使儿童自然而然地跟随教师的要求积极地参与活动。此外，当儿童由于过分兴奋或萎靡而不能很好地介入活动内容、完成活动要求时，教师还可以用趣味化、游戏化的角色扮演滑稽的动作吸引儿童的注意，调控儿童的情绪，从而使儿童较快地进入当前的学习情境之中。

### （三）技能性和综合性

音乐是一门艺术，而任何艺术都有它必须具备的技术。不进行基本的训练，不掌握一定的技术，就不可能获得完美的艺术。基本的技能技巧训练，是儿童音乐能力及非音乐能力发展的必要前提。技能性的特点是学前儿童音乐教育区别于其他学科教育的明显特征之一。众多的实验和事实证明，音乐技能的早期训练对儿童今后的成长和发展是十分必要的。因此，在音乐教育中体现技能性可以给我们两点启示：其一，作为教师，需要运用一定的音乐技能技巧去启蒙儿童，为儿童示范、演示，带领并指导儿童练习。教师的音乐素养、音乐技术是保证音乐教育活动卓有成效达成的基本前提之一。其二，儿童学习音乐，探索音乐，创作音乐，必须有一定的音乐技能技巧作为基础。有了基本的音乐表达"语汇"，儿童才能在听听、唱唱、跳跳、奏奏等各种音乐教育活动中大胆地表现，积极地探索和创造。

综合性是学前儿童音乐教育的又一特点。这种综合性主要体现在以下三个方面：

1. 形式上的综合性

我们知道，人类早期的音乐活动是一种初始的、尚未分化的综合活动形式，是歌、舞、乐三位一体的。在学前儿童早期的音乐教育活动中，同样呈现出一种综合的活动形式。在儿童感受、表现音乐的过程中，"载歌载舞"、"唱唱跳跳"是最普遍的形式。我们不可能希望儿童如成人般地安静端坐于音乐厅倾听欣赏美妙的音乐，他们欣赏音乐的方式通常是外化动作的表现，而这正是儿童心理发展特点及年龄特点的写照。虽然有时为了教学的需要，为了强化某个要求，儿童会在音乐活动中按照教师的要求进行单纯的唱歌、跳舞或者奏乐活动，但这并不是儿童本意所选择的音乐表现形式。因此，我们不必人为地划分音乐表达的不同内容和形式，而应以儿童熟悉、喜爱的综合形式，在歌、舞、乐三者密切相融的音乐活动形式中使他们体验到参与音乐的快乐。

2. 过程上的综合性

在儿童音乐教育活动的过程中，既有运用一定的音乐技能技巧进行的表演活动，也有以启发儿童感受和理解音乐为主的欣赏活动，还有鼓励儿童自由探索、表达音乐的创作活动。因此，在音乐教育的过程中,体现出表演、欣赏、创作"三位一体"的综合性特点。

在儿童音乐教育中,培养儿童对音乐的主动探究倾向,是指导教师教育教学观念以及体现教育任务的一个重要方面。为了让儿童更多地体验到音乐学习的快乐和满足,为了让儿童有更多的机会进行大胆的自我表达、自我欣赏和自我教育,我们不必过早地将音乐教育的过程人为地割裂开来,这样既不利于音乐教育活动生动活泼氛围的形成,更扼杀了儿童刚刚萌芽起来的对音乐的主动探究和积极表现的欲望。所以,在音乐教育活动过程中,实践表演、欣赏、创作三者互相融合的过程是十分必要的。

3. 方法上的综合性

学前儿童音乐教育的方法是灵活而丰富多样的。其中,示范的方法、语言讲解的方法、练习的方法、引导探索的方法等,都是从音乐学科本身的特点,以及儿童感知、理解音乐的特点和规律出发而形成并被普遍应用的。每一种方法都有其不同于一般的功效,是教育者长期教育经验总结的结晶。这些方法并不是孤立的,而是相互融合的一个整体。它们共同作用于儿童音乐活动的实践之中,相互交融,相互渗透,以促进儿童在认知、情感、个性及社会性方面的和谐发展。

## 思考题

1. 学前儿童音乐教育的社会价值与作用是什么?
2. 学前儿童音乐教育对个体发展的作用和价值体现在哪些方面?
3. 以音乐为本位的学前儿童音乐教育的本质是什么?
4. 如何理解以教育为本位的学前儿童音乐教育观?
5. 如何正确理解学前儿童音乐教育的涵义?
6. 简述学前儿童音乐教育的特点。

# 第三章

# 儿童音乐教育的流派及课程模式

## 第一节　儿童音乐教育的几种理论流派

随着人类社会教育活动的不断深入和教育心理科学及其他相关科学研究的迅速发展,世界儿童音乐教育的发展也发生了重大的变化。其标志之一便是近现代,特别是 20 世纪四五十年代以来一些独立而富有特色的儿童音乐教育体系的形成、确立和传播。学习、研究、借鉴这些体系,将有助于我们结合本国、本民族的特点探索和创新儿童音乐教育。

### 一、达尔克罗兹音乐教育体系

#### (一) 生平及教育体系的形成和传播

爱弥尔·雅克·达尔克罗兹是瑞士著名的作曲家、音乐教育家。他 1865 年出生于奥地利的维也纳,从小就学习音乐,6 岁学习弹奏钢琴,7 岁时写过进行曲。在维也纳居住的十年中,他广泛地接触音乐,经常参加音乐会。1875 年,他进入日内瓦大学,一年以后辍学来到巴黎,参加法兰西喜剧院的工作,同时学习音乐。1886—1889 年,他回到维也纳音乐学院,经过严格考试,先后进了安东·布鲁克纳、阿道夫·普罗斯尼兹等名家的作曲班进一步深造。1892 年完成学业,进入日内瓦音乐学院教授音乐史、和声、高级视唱练耳等课程,同时从事音乐创作活动。1894 年,达尔克罗兹出版了视唱练耳教科书《实用音准练习》,并以此为起点,进行"体态律动"教学法的实验和探索,直至 1905 年左右,他初步建立了自己的音乐教育体系,从而引起瑞士音乐界的震惊。1906 年正式出版《达尔克罗兹体态律动教学法》,该书的问世在当时产生了巨大的反响。此后,达尔克罗兹的体态律动教学法在德国、英国、巴黎、维也纳、纽约等地进一步得到推广,并催生了体态律动学校。1950 年 7 月 1 日,达尔克罗兹在日内瓦病逝,但他的教学法和教育体系却在世界各地被广泛地实践和发展着,并对后来的音乐教育家及教学法的形成产生了重大的影响,具有典范和先导的作用。

达尔克罗兹在担任日内瓦音乐学院和声及视唱练耳教学的过程中,发现学生的演奏动作技术往往和内在音乐感受之间有严重的脱节,他们的演奏缺乏对节奏细节的理解和表现。为了解决这一问题,达尔克罗兹开始了一系列的实验。他从探索运动和心理的关系入手,为学生设计各种新的练习,以把视唱、练耳、读写乐谱的活动与肌体的反应和动作结合起来。在他看来,在音乐的学习和体验中,首先需要培养的是身体的松弛、自然,这样才能使人体的肌肉运动能够轻松、迅速地执行大脑的意愿。而人在自然、自由状态下的身体动作是一种本能的动作,它可以成为音乐表演媒体的有机组成部分,这是因为音乐的节奏和力度的表现正是依赖身体的运动而实现的,人体运动与音乐之间存在着内在的紧密联系。由此,在一系列倾听活动与身体反应相结合的音乐训练实验的基础上,达尔克罗兹创建了体态律动学。

### (二)教育体系的基本内容及方法

达尔克罗兹音乐教育体系及教学实践的基本内容分为体态律动、视唱练耳和即兴创作三个方面。他认为,这三者构成了音乐教育中的三个重要分支,"其本质和核心部分是节奏运动,与它密切相关的是听觉能力和自发性创造能力(即视唱练耳和即兴创造活动)"。[①] 这三个方面相互作用,不可分割,成为一个整体,以培养和发展学生的内心听觉、运动觉和创造性表现能力。

1. "体态律动"

在达尔克罗兹的音乐教育体系中,"体态律动"由于其独创性和科学性,早已被人们公认为是卓有成效的音乐教育手段,并成为相对独立的学习领域。它强调从音乐入手,让学生聆听音乐,引导学生通过身体运动去接触音乐的各个要素。达尔克罗兹曾形象化地喻身体、人体比喻成"乐器",是一种能够理解音乐的要求、解释音乐的部分和整体的一种"乐器",通过身体动作的"弹奏",把对音乐要素的理解展示出来。他主张音乐教育应从身心两方面同时入手训练、培养儿童,不仅学习用听觉去感受音乐,同时学习用整个肌肉和心灵去感受、表现音乐的节奏疏密、旋律起伏及情绪变化的节律。这种音乐伴奏下的身体大肌肉动作不同于舞蹈动作和表演动作,而是一种自然、放松状态下的身体律动。达尔克罗兹认为,这种身体的律动充满了生命的节律和动感之美,故称之为"体态律动"。

在《达尔克罗兹体态律动教学法》一书中,达尔克罗兹把这种教学的目的归纳为:"培养学生对于节奏韵律的直觉本能和对音乐的情绪、表现的感觉,对运动平衡的感觉以及培养有规律的运动神经习惯、训练有节奏的心理。"即借助节奏来引起大脑与身体之间迅速而有规律的交流,达到情感与思想、本能与控制、想象与意志之间的协调发展。其教学的过程可以概括为四个阶段:一是音响刺激与课题暗示(教师通过进行表演性的演唱、演奏及动作或组织游戏性的活动,给学生以音乐或节奏音响刺激,以暗示学生所要学习的主要节奏要素);二是初步反应与相互作用(学生对所意识到的节奏要素做出初步的动作反应,教师了解学生的反应并及时调整、变化以适应学生);三是改进反应和表现(这一阶段,学生要较完美地用身体表现音乐或音乐要素,做出比先前更有创造性、更完善的动作,教师则通过观察帮助学生解决问题,引导学生改进反应和表现);四是视谱与综合反应(通过视觉加强学生的理解能力,且在视觉的辅助下更明确认识听觉和动觉所体验到的音乐,加强身体运动的表现活动)。

在达尔克罗兹的教学试验中,最初是以音乐学院的学生为对象的,但是当他发现音乐与身体运动的结合训练特别适合于儿童的天性和本能时,便扩展到了儿童音乐教育的领域中。达尔克

---

[①] 蔡觉民、杨立梅编著:《达尔克罗兹音乐教育理论与实践》,上海教育出版社1999年版,第28页。

罗兹认为,人无不具有天生的节奏本能,但需要加以诱发和培养。在儿童的音乐学习中,教师应尽可能地去发现和研究儿童的身体活动和他们周围世界的自然节奏,将其自然地引入教学过程之中,从儿童本身所具有的节奏要素入手,以听音乐和身体运动为手段,去唤醒儿童天生的音乐本能。也就是将音乐表现中的音响力度、速度、音色对比、变化等要素与儿童运动时的能量、空间、时间融合在一起,使他们具有联系和体验音乐情绪的能力。这种教学思路和方法可以用简单化的公式来表述,即能量+时间+空间(其中能量是指身体运动用力的强度;时间和空间涉及身体动作的速度和幅度)。身体动作的完成是肌肉能量和空间、时间的综合结果。

在体态律动教学实践活动过程中,所采用的方法一般是:(1)教师钢琴上的即兴演奏(音乐材料最好是包含儿童以前所学过的音乐要素的即兴音乐)。(2)儿童的律动语汇。对儿童来说,这种律动语汇是来自于整个身体的。它包括两种类型:一种是原地类型,如拍手、摇摆、转动、指挥、弯腰、旋转、唱歌等;另一种是空间类型,如走、跑、爬、跳、滑、蹦等。这两种类型可以结合成各种形式。在训练过程中,可以先让儿童分别单独练,比如手指:手指是整个身体中最轻巧、最灵活的部位,可以用来表示快的节奏;可以形象化地把一个个手指编上号,以训练听觉反应和节奏;也可以从一只手的训练扩展到两只手同时进行训练。在逐个地对身体各部分进行训练后,可以使身体的某些部位和谐地结合起来,如用脚和身体的动作表示时值,用手臂表现节拍,最后才是整个身体的加入。(3)教师促使学生将身体运动与声音内在地结合在一起,发展他们内部听觉和运动觉的能力、动觉的想象与记忆等。

2. 视唱练耳

在达尔克罗兹的音乐教育体系中,视唱练耳是和身体律动紧密结合的。他认为,"一切音乐教育都应当建立在听觉的基础上,而不是建立在模仿和数学运算的训练上"。良好的听觉是接受音乐教育最重要的禀赋,可以通过结合体态律动的方式帮助儿童发展听觉和记忆能力,培养绝对音高感,发展内心听觉。在具体的教学实践中,他主张采用把耳、口和身体配上言语与歌唱的方法作为理想的学习工具和手段。

3. 即兴创作

达尔克罗兹同样也是按照体态律动的思路来培养学生的即兴创作能力的。对儿童来说,即兴创作的手段很多,包括律动、言语、故事、歌唱及各种不同乐器的演奏,可以引导儿童使用律动材料(节奏)和声音材料(音高、音阶等)来即兴创造音乐。

达尔克罗兹即兴创作教学活动的贡献,在于他充分重视对儿童的想象力、创造力的培养,无论在其体系形成之时还是今天,都具有极其深远的意义。它使我们懂得,即兴创作的音乐活动可以从儿童学习音乐之初开始,它应该成为重要的教学实践活动之一。

### (三) 适合于学前儿童的活动课例简析

达尔克罗兹的音乐教育体系建立迄今已将近一个世纪。它不但给后来相继出现的各种音乐教育体系(如奥尔夫体系)带来了深远的影响,同时也丰富和推动了当代音乐教育的改革和实践。在发展达尔克罗兹音乐教育体系的过程中,美国专家戴安娜女士根据不同年龄阶段学生的发展特点所进行的音乐教学实践活动,为达尔克罗兹教育观念和方法应用于当代音乐教学实践带来了重要的启示,具有很大的借鉴意义。以下列举以学前儿童为对象的实践活动四例,通过介绍和分析,以利于我们对达尔克罗兹音乐教育体系与当代教育发展关系的认识和理解。

**活动一:**"有声和无声"、"大声和小声"、"相同和不同"①

1. 教师和幼儿围成圆圈,席地而坐。教师首先把儿童的好奇心、观察力、注意力调动起来。教师说:"大家眼睛看着我,让我们醒醒大脑(做抓头皮的动作,幼儿模仿),把耳朵清清干净(做动作),把我们的眼神固定住。"(这时儿童的注意力已经集中在教师身上了。)

2. 教师说:"我把手放在腿上时,你们拍地板当作敲鼓;我把手放在腰上时你们停止,不出声。"孩子们能够很快地做好这项活动。教师可再增加一项内容:"我摸头时你们就拍手。"教师变化地做这三个动作。

3. 教师做摸头、摸腿动作时一会儿用一只手,一会儿用两只手,引导幼儿理解强、弱的变化,理解"大声"和"小声"。(教师无须多作解释,只是用动作启发幼儿用自己的直觉和感觉去发现、理解教师的意图。)

4. 教师用鼓作教具,说:"这是我的鼓,有时它发出声音,有时它安静,请大家闭上眼睛,听到我的鼓发出声音时举手。"儿童完成这个动作后,教师进一步使鼓的发声有强、有弱,更加引起儿童的兴趣。"我的鼓声很轻时,你们举起一只手,鼓声很重时,你们举起两只手,没有声音时把手放下来。"

5. 儿童对鼓声熟悉之后,可以增加其他打击乐器的不同音色:先分辨已熟悉和不熟悉的声音。教师说:"大家听到我击鼓的声音时举手,听到不是鼓的声音时不举手。"让孩子们闭上眼睛做这个游戏(教师可交替使用3—4种不同乐器)。当儿童能够准确辨别鼓声之后,教师让儿童睁开眼睛,看一看几种发出不同声音的打击乐器,告诉他们乐器的名称。然后,再让幼儿闭上眼睛,教师说:"现在我随意敲击乐器,并且说出它们的名称,如果说得对了,你们把手放在头上,说得不对时,就不举手。"

这个简单的听力游戏活动,采用儿童闭上眼睛的方法,能使儿童注意力更集中,也能避免相互干扰;而用动作代替语言说"对"或"不对",既符合儿童的心理发展年龄特点,也适合于集体活动的形式;用听觉来辨别声音的存在、强弱及不同音色也采用了自然递进式的教学设计,使幼儿在一个宽松、和谐和集体环境中进入音乐学习。

**活动二:**"集中注意看指挥"②

1. 教师和儿童围成圆圈,坐在地上。教师出示手势,儿童做相应的动作。如,教师手抚地板——儿童拍击地板;教师双臂平伸向前——儿童拍手;放在腿上——休止;高举手臂——叩齿;大指向下——捻指;手臂做波浪形翻动的动作——儿童发出"哇呜……哇呜……"

---

① 蔡觉民、杨立梅编著:《达尔克罗兹音乐教育理论与实践》,上海教育出版社1999年版,第179—180页。
② 同上书,第183页。

的声音;手臂上下运动——发出"嘟嘟嘟嘟"的声音等。(先让儿童练习分解动作,再练习连贯的、不断变化的动作。动作过程中教师可以结合使用单手臂或双手臂的变化,加进感知强、弱的要求和内容。)

2. 让儿童当指挥,代替教师的位置。

3. 把儿童分成两组,分别按照指挥两只手的不同手势做动作,成为两个声部的活动。

这项活动与前一个活动相比更递进了一步,目的是训练儿童集中注意并迅速作出反应。身体动作相对于语言提示、指令更能使儿童注意力集中。

**活动三:抚摸想象中的小狗和大马**[①]

1. 教师首先让儿童像飞机一样,原地转一圈,不要碰到别人,确定自己的活动空间。

2. 教师说:"现在假装我们手里抱着小狗,让我们抚摸它。"——教师和儿童一起运动手臂;"这是小老鼠"——动作很小、空间很小;"这是我的大狗"——身体运动幅度加大了;"这是我的大马"——动作更大。(动作的想象内容可以再拓展,只要想象的活动可以表现出不同的动作概念即可,同时在表现抚摸的动作时要注意运动的平稳、流畅和均匀。)

这是一则即兴创作内容的活动,它的目的不是要求尚不具备足够音乐经验的儿童能够创作出音乐来,而只是要儿童充分地发挥、使用他们的想象力,同时鼓励他们把想象力和身体动作结合起来,充分伸展身体去表现他们想要表达的事物或情感。

**活动四:学会互相倾听**[②]

1. 教师让孩子们唱一首大家熟悉的歌曲《祝你生日快乐》,教师既没有给开始的音高,也不使用钢琴伴奏,幼儿在教师的呼吸和手势动作下开始歌唱,每个孩子各唱各的,没有统一的调。

2. 教师不作任何评论,只是说:"你们的声音都很好听,现在让我们唱成同一个美丽的声音,好吗?"教师示意幼儿坐得靠近些,从第一个小朋友开始歌唱,唱过两句后,第二个小朋友加进来一起唱,以此反复、类推,孩子们逐一加入进来,最后他们便能在统一的音调中歌唱了。

这则活动看似极其简单,却体现了很重要的教育思想,即让孩子们意识到,虽然他们个个都会唱,但没有统一的声音是不好听的,要学会倾听,注意和别人的协调、配合。它不仅体现了达尔克罗兹教育体系中的创造性、个性的培养,而且突出了对人的社会性发展的培养。这个教学实例正说明了教师为儿童创设适宜的音乐体验环境之重要。

---

① 蔡觉民、杨立梅编著:《达尔克罗兹音乐教育理论与实践》,上海教育出版社 1999 年版,第 188 页。
② 同上书,第 213—214 页。

## 二、柯达伊音乐教育体系

### (一) 生平及教育体系的形成和影响

佐尔坦·柯达伊是匈牙利著名的作曲家、民族音乐家和音乐教育家。他出生在一个具有良好艺术环境的家庭,少年时代学习过多种乐器,且很早就达到参加室内乐演奏的水平。他从中学时代就开始了音乐创作活动。他高中毕业后进入布达佩斯音乐学院学习作曲和指挥,1904年获作曲专业毕业文凭,1906年获哲学博士学位。1907年,他到法国巴黎,接触并研究了印象派作曲家德彪西的音乐,对和声中五声音阶的用法大感兴趣;回国之后,他在李斯特音乐学院任教,1919年被任命为副院长。柯达伊在音乐艺术领域的贡献分为音乐创作、民间音乐理论研究和音乐教育三个既独立又紧密联系的方面。

柯达伊教学法创建于20世纪初,从1925年以后,柯达伊开始密切关注青少年的音乐教育。他对儿童的情感和审美教育进行研究,并为儿童写作音乐读写教材和合唱作品。他还亲自撰写文章,去各地讲演,以推动匈牙利儿童音乐教育的普及和发展。

柯达伊为匈牙利民族音乐教育事业作出了巨大的贡献。1942年,匈牙利合唱协会宣布这一年为"柯达伊年",并授予他十字勋章、日内瓦大家名誉博士学位。1961年起,柯达伊被推荐担任国际民间音乐理事会主席,1964年被选为国际音乐教育协会(ISME)名誉主席。1967年3月,柯达伊在布达佩斯逝世。但是,他的教育思想及其教学法却得到了广泛的传播和发展。从幼儿园至音乐学院,从亚洲、欧洲到美洲,他的音乐教育思想、观点对世界各地的音乐教育影响巨大。世界各地为纪念、学习、研究柯达伊音乐教育体系,先后建立了柯达伊学会(如东京、波士顿、渥太华、悉尼、北京等地)。

### (二) 教育体系的基本观点和主要内容

#### 1. 音乐教育应该从幼儿园开始

柯达伊教育体系从整体上说是建立在早期音乐教育基础上的。柯达伊认为,幼儿园能够为儿童提供一个集体创造音乐的环境,所以音乐教育应该从幼儿园开始,以便使儿童尽早获得音乐体验;而只有从早期开始,才能成功地发展音乐能力。在匈牙利幼儿教育改革中,柯达伊提出把民间歌曲和歌唱游戏曲作为幼儿园的主要音乐材料。在歌唱游戏中,歌唱联系着动作和活动,既符合儿童的天性,也培养了儿童的集体感和社交能力。儿童在身体的运动中感受、表现音乐,同时也可消除紧张和不安情绪,体验到游戏带来的欢乐。由于幼儿阶段的音乐教育重点是通过对音乐的直接体验,为以后进一步发展音乐感知和技能做准备,因而在柯达伊音乐教育体系中,把幼儿期这个准备阶段的音乐教育目标归纳为:引导儿童通过听、唱歌曲,体验、感受音乐,唤起他们对音乐的兴趣,帮助儿童形成音乐的趣味和审美感。

#### 2. 以歌唱教学为主要教学内容

柯达伊认为,儿童唱歌和说话同样的自然,通过唱歌这一人人都能从事的活动,能够使孩子们的歌喉日臻完美。而歌唱教学的展开可以不受儿童发展水平和客观物质条件的限制,它成为柯达伊音乐教育体系中的重要的教学内容。同时,他积累的大量的教材和教学方法,如多声部的合唱训练、优秀的民族音乐教材等,不仅为匈牙利音乐教育系统所广泛采用,也为世界儿童音乐教育提供了一个相当完善而富有特色的模式。

3. 以"儿童自然发展法"作为课程安排的主要依据

在传统的主题逻辑的教学法中,课程编制的顺序、题材的组织是从内容是否合理上考虑的,而较少考虑儿童比较容易接受的顺序。如节奏教学的进度安排是从全音符→二分音符→四分音符→八分音符……但柯达伊认为,对于一个还没有学会如何去感知基本节奏的初学儿童来说,这是一个非常困难的进程。对于儿童来说,移动的节奏比起持续的节奏更易接受,四分音符是儿童步行、自然走路的速度;八分音符是自然跑步的速度,它们都是儿童日常生活中的节奏。儿童歌唱游戏材料及童谣中大部分也是以这两种音符、节奏构成的,因此,应该把四分音符和八分音符作为节奏教学的起点。同样,就旋律感知而言,传统的主题逻辑法以自然大小调音阶作为起点,显然也是不合理的。我们知道,儿童最早、最容易唱的音程是小三度(sol-mi),而接着能唱的第三个音符就是上方的 la,这三个音构成了儿童唱游的基础,几乎成为全世界儿童通用的乐汇。所以,更合理的安排应该从小三度开始,帮助儿童依次先掌握五声音阶(mi、sol、la、do、re),然后再教 fa、si 以补足整个七声大小音阶。由此可见,在柯达伊教育体系中,课程进度的编排突破了传统的不够合理的编排秩序,提出了以"儿童自然发展法"为依据的进度安排原则。所谓"儿童自然发展法",即根据正常儿童在其成长的各个时期中的能力来编排课程的顺序。在强调"儿童自然发展法"的同时,柯达伊还总结了儿童音乐发展中的一般特点,认为在考虑教学顺序时也应予以参照:(1)儿童的音域是有限的,一般不超过六度,而半音较难唱准;(2)下行音调比上行音调容易唱;(3)跳进比级进容易唱准;(4)五声音阶比七声音阶容易掌握。

4. 以首调唱名法、节奏唱名和柯尔文手势为基本教学工具

首调唱名法最初是由英国人桂多·达赖佐在 11 世纪首创的流动 do 唱名法,即在视唱时,无论用的是什么调,一首歌的重音或中心音都是大调的 do 和小调的 la,各级音阶的唱名都不变化。以这样一种体系来教视唱,其优越性是:当儿童知道小三度(sol-mi)这一基本音调后,他能够在乐谱的任何一个调、任何一个地方把它们读出来。

在柯达伊教学法中,节奏教学采用了法国视唱练耳中所用的相似的音节系统,并用符号记谱,用特定的音节来代替特定的时值,如四分音符为"ta",八分音符为"ti":

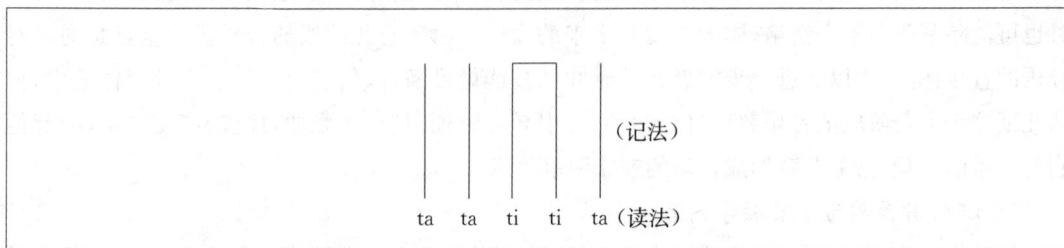

ta   ta   ti   ti   ta （读法）
（记法）

让儿童用节奏唱名唱出选自歌曲的节奏、节奏型,从而体会到节奏唱名的时值。

柯尔文手势是柯达伊教学系统中的第三个基本工具和手段。它是由英国人约翰·柯尔

文在 1870 年首创的。它包括七种不同的姿势,各代表音阶中固定的某一唱名,通过在空间中所处的直观形象化的不同高低位置,帮助儿童通过视觉感受加深对音程空间感及各音之间高低关系的理解。手势如图 3 - 1。①

在柯达伊体系中,以上三种教学工具作为一种教学辅助手段得到加强,帮助儿童逐步进入到较高层次的音乐学习。

5. 创建自成特色的教材体系

柯达伊体系的一个突破和贡献是在教材领域。他认为,给儿童所用的教材只能来于三个方面:(1)真正的儿童游戏和儿歌;(2)真正的民间音乐;(3)优秀的创作音乐(由名作曲家创作的音乐)。其中儿歌及民间音乐的朴素的表现形式,对孩子尤为适宜,为此他收集整理了大量优秀的儿童歌曲和匈牙利民间歌曲,并创作了许多五声音阶的儿童合唱曲,以让儿童从小就感受并热爱母语音乐。这些方面的突出贡献,使柯达伊音乐教育体系成为举世公认的珍品。

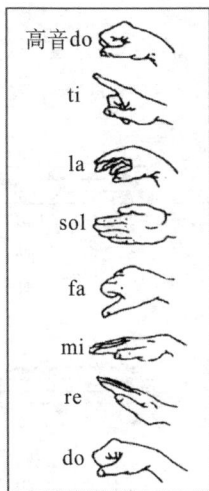

图 3 - 1

### (三) 适合于学前儿童的活动课例简析②

**活动一:**歌唱游戏《找朋友》

歌曲:

歌词大意:咕咕,你在哪? 咕咕,你在哪?

配合歌曲游戏:一个儿童蒙上眼睛蹲在圈里,全体儿童唱一句:"咕咕,你在哪?"之后,教师指定一个儿童唱重复的"咕咕,你在哪?"由圈中蹲着的儿童猜是哪个小朋友唱的。被猜中的儿童蒙上眼睛蹲进圈里,猜对的儿童在游戏再开始时代替教师选择新的"咕咕"。

这则歌唱游戏集中的时间短,重复多,且采用游戏的方式能使幼儿感到愉快,在有简单设计和变化的游戏中训练儿童的听觉和音色辨别能力。

---

① 〔美〕迈克尔·L·马克等著,管建华、乔晓东译:《当代音乐教育》,文化艺术出版社 1991 年版,第 122 页。
② 部分节选自杨立梅编著:《柯达伊音乐教育思想与实践》,中国人民大学出版社 1994 年版。

**活动二：感受固定拍与节奏**

歌曲：《小青蛙》

（1）唱歌曲时拍手做固定拍，使儿童注意到有的拍里唱一个声音，有的拍里唱两个声音，在对比中感觉到节奏的不同。

（2）以有趣的象声词代替原来的歌词练习（见谱例）或设计恰当的节奏动作：如在八分音符处做"蛙跳"，在四分音符处做"蹲"的动作。

（3）在儿童掌握了用动作和象声词替代的游戏后，进一步用节奏音节取而代之，用"ta"（表示四分音符，长音）和"ti ti"（表示八分音符，短音）表示音的长短时值，继而让儿童练习不唱音高，只用手拍、口读"ta ta ti ti ta"完成节奏的分离。

（4）设计简单的图画，描绘大小、长短比例，帮助儿童理解节奏的时值关系。

如：早期柯达伊教科书中利用靴子图（爸爸的大靴子慢慢走，孩子的小靴子快快走，走两步正好赶上爸爸的一大步）帮助儿童理解规范的节奏符号。（见图3-2）

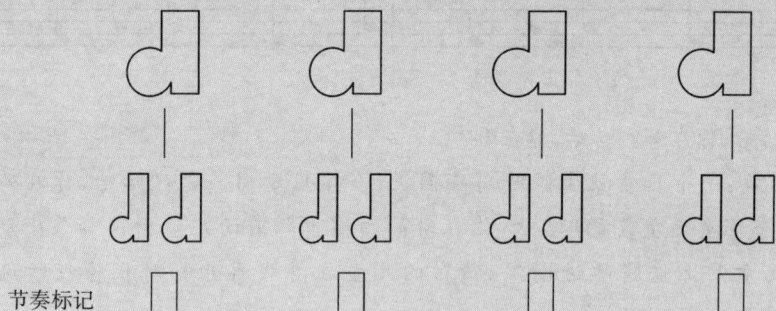

图 3-2

此活动让儿童感受声音长短的区别。象声词及适合的节奏动作较歌词更容易让儿童感觉到节奏、时值的对比，而且能使儿童在他感兴趣的活动和游戏中理解长音、短音，逐步建立节奏感。

**活动三："藏起来的歌曲"**

选择一首儿童已熟悉的歌曲,在儿童歌唱过程中教师出示一种信号,如举起手或合拢手指等,此信号一出,儿童就停止发声,在内心继续歌唱,直到教师给以"恢复"的信号(取消手势动作)再出声歌唱。

这个"藏起来的歌曲"活动是培养儿童的默唱能力,培养儿童有均匀的节拍感觉、稳定的速度和音高的保持等多种内心感觉。教师最初开始这个活动时,信号可以表现得更有规律一些,如一般出现在乐句结尾,经过一定的练习以后,才逐步过渡到不规则的出现,但仍要注意在能感觉到乐汇呼吸的地方交换。

**活动四：即兴的旋律回声模仿**

教师选择儿童熟悉的曲调,用新的不同歌词内容配合着歌唱,使儿童适应并感觉旋律与不同歌词的结合。以游戏式、即兴式的"填词"引起儿童的兴趣,启发儿童以回声来准确地模仿,鼓励儿童的创作。在此基础上,也可启发鼓励儿童以不同的词意和旋律填充来即兴问答。

这则活动的目的是给儿童创造一个适合的环境和方法,以唤起儿童对音乐的意识,诱发、开掘儿童与生俱来的创作潜能。

## 三、奥尔夫音乐教育体系

### (一) 生平及教育体系的形成、传播和影响

卡尔·奥尔夫是德国当代著名的作曲家、音乐戏剧家和儿童音乐教育家。1895 年,奥尔夫出生于慕尼黑一个有着良好音乐素养的军人世家,从小受到音乐熏陶。他在 1914 年毕业于慕尼黑音乐学院,1915 年至 1919 年在歌剧院任职,1920 年起定居慕尼黑从事创作与教学。1924 年,他和友人军特一起创办了"军特体操音乐舞蹈学校",开始探索音乐与动作结合的综合音乐教育,并着手编制教材,研制乐器。由于第二次世界大战的爆发,奥尔夫的教学试验毁于一旦。于是,他又重新把精力投入到创作中,写了一系列奠定其在世界乐坛地位的成名之作。战后,1948 年,奥尔夫在慕尼黑拜耶州广播电台举办儿童音乐节目。奥尔夫乐器的演奏引起了大批儿童和音乐教育工作者的兴趣。1950 年,奥尔夫的 5 卷本《学校音乐》教材正式出版,这奠定了他新颖、独创的儿童音乐教育体系。1961 年,奥地利萨尔茨堡的莫扎特音乐学院成立了奥尔夫研究所和奥尔夫学院。该研究所和学院不仅成为从事奥尔夫儿童音乐教育理论探讨和交流的中心,更成为世界公认的培训奥尔夫教学法师资的基地,为奥尔夫教学思想的传播"撒下无数的种子"。由此,奥尔夫音乐教育体系从西方流传到东方,遍及世界各国。1976 年,集奥尔夫半个多世纪以来教学、科研及音乐教育实践之创造性改革成果的《儿童音乐教材》,被译成 16 种不同文字的版本传播到欧、亚、美、非洲,并在当地国家的广泛应用中派生出新的教材。从此,奥尔夫的音乐教育思想在全世界流传,成为举世公认的对现代音乐教育改革产生重大而深远影响的主要体系之一。

**（二）教育体系的基本内容及特色**

**1.“元素性”音乐教育**

奥尔夫强调儿童音乐教育应该从“元素性”音乐教育入手，强调利用最原始、最简单的节奏和音高元素，以人类最根本、最自然，也是最古老的音乐实践形式——简单的拍手、打击乐器及即兴合作等方式面向每一个儿童，唤起他们身上潜在的音乐本能，使音乐成为他们自发的要求。

奥尔夫曾经说：“元素性的音乐并不是单独的音乐，它只是和动作、舞蹈、语言紧密结合在一起，是一种人们必须自己参与的音乐……”元素性音乐是综合的，包括元素性的节奏、元素性的动作、元素性的作曲法、元素性的词曲关系，并且使用元素性乐器——奥尔夫乐器，一种以节奏为主且比较容易学会的原始乐器。

元素性音乐教育思想是奥尔夫音乐教育体系的基本核心。他倡导从原始的、基础的、初级的、元素性的、自然的音乐入手，其意义在于使每个儿童都可以参与并加以再创造，同时能够为再创造提供更多变化的可能性。这些在奥尔夫体系的课程设置、教学组织形式、教学方法、教材和工具等多方面都被充分地显示出来。

**2.“节奏第一”**

奥尔夫认为，音乐构成的第一要素是节奏而不是旋律。节奏可以脱离旋律而单独存在，但旋律却离不开节奏的“支撑”。可以这样说，节奏是音乐的生命，是音乐生命力的源泉。奥尔夫强调从节奏入手进行音乐教育。通过节奏与语言和动作的结合对儿童进行节奏感的培养，是奥尔夫教学实践的一大特色。所谓节奏与语言的结合，即语言节奏朗诵。他认为，人类的语言本身已含有生动、丰富而微妙的节奏，它是音乐节奏的主要来源之一。从小让儿童从语言出发来掌握节奏，不仅容易，而且富有生命力。如结合一定的词组或句子来掌握一定的节奏型：

节奏与动作的结合，也即身体节奏动作。这能使儿童在最基本的、元素性的踩脚、拍手等动作组合过程中，培养起对节奏的敏感度。

**3. 课程内容**

奥尔夫音乐教育体系的课程内容包括嗓音造型、动作造型和声音造型三个方面。其中，嗓音造型是指歌唱活动和节奏朗诵活动；动作造型指律动、舞蹈、戏剧表演、指挥及声势活动。声势活动是奥尔夫体系独创的一种以简单而原始的身体动作发出各种有节奏声音的活动。其最基本的身体动作是拍手、拍腿、踩脚和捻指。由这四种动作构成的声势活动也被称为古典声势，它可以演变出许多种不同的身体节奏动作组合（见例1）。声音造型是指乐器演奏活动（乐器包括奥尔夫乐器及其他乐器）。

**例1：**

4. 教学组织形式及方法

奥尔夫体系的教学组织形式是集体教学和综合教学。集体教学反映在给儿童创设一个自由、宽松、便于交流和共享的音乐学习环境，儿童以小组活动的形式参与到音乐进行的过程中；而综合教学的特点则体现在奥尔夫教学活动是以歌、舞、乐三位一体，创作、表演和欣赏三位一体的综合形式，从儿童感性经验出发，以儿童的亲身实践帮助他们主动感受和表达音乐并注重培养儿童的主体创造。

奥尔夫体系的教学方法是"引导创作法"，通过教师的启发引导及范例帮助儿童集体创作、协助创作。教师在音乐学习的过程中安排、体现的是从探索——模仿——即兴——创造的四步环节。具体说来，探索是让儿童通过动作发现产生音响的可能性；模仿是为了发展儿童的基本技能；即兴是鼓励儿童将所学的技艺逐渐扩展，形成"雏形"；创造是将各个阶段所学的技能结合起来，形成一个自己独创的"作品"。在奥尔夫体系中，即兴和创造具有重要的意义和价值。奥尔夫曾经说："让孩子自己去寻找，自己去创造音乐，是最重要的。"因此，无论是节奏练习还是形体动作练习，教师并不限于传授技能，而是注重发挥儿童的即兴能力和想象力，鼓励儿童在即兴基础上进行综合性创造，以发展儿童的创造能力。

5. 教材和教具

奥尔夫教育体系的代表性教材，即 5 卷本的《学校音乐》，其主要内容是来自德国的儿童游戏、童谣和民歌。奥尔夫坚持把来自生活的教材作为最符合儿童天性、最自然和富有生命力的东西，5 卷本的内容安排是循序渐进的，按照音乐写作（调式、和声等）方面的进度来展开：节奏从最简单的基本节奏开始；旋律从基本的两个音开始逐步扩展到三个音、四个音、五个音，最后从五声音阶发展到七声音阶。

奥尔夫体系中特殊的教学工具是奥尔夫乐器。奥尔夫乐器从广义上说，指一切具有原始乐器特征的、可用简单的大肌肉动作来演奏的、易于儿童掌握的乐器，也包括一些被当作乐器来演奏的普通物体；从狭义上说，特指那些由奥尔夫机构和工厂研制出来的乐器。它分为有固定音高的音条乐器和无固定音高的打击乐器。它是奥尔夫在长期教学探索、研究、实验、改革的基础上研制成的特殊乐器。奥尔夫之所以强调在教学中不用一般的钢琴、小提琴等，而采用打击乐器，主要是因为：(1)打击乐器最宜突出节奏，有利于做到"节奏第一"。(2)打击乐器音色鲜明、富于个性和幻想性，宜于激起儿童的想象力。(3)能使儿童避免演奏技术上的负担，有利于按音乐本能作即兴性的演奏。

**（三）适合于学前儿童的节奏游戏活动简析**

**活动一：翻卡片**

1. 教师向幼儿出示一组卡片（卡片为正反两面，用不同颜色区别，例：■代表红色，□代表白色，见图 3-3）。幼儿根据卡片显示的信号拍出节奏（■——拍出节奏，□——休止）。

■　■　□　□

图 3-3

2. 在幼儿熟悉基本过程之后,教师可自由调整或交换卡片,或增加卡片,继续让幼儿练习不同节奏。

3. 把全体幼儿分成两部分,一部分幼儿看原来的卡片拍出节奏,另一部分幼儿看新的卡片组合,进行二声部节奏练习。(见图3-4)

图3-4

注:此游戏活动既可集体进行,也可让幼儿自由结伴个别进行,一幼儿摆卡片,另一幼儿打节奏,再轮流交换。另外,应让幼儿在记忆节奏模式的基础上,用不间隔的拍手动作固定重复表现某一节奏。

## 活动二:接龙游戏

教师和幼儿围坐一圈,每一幼儿手持一种打击乐器,教师说:"今天,我们一起来做声音接龙的游戏,好吗?"(1)教师示意第一个幼儿敲一下手中的打击乐器,后面的幼儿依次跟着敲一下;(2)第一个幼儿敲一下,第二个幼儿敲两下,后面的幼儿分别模仿它们的节奏依次敲击;(3)提示敲一下的幼儿强些,敲两下的幼儿弱些,以感受三拍子×××(强弱弱)的轻响处理;(4)教师在此节奏接龙经验的基础上,可以让幼儿从中间开始向两边"接龙",由中间幼儿开始敲第一下,以身体的倾斜动作暗示下一个幼儿,依次轮流;(5)提示幼儿依中间向两边的方向接龙时,当某一个幼儿敲两下时,即为改变方向的"信号";(6)要求幼儿做到每人只能有一次敲两下的机会。

此游戏是幼儿在自由、不紧张的状态下展开的,且教师提出的每一要求都是层层递进而循序渐进的,即让幼儿在熟悉前一活动程序要求的基础上再进行下一活动,不会使幼儿感到有太多的负担,并且培养幼儿音乐的灵敏听觉和反应能力、适应变化的能力。

## 活动三:敲"门"

教师把幼儿分为三组,在活动场地放三个不同颜色的塑料圈,分别代表三种不同音色乐器的"家"(如碰铃、响板和铃鼓),三组幼儿每人一种音色的乐器,分别站在代表各自音色乐器的圈外。教师任意请一位幼儿上来做敲"门"人,即用脚点圈,若点到哪个圈,哪个圈所代表的"家"就发出回应(乐器声响起)。

玩此游戏时,教师只需告诉幼儿一个最简单的活动规则,即点到圈就发声,反之则不发声。可以多鼓励几名幼儿上来做"敲门人",让幼儿在反复的游戏尝试中体会到各种不同的点圈——敲"门"办法,从而体验音乐中的节奏、休止、多声部的感觉。

**活动四:**即兴创作——"桥"

　　向幼儿出示如图3-5的不同外观的"桥",鼓励幼儿用手中的打击乐器。以3—5个幼儿为一组讨论,用即兴的打击乐创作来表现他们所想表现的某一座桥。

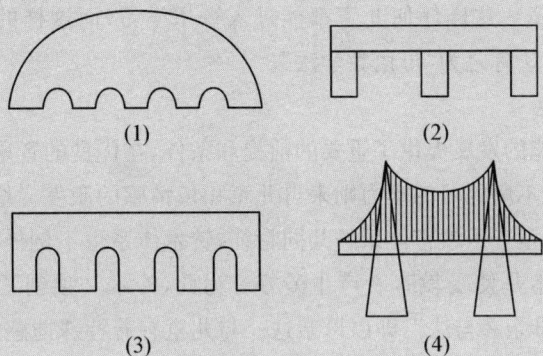

图3-5

　　这一即兴创作和协助演奏的活动,旨在培养幼儿大胆的想象力和主动表现的欲望。教师并不需要去评判幼儿的创作:哪种乐器的演奏形式和表现更接近某一座桥,而只需鼓励幼儿大胆表现,让幼儿初步体验到除了用语言来描述桥的特征以外,还可以用手中打击乐器的速度、力度、节奏等的变化来"描述"特定的桥。

## 四、铃木音乐教育体系

### (一) 生平及教育体系的形成和影响

　　铃木是日本著名的小提琴家和音乐教育家。他出生于一个小提琴制造商的家庭。受其家庭影响,铃木从小就开始学习小提琴。他在1915年毕业于名古屋高等学校后继续音乐学习,并于1920年赴德国专修小提琴,八年后回国并在国立音乐学院任教。铃木认为:"人的文化方面的一切能力并非因遗传从内部产生,而是由于适应外在环境的条件从内部成长的。遗传只对生理机能条件的优劣产生作用,环境中不存在的事物就无法育成。"由此,可以说每个孩子都是天才,教育应当及早发现孩子的天才。所以,20世纪50年代,铃木以教儿童演奏小提琴的实践致力于"天才教育体系"和"才能运动"的建设。至20世纪60年代,在日本接受其才能教育的儿童超过20万人。他的音乐教育体系同时获得了世界音乐教育界的广泛关注,成为儿童音乐教育领域中的又一重要体系。

### (二) 教育体系的基本思想和观点

1. 给儿童创造一个学习音乐的良好环境

铃木认为,才能并非取决于遗传,而是通过后天有效的环境和教育的影响发展起来的。在儿童音乐才能的发展过程中,环境是第一个重要的条件。他坚信,人是受环境影响的。因此,他在教授儿童学小提琴时,开始并不教儿童,只是教母亲,为的是在儿童的生活中让他每天都能感受到一个充满音乐的环境:听母亲或录音唱片的示范演奏,以此提高儿童的音乐感受性。在他看来,让孩子学习音乐,首先是应该为儿童创设一个如母语学习般的环境,让美好的音乐像本国的语言一样终日围绕着儿童。这样任何儿童都能进入音乐学习,而这样的音乐学习才能更有效。由此,人们也把铃木教学法称之为"母语教学法"。

2. 激发儿童的兴趣

环境为儿童音乐才能的发展提供了重要的前提和条件,在优良的音乐环境下,还需要儿童付出艰苦的努力,而努力和不懈练习的动力则来自儿童积极情感的激发。培养、激发儿童的音乐兴趣,是任何行之有效的儿童音乐教育体系的共同特征,铃木体系也不例外。铃木认为,"兴趣是能力的源泉",教育者的根本是使受教育者产生爱好。为此,铃木又独创了颇有特色的"母亲参与法"和"集体教学法"。"母亲参与法",即以母亲这一与儿童有着特殊情感关系的角色身份来充当孩子的榜样,影响、激发儿童的兴趣;"集体教学法",即在教学中采用个别教学和集体教学同时进行的方式,这样既能在个别教学中针对每个孩子予以更有效的帮助,又能在集体教学中以同伴的行动来不断激励儿童的学习兴趣和热情。

3. 提倡坚持不懈、持之以恒的练习

当儿童对音乐以及乐器演奏产生兴趣以后,就要求儿童进行大量坚持不懈的、反复的练习,这是铃木教育体系的又一个重要观点。铃木认为,当儿童掌握了某一首、两首曲子以后,要不断地重复、巩固,这样不仅能使孩子的表现力更趋丰富,而且坚持不懈的练习能帮助儿童逐渐形成对音乐的快速直觉反应能力,也更有利于帮助儿童形成坚韧不拔、持之以恒的良好意志品质。当然,在儿童反复的练习过程中,成人(教师或家长)的鼓励是必须的。鼓励能大大增强儿童的自信心,激励他们去付出更多的努力。

4. 注重倾听习惯和技能的培养

铃木认为,敏锐的听力和直觉反应能力是以大量的倾听经验的获得为基础的。因此,倾听习惯和技能的培养是儿童音乐教育的又一主要目标。在儿童学习音乐的过程中,不仅应该培养他们学习听完整的音乐,而且要培养他们能听出音乐中的细微变化并做出相应的直觉反应,这便是倾听技能。铃木十分强调音乐学习不该从辨认音符开始,而应首先就进入到完整优秀音乐的倾听之中。通过反复倾听,在充分熟悉音乐作品的完整音响形象之后再开始进行模仿练习和表达。为此,铃木要求儿童在学习乐器演奏时,从背谱开始,加强听觉和记忆,并在反复倾听的过程中逐步学会对音响优劣进行直觉判断,以及发现自己演奏中的错误,通过纠正来追求更好的演奏效果。

5. 提倡"教学六步"

铃木教学法是一种强化教育法,其教学过程可以概括为以下六个步骤:

(1)接触。创设良好的环境,从听觉训练入手,让儿童生活在良好的音乐环境之中。铃木曾经说过:"音乐的耳朵可以在听力训练中得到,而不是天赋或固有的,以后多练习就多出效果。它是人类的适应性在听力训练上的发展。"因此,每天为婴儿放一首简短、优美的乐曲,可以逐步发展婴儿的音乐记忆力,让儿童反复聆听、接触优秀、经典的演奏作品,可以逐渐提高儿童的鉴赏水平和演奏水平。

(2)模仿。选择最好的教材、教师和音响,让儿童模仿听到的优美旋律及演奏乐器的规范动作。铃木特别主张请学识渊博、感觉敏锐、道德典范的优秀人才做孩子们的教师、楷模。

(3)鼓励。教师、父母不断诱导、激励儿童的学习欲望。铃木认为,在每个孩子的身上都存在着不可估量的潜在能力,成人的循循善诱、积极肯定能使孩子能力的幼芽苗壮地生长起来。

(4)重复。使儿童在鼓励之中不断重复地练习,通过强化式的训练,以达到艺术上、技术上的精益求精。

(5)增加。在学习新曲的同时,不间断地回到练习的出发点。几千次、几万次的旧曲练习,不仅使儿童的演奏更熟练、完美,更重要的是通过这种学新练旧、不断增加的方法培养儿童的耐力和韧性。

(6)完善。通过强化训练帮助儿童养成良好的习惯。铃木曾经说:"经过五千次养成的坏习惯,要用六千次矫正。"如此,应该以重新的训练方法培养儿童新的行为方式,养成新的行为习惯。

## 五、卡巴列夫斯基音乐教育体系

### (一) 生平及其主要贡献

卡巴列夫斯基是苏联当代著名的作曲家、钢琴家和音乐教育家。他于1904年12月出生在彼得堡。他在童年的音乐学习虽有一段曲折的经历,但终因对音乐的酷爱,在14岁时重新开始学习音乐,后考入莫斯科音乐学院作曲班和钢琴班,1929年毕业并留校任教。他在1939年成为教授,1940年成为苏共第七、第八届最高委员会代表,1949—1957年任苏联艺术历史研究所音乐部主任、苏联文化部委员会成员,1962年起担任青少年音乐美育教育委员会领导,1969年任苏联教育科学最高科学院直属美育科学委员会主席,1972年获列宁奖金。

卡巴列夫斯基童年音乐学习的曲折经历使他萌发了为儿童创作音乐及改革儿童音乐教育的动机,他曾说:"教师为使孩子们喜爱音乐,首先就要让他们接近音乐,这是非常重要的事。一开始不要强制儿童做一些会让他们远离音乐的练习。"[①]从最初只是以让某些勉强学音乐的孩子产生对音乐的良好兴趣为目的,到最终改革全苏联儿童音乐教育,创建符合时代要求及儿童音乐心理发展规律的教学体系,卡巴列夫斯基倾注了毕生的精力和心血。甚至在70岁高龄时,他毅然辞去莫斯科音乐学院教授的职务,深入基础音乐教育的第一线亲自任教,并主持了俄罗斯联邦共和国教育部成立的"音乐实验室"工作,编写了新的音乐教学大纲(以下简称"新大纲")。新大纲以其丰富的教学内容、科学的教学方法、先进的音乐教育思想以及深入的实践性取得了巨大的成功,不仅得到全苏联音乐教育界和社会舆论的高度评价,而且引起了国际音乐教育界的关注。

卡巴列夫斯基同时也是一名优秀的艺术创作家。他不仅创作了在当时苏联乐坛极负盛名的一系列歌剧、清唱剧、交响曲及不同形式和体裁的音乐作品,还创作了大量的儿童钢琴作品,如《30首儿童小品》、《24首儿童简易小品》、《35首儿童简易小品》等。这些作品内容丰富,风格简

---

① 魏煌、侯锦虹编著:《苏联音乐教育》,上海教育出版社1999年版,第70页。

朴,谱面浅易,节奏明快,受到儿童的普遍喜爱。在音乐教育理论研究方面,他的《音乐科的基本理论》、《三只鲸鱼与音乐的对话》、《苏联音乐教育的思想基础》、《智慧和心灵的培养》等专著都获得了很高的声誉。

### (二)《苏联普通学校音乐教学大纲》及其特点

卡巴列夫斯基十分推崇苏霍姆林斯基的教育思想。他把苏霍姆林斯基的"音乐教育——不是培养音乐家,首先是培养人"这一教育观作为新大纲的题词。他认为,对于音乐,道德内容是它的灵魂。在新大纲中,卡巴列夫斯基不仅十分注重儿童音乐能力的发展,而且更注重美育和思想品德方面的教育。他将音乐教育作为培养完善人格和良好精神风貌及个性的有效手段和方式,并以此为新大纲的核心和指导思想。卡巴列夫斯基的新教学大纲有以下几个特点:

1. 将"三个支柱"观点作为新大纲的基本要素

所谓"三个支柱",源于古希腊的神话,传说地球由三条鲸支撑。卡巴列夫斯基以此比喻歌唱、舞蹈、进行曲三种音乐形式就像支撑地球的三条鲸一样,构成了新音乐教育的基本因素,而其他则是这三种基本因素的变体。由此,新教学大纲就以这三个基本要素为主线进行平行和交织展开。

这"三个支柱"的观点不仅形象生动,而且对儿童来说,是易于理解且可能接触过的体裁和形式。当然,这里所说的歌唱、舞蹈、进行曲这三种基本要素并不是狭义的概念,不仅仅指这三种形式本身,而是指包含一切歌唱、舞蹈、进行曲要素的音乐。用这些音乐材料可以发展儿童的记忆、听觉及节奏感,所以,新大纲以"三个支柱"为主线,能够循序渐进、不断深入和发展,以形成一个完整的教学体系。

2. 把用音乐吸引孩子作为儿童音乐教育的根本问题

卡巴列夫斯基认为,如果教师自己热爱音乐,并能够在教学中创造出良好的教学氛围,唤起儿童对音乐美的感知,使儿童在生动活泼、充满音乐之美的环境中学习音乐,那么,很可能会使孩子们今后永远热爱音乐。为此,他在新教学大纲中提出应避免一开始就教儿童某些基本乐理规则或重复某种技能练习,而应在愉快的教学气氛中,让儿童通过聆听和表演音乐的活动,在亲身的音乐实践和体验中感受和理解不同的音高、音值、力度、速度、旋律及它们不同的表现力和表现手段。

3. 利用音乐本身的特殊规律和特点作为教学原则之一

卡巴列夫斯基认为,新大纲的精髓在于研究教师应当教给孩子们什么和怎么教。教师不能过分依赖于心理学、生理学和社会学的一般知识,而必须注重利用音乐本身的规律和特点来对儿童进行教育。为此,卡巴列夫斯基在新教学大纲中提出这样一种教学原则,即通过音乐课在孩子们心中唤起对音乐美的感知,将此作为一种艺术、一种修养,而不是当作"餐桌上的佐料",不是消遣而是生活中重要的一个部分。新大纲中的内容和方法都是以音乐本身的规律和特点展开并实施的,它体现了音乐的特殊性和内在规律性,并以此帮助孩子们获得良好的感知和思维能力。

4. 注重教学内容的相对独立性和内在连续性

新大纲是以专题的形式来编排的,每个专题有相对的独立性和完整性,同时也保持了内容的统一性和循序渐进式的内在连续性,使歌唱、乐理、欣赏等音乐课的各组成部分有机地统一起来。如为了保持从幼儿园到一年级的连续性,新大纲中保留了一些与律动有关的游戏歌曲,教师以此为素材在教学中进行创造性的发挥。同时,教学中注意鼓励儿童迁移,依靠熟悉的音乐来掌握新的音乐材料,既体现出循序渐进的原则,符合儿童音乐学习的特点,也保持了内容的连续性和统一性。此外,教师还可以在教学中随机应变地进行调整,也可采用分组教学的办法。总之,把教学的一切因素统一起来,服从于一节课、一学期、一学年的课程主题目标,从中使每个专题的内在逻辑得到充分的发展。

### 六、综合音乐感教育体系

综合音乐感是 20 世纪 60 年代产生于美国的音乐教育流派。所谓音乐感,就是对音乐有正确的理解,并能把所理解所感受的东西充分表达出来的能力。"综合音乐感",也即"综合音乐素质",是对儿童进行音高、力度、音色、节奏、曲式等方面素质的综合培养。例如,力度:强弱的听辨;音高:固定音高及相对音高的听辨;节奏:拍率;音色:具有音色表现方面的选择能力;曲式:全面的听觉方面的设计,能听出曲子的结构等。

"综合音乐感"教学法是一种注重发掘儿童创造力的教学法,强调以儿童为主体。教师引导儿童主动地去探索、去发现、去创造,不断挖掘、发展儿童潜在的创造能力。它以听觉为探索的工具,通过自由探索、引导探索、即兴创作、有计划地即兴创作和巩固概念五个教学环节及听觉、演出、指挥、创作、分析和评论估计六个方面的教学活动训练,锻炼儿童多方面的能力。

上海音乐学院马淑慧女士曾在美国学习和研究"综合音乐感"教学思想,并于 20 世纪 80 年代回国,在上海蓬莱路幼儿园进行试验。蓬莱路幼儿园音乐特级教师曹冰洁借鉴、学习"综合音乐感"的有关理论和教法,并结合我国国情进行了大胆的突破,取得了较大的成功。她围绕综合音乐感教育体系的内容与基本原则,总结出不少适合于学前儿童音乐感及创造能力培养的游戏活动案例,以下略作介绍:[①]

**游戏一:走线(小班)**

目标:

1. 听着音乐作相应的反应。

2. 培养幼儿注意力、听辨能力、动作协调能力。

准备:

可直接在地上画线,也可用彩色纸在地上拉线。

玩法:

1. 教师让幼儿分别在线上学走路,两脚一定要踩在线上。

---

① 选自曹冰洁:《走进幼儿音乐世界》,上海社会科学院出版社 2000 年版。

2. 教师让幼儿做动作在线上走路。如两手侧平举,两手前平举,两手叉腰,两手拍脸……教师可引导幼儿自己想动作。

3. 教师给幼儿伴奏音乐(中速或慢四拍),让幼儿听音乐在线上做动作走路。

4. 教师引导幼儿听音乐在线上做动作走路。当音乐停止时,幼儿立即停止脚步,随着音乐开始,幼儿继续游戏。

5. 教师可以准备三种颜色的线,组成三个长方形圈,让更多的幼儿参与在线上走路的游戏。这三个由线组成的长方形,可用红色、黄色、蓝色来表示。

规则:能听着音乐在线上走,并作出相应的反应。

提示:

1. 此游戏十分简单,教师重在鼓励幼儿参与活动,学习认真地在线上走路。游戏中的1—5部分有层层递进的要求。教师每完成一个部分,就应观察幼儿的反应,然后才能进行下一个部分的要求。

2. 此游戏还可发展下去。根据幼儿的发展水平,不断地提出游戏要求。如,在各种红、黄、蓝颜色的线上走路的幼儿,还可手中拿不同的乐器,边走边敲击,进而再发展到听乐器声在线上边走边敲击,如教师让走在红线上的幼儿敲小铃,走在蓝线上的幼儿敲木鱼,走在黄线上的幼儿拍响板。一开始让幼儿一起边听音乐走边敲乐器,当音乐停止后幼儿不走也不敲乐器;随后,教师敲小铃,那么只有手拿小铃者在红线上走,教师停止敲小铃,那么幼儿也停下;然后,教师拍响板,走在黄线上的幼儿边走边拍响板……还可以让幼儿戴不同的动物头饰,如大象、小鸟、小鸭等,听各种不同音乐边走边模仿……

## 游戏二:认识 do(中班)

目标:

1. 感知 do 的音高,并分辨 do 与 mi、sol、la 三个音高之间的关系。

2. 发展幼儿听辨力、注意力。

准备:

do、mi、sol、la 的音高块及代表各个音高颜色的房子。

玩法:

1. 让幼儿自由敲唱 mi、sol、la 三个音块组成的乐句。

2. 加入 do 的音高,教师敲击 do、mi、sol、la 三个音高组成的乐句。

3. 介绍 do 的发音,教师引导幼儿听音模唱。

教师敲音块或弹琴：

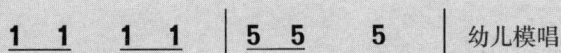

幼儿模唱

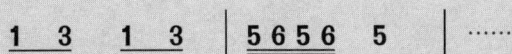

……

4. 引导幼儿听辨 do 与 mi、sol、la 三个音高之间的关系(do 比这三音都低)。

5. 出示 do 的代表色——褐色。

6. 启发幼儿给 do 找个"家"，让幼儿在已知 do 与 mi、sol、la 三个音高的关系基础上自己寻找。如 do 的音最低，就在两条线的下面加一条线(教师立即引出"下加一线"，让 do 住在下加一线上)。

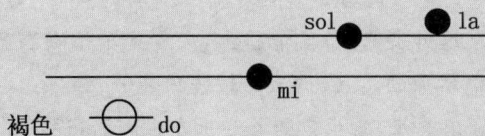

7. 请幼儿设计代表 do 的音高的手势动作，在幼儿动脑思考的基础上(总之要比 mi、sol、la 的手势动作低)最后再统一动作。

8. 组织幼儿尝试敲击音块。

9. 教师敲音块——歌曲"小动物在哪里"，引导幼儿听音模唱，并改编歌词(小鸡、小猫、小狗……)。

10. 引导幼儿听音做"小动物找家"的游戏。

规则：

在听辨比较中能寻找到 do 的音高。

提示：

教师可引导幼儿在学唱歌曲的基础上敲奏歌曲"小动物在哪里"。

歌曲：

### 小动物在哪里

童谣

$1=C \dfrac{2}{4}$

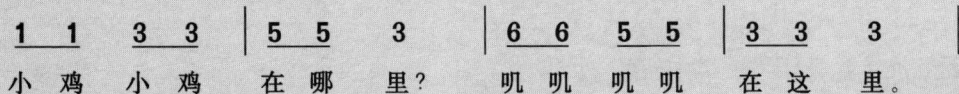

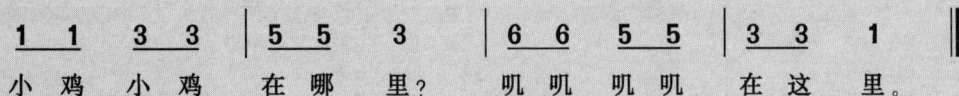

**游戏三：会变的声音（大班）**

目标：

1. 感知音乐的渐强渐弱。

2. 培养幼儿听辨力、创造思维能力，以及自控能力。

准备：

若干小乐器。

玩法：

1. 教师让幼儿自由敲击小乐器。

2. 分组轮流敲打乐器。进行分组，让幼儿们排队边走边敲奏小乐器，走向走廊，走下楼梯，走向学校门口。然后，让幼儿们回来。一开始，幼儿一定感到很有趣。教师可引导幼儿听这些乐器声有何变化（渐强渐弱），并思考为什么会有这样的变化。

3. 教师启发幼儿思考回忆平时有否听到过渐强渐弱的声音，需要给幼儿一段时间，如：在车站上等车，听见汽车从远处开来，你没能挤上，又看见车子渐渐开远了，这种声音是渐强渐弱的。还有天上的飞机、草原的马儿、街上的锣鼓队……

4. 教师让幼儿听着音乐走步，脚步声随着音乐渐强渐弱，逐步变化。

5. 教师让幼儿使自己变只气球，教师在钢琴上奏出渐强渐弱的力度变化，示意"气球"渐渐吹大，又渐渐缩小（也可用实物气球先作实验，帮助幼儿体验）。

6. 教师让幼儿开飞机，随着教师在钢琴上奏出的渐强渐弱的力度变化进行。

7. 教师引导幼儿在纸上用图画方式来表示渐强渐弱，如幼儿创作：

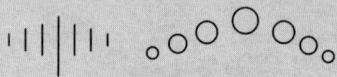

规则：

能用动作、声音、图画表示渐强渐弱。

提示：

教师应引导幼儿在反复的操作游戏中体验渐强渐弱声音的变化，在充分感受的基础上，再启发幼儿寻找生活中渐强渐弱的声音。教师在观察了解幼儿理解概念的情况下，再引导幼儿用图画表示。

# 第二节　儿童音乐教育的几种课程模式

音乐教育是国民教育中的一个重要组成部分。当今世界，各个国家因政治制度、文化历史背景、经济发展等方面的差异,体现在音乐教育中也必然带有不同的目标、内容和方法,形成了各自不同的教育体系和教育模式。现对美国的儿童音乐教育课程模式作一简略介绍,以期帮助我们学习、研究、借鉴不同的教育模式,把握儿童音乐教育的科学动向,从而更有效地推进我国儿童音乐教育体系的建设。

## 一、儿童音乐教育的目标模式

目标模式是 20 世纪 60 年代末由美国地方教育行政机构确立的一种应用于音乐教育的课程设计体系。它以布卢姆等的教育目标分类学为理论框架,提出音乐教育目标的认知、情感和操作技能三大领域分类。并在参照这三大领域的同时,考虑音乐课程的活动内容、方式以及儿童的年龄特点、水平,在综合这些因素的基础上,把所有的目标都归入这三个领域,以形成一种系统化的目标体系。它与传统的教育目标相比,具有两个明显的特征:其一,它是一种行为化、操作化的目标。表现在陈述目标的语言是一种行为化的语言,能反映出儿童操作的方式,而不是惯常所用的"了解、理解、掌握"等一类心理内隐活动的模糊描述。使用行为、操作所反映的恰当动词,不仅能够以外显可察的表现来反映、体现儿童内隐难测的行为,同时更能使音乐教育的出发点、组织实施和评价更确切到位。其二,它能体现出目标的层次性。不仅以认知、情感和操作技能这三类不同心理活动领域为分类标准,同时在目标体系中也体现出层次性,即反映在儿童和操作对象两方面的对行为质量和水平的不同程度。它分别体现在总目标(长期目标)、阶段目标、单元目标和具体行为目标四个层次上,这样使儿童音乐教育的目标由远到近,由宏观到具体,以不同层次构建组成一个完整的体系。

目标模式的音乐教育课程是一种以教育目标为核心和基本原则,使整个教育过程都围绕目标标准进行选择、设计、实施和评价的教育模式。

## 二、儿童音乐教育的过程模式

过程模式是强调学习者、强调动态的一种教学模式。反映在音乐教育中,它强调课程设计的中心环节是儿童,应以儿童为标准。教师并不需要去塑造、改变儿童行为,而只是为儿童创设学习音乐的环境,让儿童主动地去探索、发现音乐,并在此过程中逐渐发展经验和能力。教师需要考虑的并不是教学内容和方法,而是不拘形式地为儿童制造、设计进行音乐探究的可能和条件,使儿童成为问题的提出者和解决者。

过程模式强调的是儿童在教学过程中的发展,它不刻意着眼于事先预期的目标。因此,这种教学模式在音乐教育中的运用在一定程度上能弥补目标模式所带来的不足,能更全面地在动态的教育过程中控制影响音乐教育的各个因素。

萨蒂斯·科尔曼是将过程模式应用于儿童音乐教育的早期典范。她在 20 世纪 20 年代于美国哥伦比亚大学教育学院林肯学校进行了有关音乐教育课程过程模式的早期音乐教育实验——"儿童创造性音乐"教学。这项实验不仅对二三十年代美国的小学和家庭音乐教育产生过深刻的影响,而且它所体现出的过程模式基本思想至今仍有借鉴意义。

科尔曼的"儿童创造性音乐"教学以培养儿童的自我创造能力为宗旨,通过最基本的音乐体验活动,培养儿童较全面地参与音乐活动的能力,扩展其艺术欣赏的深度和广度,以达到音乐对人的培养的最终目的。

科尔曼的实验以简单乐器的制作、即兴表演、歌唱跳舞和创作活动为基本内容,以 3—9 岁儿童为实验对象,在教学实验中将这些内容交织在一起,使不同的能力都得以发展。

1. 制作乐器

科尔曼认为,孩子学习音乐,应是体验第一。由此,她让孩子从制作最简单的乐器入手,来体验音乐的发展并表达自己的音乐感受。她曾经这样说:"我是要将整个音乐发展的历史置于孩子的理解水平之中,并简化之。让孩子从制造简单乐器开始,找到如何去制造、如何去使用各种乐器的方法。我要安排一个适合于孩子身心、手的计划,这个计划能给孩子一个关于音乐发展的完整的、切实的经历。"在她看来,孩子最基本的音乐本能和冲动,莫过于敲打物体探究声音的行为。据此,她发现孩子在生活中最熟悉的物品:杯子、餐具、果壳等,都是儿童创制乐器的自然材料。这样,以孩子的小手为工具,通过简单的、适合于孩子演奏的小乐器制作,帮助儿童自由地表达自我感受。同时在制作过程中,从选材到构造,都会不断唤起、刺激儿童的探索热情。当孩子们完成自己的"作品"时,不仅会带来很大的成功和满足,而且会将这种喜悦之情融进演奏之中。这种"做中学",不仅将乐器制作与音乐技能、声学原理以及手工艺术相联系,同时还涉及不同民族乐器的发展历史以及世界地理和自然资源的学习。

2. 节奏感的培养与即兴表演

科尔曼认为,每个人都具有天生的配合协调的身体动作。所以,她强调用身体的自然感受来培养儿童的节奏感,以此作为音乐能力发展的自然起始点。而后天的教育、成人式的教育往往会局限、强制儿童做或者不能做某些事情,致使儿童肌肉僵硬、内心紧张,甚至阻碍他们音乐能力的发展。因此,不管是舞蹈还是乐器演奏活动,科尔曼提倡让儿童即兴表演,启发孩子用自己的身体、自己创制的乐器,用最简单的节奏、最基本的动作形式来适应、反映音乐,并从中初步体验到创作的快乐。如拍手游戏就是一种最简单的以节奏性体验来感觉运动的训练,从中能使儿童得到最明确的节奏感受。再如一些原始性的初级舞蹈以及结合日常生活进行的节奏训练:让儿童边听音乐边搭积木,按音乐节奏的强和弱交替进行手的动作,给儿童一个初步的音乐结构上的启示。总之,利用儿童生活中的基本活动和动作来培养儿童对节奏的感受能力、听觉的敏锐性及肌肉动作的协调性,并在儿童积极投入的最初级、最原始、最基本的创作中体验音乐。

3. 歌唱与声音控制

科尔曼认为,儿童最好的学习唱歌方式是在他想要去唱、去模仿情况下的一种体验。对于儿童来说,唱歌体验是一种重要的音乐体验。教师应逐步帮助儿童建立一种自由、自然、放松的唱歌习惯,有了这个基础,才会有控制音高的自然机能的发展。科尔曼最初给儿童选的歌曲材料多是一些民歌、儿歌及自己创作的儿童歌曲,而对于音不准的孩子,她则从倾听入手,以培养、增强儿童对正在唱的声音的注意力和音高控制力。在科尔曼的"儿童创造性音乐"教学实验中,始终把歌唱作为其他音乐活动的基础。通过歌唱,给儿童提供一个用耳朵来演奏的自然方法,从中感受正确的音高,培养灵敏的听觉,形成倾听的习惯,并表达自己的内心感受。

### 4. 创作

创作是贯穿于科尔曼教学实验的一项重要活动。科尔曼鼓励孩子,只要有想法就可以通过唱歌、跳舞和演奏表达出来。如鼓励儿童根据生活经验编出童谣,再根据童谣中词的本身节奏加上音高,边说边唱,即兴创作出音乐作品等。

萨蒂斯·科尔曼的"儿童创造性音乐"教学从儿童的发展立场出发,自然地激发儿童的音乐创造冲动和欲望,帮助儿童从中获得知识的、情感的、技能的、审美的积极体验,促进儿童创造能力、自我思考能力、自我行为能力、社会适应能力及鉴赏美的能力的综合发展,这便是该教学实验的积极意义和价值所在。

## 三、儿童音乐教育的螺旋型模式

螺旋型课程模式是以布鲁纳的学科结构课程思想为理论基础的,把对学科的认识过程看成一个螺旋上升的环状序列,每个环中的学科结构都是不变的。由于每个学科都有着自己的基本结构,因而教育的作用就是帮助学生去发现学科中存在的这种基本结构,进而理解事物的相互关联。

这一课程观应用于音乐教育课程编制,最具代表性的便是产生于 20 世纪 60 年代中期的曼哈顿维尔音乐课程计划。它是由美国国家教育总署资助的音乐教育课程研究项目。经过历时 5 年的研究和实验,最后确定了两套新音乐教育课程指南:一套是供学前至小学二年级使用的"Interaction"(交往:意指音乐与幼儿之间的交互作用);另一套是供三年级至十二年级使用的"Synthesis"(综合)。在这一音乐教育课程编制体系中,每一层螺旋都是由音乐学科的基本结构要素组成的(即音高、节奏、曲式、力度和音色)。儿童从最基础的循环开始,任何一个年龄段的孩子都能把握音乐最基本的整体面貌和结构,进而往复向上,在螺旋上升的循环中逐渐深化对整体音乐结构的认识。其音乐概念发展的螺旋型模式可用一个直观形象(图3-6)来表示:[1]

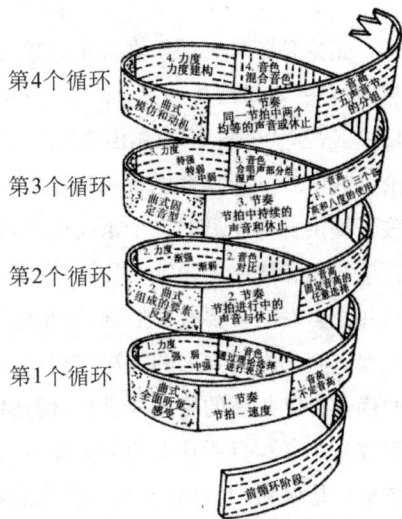

图 3-6 曼哈顿维尔课程概念螺旋

在为学龄前至低年级儿童编制的"交互作用课程指南"中,把教学设计成自由探索、引导探索、即兴创作、有计划的即兴创作和强化巩固五个环节(本章第一节中所介绍的"综合音乐感教育体系"即源于此);并把音乐教育的目标归纳为认知目标(包括对有关音乐概念的掌握程度和水平)、情感目标(包括儿童自身及对音乐的态度、儿童对音乐的情感认识)、技能目标(包括听的技能、动作技能和迁移应用技能)和审美目标(包括美感的醒悟、领会美的能力、发现美的品质等)四个方面。尤其值得一提的是,这种螺旋型模式课程方案的宗旨是保证儿童参与并获得对音乐的

---

[1] [美]迈克尔·L·马克等著,管建华、乔晓东译:《当代音乐教育》,文化艺术出版社 1991 年版,第 138 页。

理解,鼓励儿童进行独立的发展和创造性活动,倡导一种最有价值、最令人兴奋的发现式学习。因此,教学过程中的焦点和中心也就自然从教师转向了儿童,教师只是一个引导者、激励者、设疑者和观察者,引导儿童从音乐活动的所有方面(欣赏、分析、评论、指挥、表演、作曲等)去获取音乐经验,在创造性的音乐过程中真正体验音乐的全部价值。

## 第三节  儿童音乐教育理论及模式评述

本章前两节简要地介绍了世界儿童音乐教育领域中最具代表性的教育体系、流派及课程模式。这些理论和模式都从各自不同的角度反映了儿童音乐教育中的某些特点和规律。虽然它们业已形成各具特色、自成体系的教育流派,但究其本质而言,还是有一些共同的规律值得我们学习和探究,以下略作简评。

### 一、从儿童出发的音乐教育原则

无论是奥尔夫的元素音乐思想、达尔克罗兹的"体态律动"教育思想,还是柯达伊的"儿童自然发展法"教材编排顺序,以及以音乐课程的学科基本结构因素综合的曼哈顿维尔音乐课程螺旋型模式,都从各自不同的出发点,结合音乐学科本身的逻辑特点,阐明了他们的音乐教育基本理论。其中有一个教育思想和观点是很一致的,即重视人的素质培养。他们都认为,音乐教育是为孩子提供自身发展的一个重要途径,音乐教育的根本目的是更好地促进儿童的发展,而不仅仅是音乐知识和技能的操练、巩固。在此教育思想的引导下,每一个独立而完整的教育体系都贯彻了从儿童出发的首要教育原则,牢牢地依靠儿童音乐心理发展的特点和规律,从儿童本身出发来探究促进其学习和发展的方法、途径。在奥尔夫教育体系中,其教学内容、材料的选择与方法、步骤的确定皆以儿童的特点来进行;柯达伊更是以"儿童自然发展法"为依据来编排音乐教材;达尔克罗兹从儿童本身所具有的节奏要素入手,以听音乐和身体运动唤起儿童的音乐本能;萨蒂斯·科尔曼更是认为,儿童有着与生俱来的对音乐的自然倾向,这种自然倾向是任何后天非自然的强化和训练所无法取代的,由此,她提倡对儿童的音乐教育应该以儿童的自我创造活动为目的和方法,让儿童返回到原始的自然音乐环境之中去,从最原始的音乐活动和体验起步。

### 二、均衡而全面的音乐教育内容

从 20 世纪初达尔克罗兹的"体态律动"教学思想到 60 年代美国的曼哈顿维尔音乐课程方案,我们可以看到,许多儿童音乐教育体系和课程模式提供给儿童的是一个均衡、全面而多元的音乐教育内容结构。它们不仅包括一般意义上的歌唱、节奏动作、音乐欣赏、演奏乐器等活动,更体现了听辨、感受活动和即兴创作等活动内容。确实,儿童对音乐的感受和理解首先是从倾听开始的。因此,倾听、听辨活动和能力的培养在儿童音乐教育内容中是不可或缺的重要方面。达尔克罗兹、奥尔夫、铃木、综合音乐感等先进的教育思想和体系都认为,从小对儿童进行听觉训练,提供各种发展听觉的物质材料,进行各种训练听觉的游戏和活动是儿童以后音乐学习的重要基础。另外,在任何表达形式的最初阶段,对那些原始的创作欲望和行为的培养是最重要的。面对一个新的领域,孩子的思想和表达应该是毫无拘束的。因此,鼓励孩子在音乐学习和体验中大胆地即兴创作是十分有意义的。奥尔夫体系、达尔克罗兹体系、科尔曼的音乐课程过程模式,以及曼哈顿维尔音乐课程的螺旋型模式,都强调发展儿童的创造性。在他们看来,儿童无不具有创造的潜能,教育工作者应重视儿童的这种潜能,创造适当的机会和条件,诱发并引导儿童的潜能得到充分的发展。所以,在音乐教育内容中安排即兴创作活动,能启发和鼓励孩子只要有想法,就可以通过歌唱、跳舞和演奏表达出来,这既让儿童体验到创造的快乐和满足,更使他们养成主动探索和创造的意识和习惯。

### 三、注重儿童主体感受和体验的音乐教育过程

纵观各个不同的音乐教育流派可以发现,注重儿童对音乐的感受和体验以及由此引发儿童的音乐创作,是一个共同倡导的方向。由此可见,重视儿童音乐教育的过程比强调音乐教育的结果更有意义。

音乐课程的目标模式为我们提供的一个积极启示是使用操作化、行为化的目标表述,用可观察到的行为以及特定学习者在特定条件下就该达到的特定行为水平或质量来表述目标,它的科学性就在于目标明确、具体,便于操作、观测和评价。但是,由于目标模式着眼于事先预期的目标,有可能使我们狭隘地认为只有某些具体的音乐技术目标才能说明音乐教育的质量,从而不自觉地牺牲音乐教育中其他重要的因素:儿童的音乐兴趣、自由积极的探索和创造精神、社会情感、审美情感等。这样的目标模式缺乏对教育过程中各种价值、因素的考虑,而过程模式显然能弥补这一缺陷。过程模式强调儿童音乐活动和学习的过程,强调儿童在教学过程中的发展,所以它能在动态的过程中对影响音乐教育各个方面的因素加以控制。

萨蒂斯·科尔曼的"儿童创造性音乐"教学实验、曼哈顿维尔音乐课程计划及其他音乐教育体系,都十分重视儿童的音乐活动过程。它们从儿童体验、感受音乐入手,培养儿童努力、积极地表达情感。而重视儿童音乐学习和活动过程不仅体现在为儿童创设一个音乐的环境,使音乐深入儿童的日常生活,成为生活中的有机组成部分;还体现在为儿童提供各种材料,引导儿童在"做中学",通过动手操作乐器、制作乐器等活动,加强探索、创造能力的培养。它值得更广泛地深入到儿童的音乐学习和活动之中去。

### 四、具有一定音乐素养的启蒙者

在我们所了解的各个儿童音乐教育体系和课程模式中,对教育者的要求都是相当高的,教师必须具备相当的音乐素养:达尔克罗兹教育体系要求教师有钢琴上即兴演奏的能力;柯达伊曾把教师的作用与歌剧院指挥相提并论,他认为,一个蹩脚的指挥只会令听众失望,但一个糟糕的教师则可能在整整30年内将30个班级的孩子对音乐的热爱统统扼杀掉;铃木教育体系更是提倡不仅要给儿童听由最好的作曲家、演奏家创作、演奏的作品,更要让最好的教师来教儿童,因为在儿童音乐教育的过程中,教师的引导、帮助直接关系到儿童音乐能力的发展。此外,不同的音乐教

育流派和课程模式也为我们提供了一个重要的信息，即在儿童的音乐学习中教师的角色定位：教师可以是问题的引发者，而非机械的答疑者；是儿童行为的启发者，而非命令者；是儿童思维的激发者，而非判定者；是儿童活动的引导者，而非控制者。

　　总而言之，我们可以通过对国外音乐教育思想体系和理论模式的学习、探究和分析来避免盲目、片面地照搬，从而有选择地借鉴和吸纳其中最有价值的方面，更好地构建起适合我国国情的儿童音乐教育体系。

## 思考题

　　1. 达尔克罗兹"体态律动"教学思想有哪些基本特点？对我们的教育实践有何启示？

　　2. 试评述奥尔夫的"元素性音乐"教育思想。

　　3. 铃木倡导的教学法对当今儿童的早期音乐启蒙有何借鉴意义？

　　4. 美国儿童音乐教育课程模式有何参考价值？

　　5. 试以本章中所涉及的儿童音乐教育思想，结合一个具体的教学实例，从活动目标、内容、过程、方法等方面加以评析。

## 第四章

# 学前儿童音乐教育的设计原理

## 第一节　学前儿童音乐教育的目标

教育是人类一种自觉的、有目的的、有计划的社会实践活动。它的自觉性、目的性和计划性首先表现在教育实施之前就对其结果有了一种期望，这种预先期望就是教育目标。教育目标是伴随着教育实践而同步产生的。教育目标是教育实践活动的起点，同时也贯穿于整个教育过程。教育目标不仅决定着教育的内容、方法、手段和教育活动的组织形式，也决定着教师的观念和行为，从而最终决定了儿童的发展。

### 一、学前儿童音乐教育的目标概述

学前儿童音乐教育目标就是对学前儿童音乐教育所预期达到标准的一种期望，它不仅制约着音乐教育的整个实施过程，也是一切音乐教育行为的出发点和最终归宿。因此，制定科学的教育目标，是进行学前儿童音乐教育的重要前提。

#### （一）学前儿童音乐教育目标制定的依据

由于教育目标对教育本身具有先导作用，因而使教育目标的制定成为一项具有严密学术性和政策性的工作。而目标制定者所处的社会时代背景，政治、经济、科学、文化等发展水平和条件，以及不同社会对教育价值的不同定位和要求，都将对教育目标的制定产生一定的影响和作用。

制定学前儿童音乐教育目标的依据，主要是学前儿童音乐发展的特点和规律、社会对学前儿童音乐教育的要求，以及学前儿童音乐教育学科本身的特性。

1. 学前儿童音乐发展的特点和规律

美国课程理论家 R·W·泰勒曾经提出过学校课程目标的五个来源：（1）从研究"学习者本身"中寻求目标；（2）从研究"当代校外生活"中寻求目标；（3）从"学科专家的建议"中寻求目标；（4）利用"哲学"选择目标；（5）利用"学习心理学"选择目标。其中第一项来源正是我们在制定学前儿童音乐教育目标时的重要依据之一。这是因为，学前儿童音乐教育的对象是儿童。音乐教育的效果如何，必须通过它所培养的儿童的发展状况来检验。当然，音乐教育的目标作为对音乐教育结果的一种预期,也必须落实到儿童的身心发展和变化上。

儿童音乐心理、音乐能力的发展有着其自身的特点和规律,它能从艺术表现的角度反映出儿童的认知、情感和社会化技能发展的水平。同时,儿童作为每一个独立的个体,也有着与众不同的个性、兴趣和需要。因此,学前儿童音乐教育目标的制定必须依据儿童音乐发展的实际水平、需要和可能性,将这些暗示着儿童音乐学习的准备性和隐藏着音乐教育发展课题的有用信息进行科学而合理的分析、把握和整理,从而构建起真正适合儿童发展的音乐教育目标。

了解和把握学前儿童音乐发展的特点和规律来制定音乐教育目标,还有助于教育者正确处理好儿童的两种发展水平——"现有发展水平"和"最近发展区"的关系,使教育能走在儿童发展的前面。作为教育者,可以凭借对儿童音乐发展过程的认识以及对儿童音乐发展水平的判断,从满足儿童自身的需要、让儿童自由地表现自我和逐步实现完善自我价值的角度来考虑目标,如"鼓励儿童用自己喜欢的身体动作方式来创造性地探索和表达音乐";同时,还可以从"最近发展区"、以超前于儿童发展水平的角度来设置目标,如"使儿童能够初步辨别各种常见打击乐器的音色,并知道如何运用各种乐器音色变化的简单规律进行表现"等。总之,以儿童音乐发展的特点和规律来制定音乐教育目标,既可以避免因过分迁就儿童音乐的自然发展而降低教育的水平值,也可以排除因脱离儿童音乐发展的实际水平而过分提高教育的期望值。

2. 社会对学前儿童音乐教育的要求

人总是生活在一个特定的社会环境中的,而教育作为一种社会实践活动也必然受制约于一定的社会文化历史背景。因此,任何教育目标都必然会直接或间接地反映出社会对教育理想角色培养的要求,并或多或少地打上时代的烙印。音乐教育当然也不例外。社会政治、经济、科学文化发展的现状、趋势以及社会对未来人才培养的需要等,都被自然地纳入到学前儿童音乐教育目标制定的范围内,成为影响目标制定的客观依据之一。

由于不同社会、不同民族、不同时代对人才培养的要求、规格不同,教育目标也会有所不同。如早期苏联儿童音乐教育目标的确立,即与苏联共产主义教育以及马克思主义关于人的全面发展学说紧密联系,从而提出要以音乐为手段来培养儿童对祖国、人民、领袖、优秀人物和大自然的爱,培养友爱和集体主义感情,扩大儿童认识的范围,培养对现实环境的正确态度。又如美国学校音乐教育目标的制定,则以"音乐为每个孩子,每个孩子为音乐"为基本信条,把儿童音乐教育与建设一种生机勃勃的音乐文化、培养一代经过启蒙的音乐公众相结合。再如我国建国初期至20世纪70年代对于音乐教育的目标,强调的是基本知识、基本技能的培养和思想品德的教育;80年代开始,逐步倾向于以音乐素质、能力以及创造性的培养为核心来构建音乐教育的目标;90年代以来,随着社会经济和科学技术的飞速发展,根据未来社会对人才规格的要求,在音乐教育目标体系中强调了对人的探索精神、创造意识以及主动积极的社会性交往能力的培养等等。由此可见,教育作为传递人类文化的一种手段和中介,必然会使社会文化对教育的要求体现在教育目标之中。

3. 学前儿童音乐教育学科本身的特性

学科是对人类世代积累下来的知识进行分类、选择、组织、排列而形成的相对独立的教学内容体系,因而对以传道授业为基本任务的教育来说,不能不影响其目标的确定。[①] 学前儿童音乐教育具有与其他学科不同的基本概念、学科结构、学科潜力、教育价值以及学科的学习规律和发展趋势,这些都成为具体而微观地影响教育目标制定的依据。

虽然音乐学科也有其自身的知识体系和学科结构,但是由于学前儿童音乐教育的具体对象是3—7岁的儿童,因此也就决定了在学前儿童音乐教育中不必过分追求音乐知识本身的系统性,而应着重体现把音乐作为促成儿童身心全面、和谐发展的载体。学前儿童音乐是儿童通过自身发展和教育习得的"音乐语言"(旋律、节奏、节拍等),体验并创造性地表达儿童对周围事物认识和感受的一种听觉艺术活动。在学前儿童音乐教育中,如何既充分地让儿童享受、体验音乐活动过程的快乐,又顾及音乐技能技巧的学习和训练;如何既尊重儿童对音乐的自发探索和创造,又要把儿童的音乐表现活动逐渐纳入符合音乐审美创作原理和规律的轨道上;如何做到既不淡化、忽视音乐的意识和特点,突出以音乐感受、理解、表现和初步鉴赏为基本任务,又要贯彻和体现以音乐审美教育为切入口,促进儿童整体素质和完善人格的发展……对于诸如此类问题的把握和思考,都与学前儿童音乐教育目标的制定有密切的联系。

### (二)学前儿童音乐教育目标制定的过程

从上述关于音乐教育目标制定依据的分析中可以看到,儿童、社会和学科都可以成为教育目标的来源,教育者可以从每个目标来源中搜集、获得若干"可能性目标"。而这些"可能性目标"只有通过教育者进一步的过滤、筛选、整理和恰当地表述,才能成为真正切实可行而有效的音乐教育目标。

1. 筛选、整理目标

在学前儿童音乐教育目标制定的过程中,教育者首先要对来自三个方面的"可能性目标"加以筛选和整理,进行必要的删除、合并或修正。例如,儿童音乐发展的特点、规律和大量的音乐教育实践已经告诉我们,学龄前儿童可以学习、掌握并识记一些并不十分复杂的乐谱,也能够进行钢琴、小提琴等乐器的演奏;同时,儿童动作发展的规律又告诉我们,学龄前儿童的动作发展是由大肌肉动作逐步过渡到小肌肉细腻动作的。这两条来自于儿童发展方面的信息,可以引起教育者的思考:如果我们不过分追求短期效果、不过分追求音乐的知识和技能,就会删除、舍弃前一条目标,改施"以一些简单的打击乐器,让儿童自由、轻松地运用大肌肉动作来发展他们的基本音乐素质"的目标。而这样的目标正体现出《幼儿园工作规程》中阐述的"萌发幼儿初步的感受美和表现美的情趣"的宗旨。此外,在目标的筛选和整理过程中,如何把握和处理好教育目标"三个来源"之间的关系,以正确决定音乐教育目标的价值取向,也是十分重要的问题。一般说来,在学前儿童音乐教育目标体系中,源自于儿童发展需要的目标应是第一位的本体目标;来自于社会发展需要的目标可以融合进儿童的发展目标之中,使两者有机地结合起来;而来自于学科特性方面的信息,则可以在确定具体的、较低层次的目标时产生一定的影响作用。最后,是对各类目标的分层归类和整理(分层主要是指把各类目标按照达成时间的长短加以区分;归类是指按照目标的性

---

① 陈帼眉、刘焱:《学前教育新论》,北京师范大学出版社1996年版,第85页。

质、内容等加以归并），以此真正建立一个科学、系统而有序的音乐教育目标体系。

2. 表述目标

由于人们在认识儿童发展的规律、社会对音乐教育提出的要求，以及音乐学科本身的性质和价值等方面存在一定的偏差，造成了在制定和表述音乐教育目标时的三种不同取向。

（1）行为目标。作为一个最终要由教育者来具体实施的目标体系，行为目标关注和强调的是目标的可理解性、可把握性和可操作性。因此，所谓行为目标，即以可观察的行为化的方式来表述目标。正如课程论专家 R·W·泰勒所认为的：陈述目标的最有效形式，是既要指出使儿童养成的那种行为，又要言明这种行为运用的生活领域或内容。①

在陈述学前儿童音乐教育目标，特别是音乐教育活动目标时，以行为目标的方式加以表述，显然更有助于把握学习内容和指导教育过程。它能直截了当地明示行为发出的主体在活动中所期望达到的结果，能清楚地表明在活动过程中儿童将要做什么和应做到何种程度，同时还能暗示教育者在活动中应怎样要求儿童并帮助儿童达到要求。例如"熟悉乐曲的旋律，听辨前后段音乐的不同，并能用不同的动作加以表现"。这样的目标，相对于"培养儿童的音乐表现力"之类笼统而空泛的目标来讲，更有具体性和可操作性。再者，行为目标的表述通常可以儿童或教师作为行为发出的主体。

（2）过程目标。过程目标关注的不是以预先规定的目标为中心，而是强调教师在活动中以过程为中心，从儿童获得音乐体验为出发点来构建目标。

以过程目标的方式来表述学前儿童音乐教育的目标，旨在使教学的价值观念、教学环境及材料等方面都以儿童自身的经验出发，从而有机会使儿童充分展露音乐创造力的力量和欲望，获得知识的、技能的、情感的及审美的积极体验。而这样的过程本身即是教学结果的体现。萨蒂斯·科尔曼的"儿童创造性音乐"实验正是过程目标的具体体现。科尔曼认为，发展儿童的创造力、独立思维、动手能力、积极的情感、欣赏的习惯，以及广泛的知识和社会适应性等音乐教学的目标，都必须通过儿童的经验过程来实现。但是，由于过程目标是伴随着儿童音乐活动的过程而展开的，对于教师而言，不仅要熟悉学前儿童音乐发展的规律和音乐表现的特点，熟悉音乐学科的体系，具备较高的音乐素养，还必须具备一定的教科研综合能力。因此，在现行的幼托机构中，要完全实行和推广过程目标于音乐教育实践之中尚有一定的困难。

（3）表现目标。音乐作为一种独特的艺术形式，表现性是其基本特征之一。同样，儿童在音乐活动之中也希望能够独立而富有想象、创造性地处理、表现音乐。由此，教师除了关注于期望儿童产生预期的行为以外，更多地关注于期望儿童对音乐的追求、自我的探索和创造以及开放性的理解和表现，这样就"产生"了表现目标。

在学前儿童的音乐教育活动中，行为目标和表现目标两者是相辅相成、相互补充的。行为目标表述的是儿童在音乐活动中的特定行为，表现目标作为行为目标的补充，表述的是儿童独创性地运用一定的音乐技能来反映并创造音乐。它关注的不是行为的预期结果，而是儿童开放式的自我探索和表达。例如"欣赏一段三拍子的轻柔音乐，用你最喜欢的动作表达方式来表演"，这样

---

① 朱家雄等：《学前儿童美术教育》，华东师范大学出版社 1999 年版，第 104 页。

的目标可以使儿童摆脱行为目标的束缚，大胆地表现自我、创造自我。

在学前儿童音乐教育过程中，三种不同取向目标的表述和运用可以互相取长补短：行为目标更有利于音乐教育活动的具体化、可操作化；过程目标更有利于帮助儿童从经验出发逐步确立价值观念，提高儿童解决问题的能力；而表现目标则更有助于鼓励儿童的主动性、创造性。因此，在制定音乐教育目标体系的过程中，我们有必要综合考虑三种取向目标合理而有价值的方面，以更有效地推进学前儿童的音乐教育实践。

同时，由于学前儿童音乐教育的目标可以有不同的层次，因而针对不同层次的目标也可以有不同的表述方法。一般说来，对于学前儿童音乐教育的总目标无须表述得太具体，只须概括地指明目标所涵盖的范围和方向，如美国曾把儿童音乐教育的总目标概括为：①在音乐活动中积极参与并认真反应；②发展对生活中作为娱乐的音乐价值的美好意识；③发展对自己用动作、听和唱歌创造性地表达能力的自信；④增强用动作、唱歌和听音乐表达思想、感情及态度的能力；⑤通过熟悉音乐，区分乐器、歌曲等音乐形式。2000年颁布的《美国教育法》对音乐教育提出的总目标也是相当宽泛而概括的：①培养音乐审美能力；②学习一种人类交流的基本形式；③学习一种传递文化遗产的重要手段；④为儿童提供发展自我表现和创造的条件。我国2001年起试行的《幼儿园教育指导纲要》对艺术领域提出的总目标是：①能初步感受并喜爱环境、生活和艺术中的美；②喜欢参加艺术活动，并能大胆地表现自己的情感和体验；③能用自己喜欢的方式进行艺术表现活动。此种目标的表述方式既有助于教育机构、管理者和教师明确方向，同时又给予了充分实现目标的自主和生成空间。而对于较低层次的音乐教育活动目标，过分笼统、抽象的目标表述往往不利于教师把握。应尽量采用具有可操作性的、具体化的、行为化的目标表述方法。布卢姆曾经这样认为：对于一个恰当的教学目标的表述应该具有两个特征：一是必须详细说明目标内容；二是应当用特定的术语描述教学后学生应能做的而以前不能做的行为。可见，从行为目标的角度来表述幼儿园的音乐教育活动目标，既可以使教师更明确目标的内容以及与上一层目标间的关系，也更有助于教师对儿童学习内容、教学过程指导及儿童行为方式的把握和评价。在1986年修订的美国学校音乐教育方案标准中有关幼儿阶段的音乐教育方案标准，即把儿童作为行为发出的主体，形象而具体地表述了各年龄阶段儿童音乐方案的成就标准：[①]

● 婴儿的音乐经验

婴儿依靠听觉和其他感觉体验音乐，他们应该每天接触音乐。承认可以通过下述途径鼓励婴儿的音乐发展：

给婴儿哼唱。

模仿婴儿发出的各种声音。

让婴儿广泛接触各种音响，包括身体的、嗓音的、乐器的和环境的。

提供经选择的音乐录音。

听音乐时，随音乐的拍子、节奏型和旋律进行方向摇、拍、抚动婴儿。

提供婴儿能够摆弄的、能发出乐音的安全玩具。

---

① 刘沛：《美国音乐教育概况》，上海教育出版社1998年版，第87—89页。

● 2—3 岁幼儿的音乐经验

2—3 岁幼儿需要包含着各种声源的环境。如:有选择的音乐录音,即兴歌唱的机会以及歌曲曲目的积累。恰当地使用多种材料,以探索为主要方法,可以使他们打下丰富的基础,以便将来发展对音乐概念的理解。对这一个年龄段来说,各种个体的音乐经验甚为重要,所以不必强调幼儿的一致性集体表演的音乐活动。

2—3 岁幼儿(至 4 岁时)应能够:

表演/读谱

游戏时自由即兴式地唱歌。

唱民歌和创作歌曲,允许有时与他人合作时不合拍、不入调。

自由敲打简单节奏乐器,探索节奏乐器和环境中的音响。

随成人对幼儿动作的击乐伴奏走、跑、跳、奔、拍手、停。

知道乐谱为何物,称之为音乐。

创造

探索他们自身嗓音的各种表现可能性。

游戏时即兴编唱。

在乐器上和环境声源中创造音响。

听/描述

注意倾听经选择的音乐曲目。

自发地随各种类型音乐做律动。

认识唱与说的不同。

通过律动和动作的静止表现对声音及休止的意识。

用即兴律动表现对拍子、速度和音高的意识。

价值

喜爱听音乐和环境中的其他音响。

喜欢听其他人歌唱。

喜爱在游戏时唱歌。

喜爱用环境的、身体的和乐器声源来尝试音乐活动。

● 4—5 岁幼儿的音乐经验

4—5 岁幼儿的社会意识逐渐得以发展。恰当的音乐活动经验包括各种小组活动,如唱歌、歌曲游戏和课堂简易乐器的演奏。另外,对嗓音、身体、自然界和乐器音响的个体探索活动机会也应包括在内。律动是这一年龄阶段儿童表达他们音乐经验的最有效手段。他们喜爱用自己的思想、律动、语言和音响进行游戏。突出自由探索的各种音乐活动可以为他们日后的创造性音乐成长打下最积极的基础。

4—5 岁幼儿(在离开幼儿园时)应能够:

表演/读谱

运用歌唱嗓音,并有别于说话嗓音。

在他们的自然音域内唱歌时基本上音准。

在律动和课堂简易乐器的演奏中，表现出对拍子、速度、力度、音高及分句异同的意识。

喜爱唱无意义音节歌、民歌和歌曲游戏。

运用图片、图形和其他符号来表示音高、时值型和简易曲式。

创造

在课堂简易乐器上探索各种音型。

在各种课堂和游戏活动中，自发地即兴唱歌。

用歌唱和乐器为未完成的旋律乐句创编"答句"。

用乐器、环境的及身体的音响来表达思想和情绪。

听/描述

注意短小的音乐选段。

注意倾听更广的音乐曲目。

通过律动或课堂简易乐器，对音乐的要素（如音高、时值、响度等）和音乐的风格（如进行曲、摇篮曲等）做出反应。

用律动或语言描述音乐中的异同，如强弱、快慢、上—下—同、长短、级进跳进、相似对比。

根据外形、尺寸、音高和音色，对课堂简易乐器和一些传统乐器进行分类。

用一些简单的音乐术语来描述声音。

价值

表现出对音乐是日常生活一部分的意识。

喜爱独自或与他人唱歌、律动及演奏乐器。

尊重音乐和音乐家。

## 二、学前儿童音乐教育活动目标设置

任何一个教育目标总是按照一定的有序结构组织起来的，以此才能指导实际的教育工作，才能更好地促进儿童的发展。因此，作为学前教育的重要组成部分之一，学前儿童音乐教育的目标不仅是学前教育总目标的有机组成部分，而且也是学前阶段音乐教育特殊的目标要求。

### （一）学前儿童音乐教育目标的结构分析

学前儿童音乐教育的目标可以从纵向和横向的角度进行分析。从纵向的角度而言，其目标具有一定的层次性；从横向的角度而言，其目标具有一定的分类性。

1. 学前儿童音乐教育目标的纵向结构

从纵向来看，学前儿童音乐教育的目标可以分为音乐教育总目标、年龄阶段目标、单元目标和活动目标四个层次。

（1）学前儿童音乐教育总目标。学前儿童音乐教育总目标是对学前儿童音乐教育最终结果的期望。它规定了学前阶段音乐教育总的内容和要求；同时，作为学前儿童教育内容的一个独立领域和组成部分，它与学前儿童总的教育目标要求是相一致的。

（2）学前儿童音乐教育年龄阶段目标。学前儿童音乐教育年龄阶段目标，即指某一年龄阶段的音乐教育目标。在幼儿园，一般以一年为界，可分为小、中、大班音乐教育目标。它在融合儿童音乐心理发展的规律和音乐学科本身特点的基础上，把学前儿童音乐教育的目标转化为循序渐进、逐步提高要求的每一年龄阶段的具体目标。它能为儿童的音乐学习和音乐能力的发展提供更具体的要求和方向。

（3）学前儿童音乐教育单元目标。学前儿童音乐教育单元目标一般有两种：一种是指"时间单元"，即在某一时间段（如一个月）内所要达到的音乐教育目标；另一种是指"主题单元"，即在一组有关联的主题活动系列中所要达到的音乐教育目标。

（4）学前儿童音乐教育活动目标。学前儿童音乐教育活动目标，即指某一具体的音乐教育活动所要达到的目标。它与上一层目标紧紧相扣，环环相连，共同组成一个金字塔式的目标层。

通过上述学前儿童音乐教育四个目标层次的分析，我们可以清楚地认识到音乐教育目标体系的有序性，同时更好地思考如何将高层次目标准确地转化为低一级层次的目标；如何把握各层次目标的内涵以及相互间的关系；如何加强活动目标与活动内容和活动形式之间的联系，从而推动和促进音乐教育目标的有效达成。

2. 学前儿童音乐教育目标的横向结构

从横向来看，学前儿童音乐教育的目标也是有序而互异的，体现出不同的分类和组合构成。一般说来，我们可以从以下三个不同的角度来对学前儿童的音乐教育目标进行分类。

（1）从心理活动的不同领域来分。结合布卢姆的教育目标分类学理论和我国学前儿童音乐教育的实践，我们可以心理活动的不同领域为分类的出发点，将学前儿童音乐教育的目标分为认知、情感与态度、操作技能三个方面。

● 认知目标

认知目标表述的是学前儿童音乐教育中各种有关的音乐知识，以及认识能力方面的发展要求。如"能正确地感知和理解歌曲中歌词和曲调所表达的内容、情感"；"能认识并辨别各种常用打击乐器及音色特点"等。

● 情感与态度目标

情感与态度目标包括在学前儿童音乐教育中儿童情感的体验和表达能力的发展，以及对音乐活动的兴趣和爱好的发展。如"乐意参与音乐欣赏活动，体验并享受音乐欣赏过程的快乐"；"喜欢操弄打击乐器，喜欢参加集体的打击乐演奏活动"等。

● 操作技能目标

操作技能目标是指在学前儿童音乐教育中儿童运用身体动作进行音乐体验和表达的技能。如"能够较自如地运用身体动作进行简单的随乐动作表演"，"能够掌握一些最基本、最初步的歌唱技能"等。

音乐教育属于艺术教育的范畴。在2012年教育部颁布的《3—6岁儿童学习与发展指南》（以下简称《指南》）艺术领域的学习与发展目标中充分体现出既注重幼儿在活动中的态度和情感表现，又关注幼儿在活动中能力培养的特点，分为3—4岁、4—5岁、5—6岁三个年龄段。幼儿艺术领域的学习与发展目标为①：

● 感受与欣赏

目标1　喜欢自然界与生活中美的事物

| 3—4岁 | 4—5岁 | 5—6岁 |
|---|---|---|
| 喜欢观看花草树木、日月星空等大自然中美的事物。<br>容易被自然界中的鸟鸣、风声、雨声等好听的声音所吸引。 | 在欣赏自然界和生活环境中美的事物时，关注其色彩、形态等特征。<br>喜欢倾听各种好听的声音，感知声音的高低、长短、强弱等变化。 | 乐于收集美的物品或向别人介绍所发现的美的事物。<br>喜欢模仿自然界和生活环境中有特点的声音，并产生相应的联想。 |

目标2　喜欢欣赏多种多样的艺术形式和作品

| 3—4岁 | 4—5岁 | 5—6岁 |
|---|---|---|
| 1. 喜欢听音乐或观看舞蹈、戏剧等表演。<br>2. 喜欢观看绘画、泥塑或其他艺术形式的作品。 | 能够专心地观看自己喜欢的文艺演出或艺术品，有模仿和参与的愿望。<br>欣赏艺术作品时会产生相应的联想和情绪反应。 | 1. 艺术欣赏时常常用表情、动作、语言等方式表达自己的理解。<br>2. 愿意和别人分享、交流自己喜爱的艺术作品和美感体验。 |

● 表现与创造

目标1　喜欢进行艺术活动并大胆表现

| 3—4岁 | 4—5岁 | 5—6岁 |
|---|---|---|
| 经常自哼自唱，喜欢模仿有趣的动作、表情和声调。<br>经常涂涂画画、粘粘贴贴并乐在其中。 | 经常唱唱跳跳，喜欢参加歌唱、律动、舞蹈、表演等活动。<br>喜欢用绘画、捏泥、手工制作等多种方式表现自己的所见所想。 | 积极参与艺术活动，有自己比较喜欢的活动形式。<br>能用多种工具、材料或不同的表现手法表达自己的感受和想象。<br>艺术活动中能与别人相互配合，也能独立表现。 |

目标2　具有初步的艺术表现与创造能力

| 3—4岁 | 4—5岁 | 5—6岁 |
|---|---|---|
| 能模仿学唱短小歌曲。<br>能跟随熟悉的音乐做身体动作。<br>能用声音、动作、姿态模拟自然界的事物和生活情景。<br>能用简单的线条和色彩大体画出自己想画的人或事物。 | 能用自然的、音量适中的声音基本准确地唱歌。<br>能通过即兴哼唱、即兴表演或给熟悉的歌曲编词来表达自己的心情。<br>能用拍手、踏脚等身体动作或可敲击的物品敲打节拍和基本节奏。<br>能运用绘画、手工制作等表现自己观察到或想象的事物。 | 能用基本准确的节奏和音调唱歌。<br>能用律动或简单的舞蹈动作表现自己的情绪或自然界的情景。<br>能自编自演故事，并为表演选择与搭配简单的服饰、道具或布景。<br>能用自己制作的美术作品布置环境、美化生活。 |

---

① 教育部颁布的《3—6岁儿童学习与发展指南》(2012)，第38—41页。

可见,《指南》在立足于儿童艺术学习中的感受体验和表达方式的基础上,提出了学前儿童艺术教育的目标。在《指南》的学习与发展目标中的态度、情感表现和能力培养是相辅相成的,前者是幼儿进行活动的推动力,为幼儿选择活动做好内部准备,后者是幼儿深刻体验活动的指南针。

(2) 从音乐活动的不同内容来分。我们还可以学前儿童音乐活动本身的内容作为分类的一个依据,把学前儿童音乐教育的目标分为歌唱、韵律活动、打击乐演奏和音乐欣赏四个方面。这种以内容为依据的横向划分,有助于教师更直接地把握音乐教育活动的内容,选择音乐教育活动的材料和模式,从而更好地组织和指导音乐活动。

(3) 从儿童活动的互动对象来分。若以儿童活动的互动对象为分类的依据,则可以将学前儿童音乐教育的目标分为以人为对象的目标和以物为对象的目标两类:以人为对象的目标是指以自己为对象、以他人为对象或以集体为对象的目标。如:"能够在合作性的韵律活动中运用动作和表情与他人交流、配合"等。以物为对象的目标是指以音乐作品、音乐语汇、乐器或其他相关道具、物品、场地、设备等环境为对象的目标。如:"能够在动作表演过程中学习使用一些简单的道具"等。

### (二) 学前儿童音乐教育目标的内容范围

学前儿童音乐教育目标的内容是对各个不同层面音乐教育目标的具体阐述。根据上述音乐教育目标结构的分析,我们可以从纵向的总目标、年龄阶段目标、单元目标和具体活动目标四个层次,横向的歌唱、韵律活动、打击乐演奏和音乐欣赏四大类,同时结合每一层、每一类包含的认知、情感与态度、操作技能三方面来加以具体的阐述。

1. 学前儿童音乐教育总目标

(1) 歌唱:

认知目标——能记住歌曲名称;正确地感知、理解歌曲中歌词、曲调所表达的内容、情感;并能用自然、美好的声音进行歌唱表现。

情感与态度目标——喜欢唱歌;积极地体验参与歌唱活动的快乐以及追求用歌唱的方式与他人进行交往的快乐。

操作技能目标——掌握一些最基本、最初步的歌唱技能,能够正确地咬字、吐字和呼吸;能较自然地运用声音表情和身体动作表情;能够在集体歌唱活动中控制和调节自己的声音使之与集体相协调。

(2) 韵律活动:

认知目标——能够感知、理解韵律动作与音乐的关系,尝试进行创造性的动作表现;能符合音乐的情绪要求以及音乐表现手段和表情作用来做动作。

情感与态度目标——喜欢参加韵律活动和音乐游戏;积极体验参与韵律活动和音乐游戏的快乐;主动地追求用身体动作探索、表达音乐以及与他人合作表演的乐趣。

操作技能目标——能够较自如地运用和控制自己的身体动作;能够掌握运用较简单的道具;能够在合作性的韵律活动中运用动作和表情与他人交流、配合。

(3) 打击乐演奏:

认知目标——能够认识、辨别各种常用打击乐器及音色特点;掌握一些简单的节奏型;了解有关打击乐器的一些基本知识;能够理解指挥的手势含义并与指挥相配合。

情感与态度目标——喜欢参与打击乐演奏活动;乐意探索乐器的不同演奏方法和尝试创造性的表现;积极体验并享受与他人合作演奏的快乐。

操作技能目标——熟练掌握一些常用打击乐器的演奏方法;能够在集体的演奏活动中有意识地控制、调节自己奏出的音色,使其与集体的演奏相协调;能够学习并掌握使用、整理和保护乐器的一些简单规则。

(4) 音乐欣赏:

认知目标——能够感受、体验音乐欣赏作品所表达的内容和情绪;能够理解音乐作品最基本的表现手段;能够再认和区分已欣赏过的音乐作品。

情感与态度目标——乐意参与音乐欣赏活动,有积极的欣赏态度;体验并享受音乐欣赏过程的快乐。

操作技能目标——初步学习运用文学、美术、韵律动作等各种艺术表现手段来表达自己对音乐作品的想象和情感体验;能够在音乐欣赏的过程中尝试与同伴交流和配合,共同协作来表达对音乐的感受和理解。

2. 学前儿童音乐教育年龄阶段目标

(1) 小班:

● 歌唱

学习用正确的姿势、自然的声音歌唱,并基本做到吐字清楚、唱准曲调和节奏(音域在 $c^1 - g^1$ 之间)。

能跟着歌曲的前奏整齐地开始和结束。

在有伴奏的情况下,能独立地、基本完整地唱熟悉的歌曲。

能初步理解和表现歌曲的形象、内容和情感。

在教师的帮助、引导下,能够为熟悉、短小、工整而多重复的简单歌曲增编新的歌词。

喜欢自己歌唱,也喜欢与同伴一起歌唱,并能注意使自己的歌声与集体相一致。

● 韵律活动

能跟随音乐的节奏做简单的基本动作和模仿动作。

喜欢参加集体的韵律活动和音乐游戏。

学习一些较简单的集体舞。

初步尝试和体验用动作、表情和姿态与他人交流的方法和乐趣。

● 打击乐演奏

学习并掌握几种最常用打击乐器(如碰铃、串铃、铃鼓等)的演奏方法。

喜欢操弄打击乐器,喜欢参加集体的打击乐演奏活动。

能够为简单、短小的二拍子和四拍子的歌曲、乐曲伴奏。

初步学会看指挥开始和结束演奏。

了解并遵守集体的打击乐演奏活动中的一些基本规则:如乐器取放的恰当位置等。

● 音乐欣赏

能初步感受性质鲜明、结构短小的歌曲或有标题的器乐曲的形象、内容和情感，并产生一定的外部动作反应。

喜欢倾听周围生活中的各种声音，并用自己喜欢的方式（嗓音、动作等）来表达。

乐意参与集体的音乐欣赏活动，并积极尝试和体验音乐欣赏过程的快乐。

（2）中班：

● 歌唱

能用正确的姿势、自然的声音歌唱，并做到吐字清楚、唱准曲调和节奏（音域在 $c^1 - a^1$ 之间）。

在有伴奏的情况下，能独立而完整地演唱，并初步学会接唱和对唱。

在集体的歌唱活动中能够注意控制自己的音色，使自己的歌声与集体的声音相协调。

能学习用不同的速度、力度和音色变化来表现歌曲的形象、内容和情感。

能够为熟悉、短小、工整而多重复的简单歌曲增编新的歌词，并能尝试独立地将新编的歌词填入曲调中唱出。

喜欢自己歌唱，也喜欢在集体中歌唱，并能大胆地、独立地在集体面前表演。

● 韵律活动

能跟随音乐的节奏做简单的基本动作、模仿动作和舞蹈动作。

喜欢参加集体的韵律活动和音乐游戏。

学习一些基本的舞蹈动作和集体舞。

享受并体验用动作、表情和姿态与他人交流的方法和乐趣，初步尝试用创造性的动作自发地随音乐自由舞蹈的乐趣。

能够在动作表演过程中学习使用一些简单的道具。

● 打击乐演奏

进一步学习并掌握一些打击乐器（如木鱼、响板、沙球等）的演奏方法。

喜欢操弄打击乐器，喜欢参加集体的打击乐演奏活动。

能够用乐器为二拍子、三拍子、四拍子的歌曲和乐曲配不同的简单伴奏。

进一步学会看指挥开始、结束和变化演奏。

能初步尝试部分地参与打击乐演奏配器方案的讨论。

能较自觉地遵守集体的打击乐演奏活动中的一些常规，养成爱护乐器的态度和习惯。

● 音乐欣赏

能感受性质鲜明、结构短小的歌曲或器乐曲的形象、内容、情感，并产生一定的联想，用外部的动作加以反应。

能初步了解并辨别进行曲、舞曲、摇篮曲等不同风格音乐的基本性质。

喜欢倾听周围生活中的各种声音，并能大胆地用自己喜欢的方式（嗓音、动作等）来表达。

乐意参与集体的音乐欣赏活动，并积极尝试和体验音乐欣赏过程的快乐。

初步学习运用不同的艺术表演形式（如文学、美术、韵律动作等）来表达对音乐的感受和理解。

（3）大班：

● 歌唱

能用正确的姿势、自然美好的声音歌唱，并能正确地表现歌曲的节奏、旋律和歌词（音域在 $c^1$ – $c^2$ 之间）。

在没有伴奏的情况下，也能独立而完整地演唱，并初步学会领唱齐唱、轮唱和简单的两声部合唱。

能用不同的速度、力度和音色变化来表现歌曲的形象、内容和情感，能注意到歌曲的字、词及乐句的变化，较恰当地表现不同性质、风格歌曲的意境。

能够为熟悉而多重复的歌曲增编新的歌词，并即兴地独立地将新编的歌词填入曲调中唱出。

喜欢歌唱，能大胆地、独立地在集体面前进行歌唱表演，并能在集体中尝试用不同的合作表演形式歌唱。

● 韵律活动

能跟随音乐的节奏较准确地做各种稍复杂的基本动作、模仿动作和舞蹈动作组合。

喜欢参加集体的韵律活动和音乐游戏，喜欢自发地随音乐自由舞蹈。

进一步丰富舞蹈动作语汇，在掌握一些基本的舞蹈动作和集体舞的基础上，学习一些含有创造性成分的稍复杂的舞蹈组合。

能够积极体验用动作、表情和姿态与他人交流的方法和乐趣，并在合作表演的过程中尝试用创造性的动作大胆、主动地表现。

能够在动作表演过程中学习选择并较熟练地使用一些简单的道具。

● 打击乐演奏

进一步学习并掌握更多打击乐器（如三角铁、双响筒、钹等）的演奏方法。

喜欢并积极参与集体的打击乐演奏活动，能部分地参与打击乐演奏配器方案的设计。

能正确地根据指挥的手势开始、结束和变化演奏。

能在集体的打击乐演奏中有意识地注意在音色、音量和表情上与集体相协调一致。

能自觉地遵守集体的打击乐演奏活动中的一些常规，养成爱护乐器的态度和习惯。

● 音乐欣赏

能较准确地感受性质鲜明、结构适中的歌曲或器乐曲的形象、内容和情感，并产生一定的联想，用外部的动作加以反应。

能进一步丰富并加深对进行曲、舞曲、摇篮曲等不同风格、性质音乐的认识。

喜欢倾听周围生活中的各种声音，并能用嗓音和动作表现等方式进行创造性的表达。

能主动、积极地参与集体的音乐欣赏活动，享受并体验音乐欣赏过程的快乐。

能够运用不同的艺术表演形式（如文学、美术、韵律动作等）来大胆表达对音乐的感受和理解。

3. 学前儿童音乐教育单元目标

**例1：**以时间为单元的音乐教育目标

——某幼儿园小班上学期10月份的音乐教育目标

（1）学习唱歌曲《袋鼠》、《苹果》和《小小鸡》。

（2）进一步学习跟着歌曲的节奏均匀地做拍手等简单身体动作。

（3）复习歌曲《我爱我的幼儿园》和《找朋友》，鼓励幼儿为歌曲创编简单的表演动作；学习玩《找朋友》的游戏，体验交往的快乐。

（4）学习为歌曲《袋鼠》创编新的歌词，并在教师的帮助下将新的歌词填到歌曲中演唱，初步体验创造的快乐。

（5）认识碰铃和串铃，学习碰铃和串铃的基本演奏方法。

（6）学习用碰铃和串铃为歌曲《苹果》和《小小鸡》按一拍一下的节奏伴奏。

（7）欣赏歌曲《走路》，初步感受歌曲的节奏和旋律特点，并尝试用自己感到舒服的身体动作来表现不同小动物的走路节奏。

**例2：**以主题活动为单元的音乐教育目标

——某幼儿园小班上学期主题活动《娃娃家》中的音乐教育目标

（1）学习歌曲《爸爸妈妈好》，培养幼儿喜爱家和家庭成员，亲近父母和长辈的感情，并通过找爸爸、妈妈的相片向他（她）们问好。通过这个活动，启发幼儿以自己的方式表述和表达。

（2）音乐欣赏《别吵，小宝宝睡了》。通过乐曲欣赏，体验并模仿小宝宝渐渐熟睡的姿势，激发幼儿自主、积极的情感体验和表达。

（3）学习摇篮曲《布娃娃》。以儿歌和游戏的形式帮助幼儿感受和理解歌词内容，并能积极、大胆地投入音乐活动。

4. 学前儿童音乐教育活动目标

**例1：**某幼儿园小班歌舞活动《小小鸡》的活动目标

（1）感受并体验歌曲的节奏和旋律特点。

（2）乐意用歌声、动作和表情表达对小小鸡和鸡妈妈的喜爱之情。

（3）在唱唱玩玩中学习音乐游戏《小小鸡》。

**例2：**某幼儿园中班打击乐活动《小星星》的活动目标

（1）初步学习按乐曲的音乐形象选择乐器和节奏型，进一步巩固对乐器音色的认识和辨别。

（2）学习看图形谱，并能根据指挥的手势进行简单的合奏。

（3）体验并享受参与集体演奏活动的快乐。

（4）初步养成爱护乐器的态度和习惯。

**例3：**某幼儿园大班音乐欣赏活动《黑森林里的故事》的活动目标

（1）学习安静倾听并观看教师随音乐进行而展示的音乐结构图，充分感受和体验音乐的旋律及结构，并能听辨音乐每一乐句中的强音（老狼走路时的停顿）。

（2）学习用自己想出来的动作表现老狼和小动物不同的走路节奏，并尝试在分角色的表演和游戏中用动作进一步表现对乐曲的感受和理解。

（3）体验并享受参与集体的音乐欣赏过程的快乐。

## 第二节　学前儿童音乐教育活动的内容与组织

### 一、学前儿童音乐教育活动内容概述

学前儿童音乐教育的内容是实现学前儿童音乐教育目标的重要中间环节，也是教育活动设计与具体实施的主要依据。学前儿童音乐教育活动包括歌唱、韵律活动、打击乐器演奏和音乐欣赏四种基本内容。但在学前儿童音乐教育实践中，音乐活动涉及的内容是综合性的，各部分内容相互渗透并有层次，独立性则是相对的。

1. 歌唱

歌唱是指用嗓音演唱各类歌曲的活动。歌唱活动是人类表达、交流思想感情的最自然的一种方式。它是学前儿童音乐教育活动中的一个重要领域。学前儿童歌唱活动的教育内容主要包括歌曲（如儿童歌曲、节奏朗诵、歌曲说唱等）、歌唱的表演形式以及歌唱的简单知识技能等。在歌唱活动中，儿童能得到美的熏陶与感染，体验丰富的情感，陶冶情操。启迪心智，并完善品格。

2. 韵律活动

节奏是音乐的骨骼与灵魂，对节奏的感受与表现是音乐教育的重要内容。随音乐进行的身体动作是学前儿童体验与表达情感最自然的方式之一。韵律活动即是指伴随音乐进行的，与音乐相协调的有节奏的身体动作。学前儿童韵律活动主要包括律动、舞蹈、音乐游戏以及身体节奏活动等方面。韵律活动不仅能发展儿童身体运动的能力，发展儿童借助身体动作感受和表现音乐的能力，提高儿童的动作协调能力等，还能发展儿童的身体探究能力及对音乐的探究能力，发展儿童的想像、联想与创造性表达能力，满足儿童活动与交往的需要。韵律活动为儿童的身心健康发展提供了必要的外部条件。[①]

3. 打击乐演奏

在人类乐器演奏的历史中，打击乐器是起源最早的乐器种类之一。由于打击乐器是没有固定音高的乐器，因此更有利于儿童掌握常用的音乐节奏类型，更能有效发展儿童听辨节奏与乐器音色的能力。同时，由于打击乐器的演奏方式相对于其他乐器种类更易操作，因此它是儿童最易掌握的乐器。儿童在丰富的乐器演奏活动中，获得音乐享受和自我成就的满足感。开展集体性的打击乐器演奏活动，能有效地发展儿童的合作意识与协调能力，并且发展儿童的探索精神和创造能力。

4. 音乐欣赏

音乐欣赏是主要通过倾听音乐作品、观赏音乐表演以及聆听周围环境中的各种乐音获得审

---

① 程英：《审美与快乐——学前儿童音乐教育的理论与实践》，福建教育出版社 2008 年版，第 26 页。

美享受的音乐活动。音乐欣赏可以开阔儿童的音乐视野,萌发儿童初步地感受美和表现美的情趣,丰富儿童欣赏音乐的经验,发展幼儿的欣赏能力和审美能力,培养儿童对音乐敏锐的感受力与创造力。音乐教学心理的研究多次证明音乐感知活动不仅仅是一种听觉感知活动,而是多种感知通道协同活动的感知活动。因此,近年来在学前儿童音乐欣赏活动中,教师们越来越重视调动儿童多种感知通道的参与,对音乐进行全方位和多层面的探究体验,而非仅限于单一的倾听欣赏音乐。

## 二、学前儿童音乐教育活动内容的选择和组织

### (一) 内容选择

学前儿童音乐教育活动内容有多种,针对每种不同的活动内容都会有具体的选材细则,但从整体而言,学前儿童音乐教育活动中选择的材料应具备审美性、教育性、适宜性、操作性和多样性的特点。

1. 审美性

审美性主要指的是音乐作品要有较强的艺术性,能给欣赏者以审美的享受。学前儿童音乐教育应是一种审美教育,它应以美的形式、内容,方法和手段加以组织,通过美的活动在潜移默化之中赋予幼儿一种审美的态度、眼光与情怀。同时,由于音乐是听觉的声音艺术,因此学前儿童音乐教育活动音乐内容的选择必须充分发挥音乐作为声音艺术的基本特征,注意音乐的声音质量和音响效果。

2. 教育性

音乐本身具有教育功能。在学前儿童音乐教育活动的选材上,内容的教育性是不容忽视的。教育性主要体现在音乐作品的艺术形象应是积极向上的,有助于陶冶与丰富儿童的心灵、激发儿童热爱生活的愿望、熏陶儿童健康的审美情趣。通过让儿童接触、欣赏有教育性的音乐内容,引导他们用耳朵、用心灵去感受理解音乐,并运用动作和声音等手段进行艺术表达和创造。

3. 适宜性

适宜性主要指音乐教育活动中选用的材料应该符合儿童发展的年龄特点。音乐活动所选用的音乐作品所表达的内容、形象与情感应贴近学前儿童的生活,易为儿童感受与理解。其中,为小年龄儿童选择的音乐作品中歌曲的比例可适当增多,歌词宜简单明了、主题鲜明。

4. 操作性

操作性主要指在音乐活动中所采用的实物和动作材料应在儿童能胜任的范围之内,以便于他们操作运用对音乐进行情感表达和创意表现。在演唱歌曲的选曲上要注意儿童音域所能接受的范围,不能选择超出儿童音域能力的歌曲,以免儿童竭力演唱而损伤声带。

5. 多样性

多样性是指学前儿童音乐活动中选择的音乐作品的内容、题材、表现形式、风格应尽可能丰富多样。多样的音乐作品能让学前儿童接触世界各民族的音乐文化,扩大他们的音乐文化视野,丰富他们的情感体验和欣赏音乐的经验。此外,丰富多样的音乐作品能激发学前儿童的想象力,陶冶学前儿童的情操。

### （二）活动类型[①]

幼儿园音乐教育活动作为幼儿园教育活动的一个子系统，既是一个相对独立的活动领域，又自然地交织融合在幼儿园教育活动的整体之中。我们可以将幼儿园的音乐教育活动分为组织的和自发的音乐活动、专门性的和渗透性的音乐活动以及显性的和潜在的音乐活动。

1. 组织的和自发的音乐活动

我们以往进行的针对学前儿童的音乐教育大部分都采用组织者安排的、有组织的音乐集体教学活动。可以有专门性质的也可以有渗透性的音乐活动，但活动的目标、内容、方式等都是组织者事前设计好的，并在规定的时间展开。

自发的音乐教育活动是由幼儿主动发起的和音乐有关的各种活动。活动的目标、内容、时间、方式等都是幼儿掌握的。幼儿在感受体验，即兴创作等一系列活动中，进行自发性的学习，参与过程中充分享受音乐带来的乐趣，从中认识自我。

2. 专门性的和渗透性的音乐活动

专门性的音乐活动也是由组织者安排的，有计划地设计活动内容，主要目的是让幼儿认知一些比较系统的音乐知识。同时，在专门性的音乐活动中，组织者指导儿童学会在活动中如何学习，如何发挥自我表现，怎样与他人进行沟通。

渗透性的音乐活动是指应用了音乐但不一定是以音乐为主要活动内容的，是指在儿童一日生活或教育中除专门性音乐活动以外的其他活动形式。这种活动形式即可以是组织的，也可以是自发的；即有计划好的，也有随机产生的；即可以以音乐为主要内容，也可以作为一项辅助内容。任何活动、游戏中带有音乐的元素，都可以归为渗透性的音乐活动类型。

3. 显性的和潜在的音乐活动

显性的音乐活动一般指由发起者组织、在计划内的、明确反映活动目的、有音乐参与的教育活动。这种活动形式在幼儿园教学中教师容易掌握，普遍加以采用。

潜在的音乐活动不容易受到实施者的控制，有的活动能及时看到影响效果，有的则不能。这种活动形式会有很多偶发的、不可预见的事件出现，影响来由也不能确定，有的来自家庭的影响，有的来自社会文化的影响，有的也会来自教育过程中的影响。由于这种活动形式具有很强的不确定感，所以在进行这类活动的时候，要注意儿童的家长、教师、社会教育相关工作人员等，与其多进行联系沟通，正确引导儿童，加强正面的教育。

### （三）组织结构

幼儿园音乐教育活动的组织要考虑两个方面的因素：一方面要适应幼儿的年龄特点和接受能力；另一方面要发挥音乐艺术美的感染力，使幼儿能在轻松愉快的情绪中积极主动地学习。[②]在专门的音乐教育活动中可以分为两种不同的组织结构，"三段式"结构和"单段式"结构。

---

① 汤芳：《渗透性音乐活动对学前儿童全面发展的潜在影响研究》，河北师范大学硕士论文，2007年，第5—6页。
② 潘庆戎、李凤杰主编：《幼儿园教育活动设计与指导（艺术）》，河海大学出版社2006年版，第35页。

### 1. "三段式"结构

"三段式"结构即把音乐活动用三个界限分明的部分——开始部分、基本部分和结束部分加以划分。这种组织结构在很长一段时间里为幼儿园音乐教育活动所普遍采纳,是一种较传统的音乐活动组织结构。在活动的开始部分和结束部分,通常是安排复习性质的活动内容,如复习儿童已经学过的歌曲、律动或舞蹈动作、音乐游戏等。开始部分最常见的活动程序通常是律动进活动室→练声→复习歌曲或韵律动作;结束部分最常见的活动程序通常是复习韵律动作、歌表演或音乐游戏→律动出活动室;而活动的基本部分是主要部分,通常安排学习尚未接触过的新作品或新技能的活动内容。

"三段式"的组织结构有其一定的合理性:它把对儿童来说相对比较陌生或困难、需要儿童有较积极而饱满的精神来参与的活动内容,安排在他们情绪稳定、注意力相对集中的"基本部分"时间里;而把儿童较为熟悉的、能够振奋精神、集中注意力的活动内容,安排在活动的"开始部分"和"结束部分",以有效地在儿童的大脑中产生"唤醒"、"恢复"和"调整"的效果,从而使儿童在对旧知识、技能的巩固复习中不断地丰富和加深对已有知识经验的体验和理解,进而上升为更高一层的新经验。

### 2. "单段式"结构

"单段式"即没有明显的三部分划分界限,而是围绕基本部分中新授的活动内容来组织安排活动结构。通常在活动中不再安排复习性质的"开始部分"和"结束部分",仅以唤起与新活动内容有联系的旧有知识经验为"导入活动"来激发儿童的兴趣,振奋儿童的精神,集中儿童的注意力,再分层次、递进式地进入到新作品的感受和学习活动。在活动的最后,则注重使儿童享受和体验到新活动所带来的愉快和舒适。

"单段式"的组织结构在目前幼儿园的音乐活动中运用得较多。这种活动组织结构的安排,相对而言能充分体现出围绕着一个作品(或音乐技能)的各个环节、步骤和程序上的系列性、层次性,从而使整个活动程序的每一步骤都注意到利用儿童的旧有经验和刚形成的新经验,为儿童提供可以迁移、运用旧经验的机会,同时也使新经验的形成更有效。

### (四)组织方法

教学方法是教育学研究中最重要也最具有实践意义的组成部分。它是一个范围广泛的概念,是指为达到一定的教学目标、完成一定的教学任务所采用的教学技术的总称。在学前儿童音乐教育中,教学方法也是组织音乐活动的方法。学前儿童音乐教育的方法,既包括教师为发展儿童的音乐素质和能力,创设丰富多样的音乐活动和环境以完成一定的教学任务的指导方法,也包括儿童在教师的启发引导下、在与音乐环境和材料的交互作用过程中为实现音乐教育的目标而采用的学习方法。两者是辩证而统一的。

### (一)教师为主体发起的音乐活动指导方法

以教师的教学活动方式为依据,我们将学前儿童音乐教育活动中教师的指导方法归纳为以下几种:

1. 直观演示的方法

所谓直观演示的方法,是指借助于教师的演唱、演奏、动作表演或一定的图片、实物以及幻灯、投影、录像等直观性手段,使儿童获得清晰的音乐表象,提高学习兴趣,从而优化学习效果的一种方法。它在儿童音乐教育的活动中已引起普遍的重视并被广泛地采用。

直观演示的方法一般有以下几类:一是指教师用现场的演唱、演奏、动作表演等方式,向儿童提供活动的范例。通过教师的示范,可以给儿童提供更形象、具体、直接和真实的活动指导,提供对活动要求的直观解释,提供儿童操作的材料和规则,提供儿童探索、创造的线索,提供激励儿童的榜样和追求的目标。教师在使用示范的方法时应注意这样几点:(1)教师的示范应正确、熟练、自然而富有艺术的感染力;(2)示范之前,教师应该明确示范的目的,并让儿童明确应该如何观察示范和在观察后如何作出反应;(3)示范应辅之以一定的语言讲解和提示;(4)示范者要多样化,应尽量发挥儿童表演的示范作用;(5)示范应考虑儿童的年龄因素,注意适度、适时、谨慎而灵活;(6)注意示范的位置,应使每个儿童都能清楚地观察、感知到。

二是指配合一定的活动内容,教师用相应的图片、实物教具、幻灯、投影、录像等直观性手段,帮助儿童更好地理解音乐的内容和情感。如在儿童的音乐欣赏活动中,教师根据音乐的性质和结构采用形象直观的图片演示配合儿童的音乐欣赏,使视听同步,以强化和丰富儿童对音乐的理解。教师在演示时也应注意这样几点:(1)用于演示的教具形象应与音乐的性质、风格相一致、吻合;(2)用于演示的教具应适度适量,避免为演示而演示或喧宾夺主;(3)用于演示的教具应力求富有一定的艺术性和趣味性,以唤起儿童的审美情趣。除以上两种形式之外,在幼儿园的合唱、合奏活动中,教师的指挥手势、表情等作为一种直接的教学内容,也可以被看作是一种直观演示的教学方法。

2. 运用语言的方法

所谓运用语言的方法,是指音乐活动中的讲解、提问、描述、反馈、激励等诸多以语言为主要教学方法的总称。语言是教育指导中最普遍最基本的一种媒介,也是幼儿园音乐教育活动中帮助儿童掌握一定的音乐技能、启发儿童音乐探索的辅助性手段。音乐活动中常用的语言指导方法一般有以下几种:

(1)讲解。讲解主要是指对与音乐活动有关的信息及活动方法、程序和规则的讲述、说明或解释。在幼儿园的音乐活动中合理地运用讲解法,既可以加深儿童对活动内容和要求的理解,也有利于促进儿童的音乐探索和创造。

(2)提问。提问是幼儿园音乐活动中常用的一种语言辅助方法。采用提问的方法,可以促进儿童在观察的基础上更好地迁移和探索。一般说来,提问的目的是引导儿童提取原有经验,引导儿童的观察、思维、想象和创造等活动,了解儿童对音乐的理解和感知以及对活动组织形式的接受态度等。

在提问时应注意这样几点:(1)教师的问题应具有启发性、开放性;(2)问题的设计既要考虑与活动的内容、要求相适应,也要考虑儿童的知识经验和发展水平,问题宜便于儿童记忆、理解和回答;(3)可以在活动中灵活调整问题的难度,也可以在一个问题的基础上层层引出新问题。

（3）反馈。所谓反馈，是指教师在音乐活动中运用语言促使儿童及时地了解自己对音乐所作的反应，并及时地调整自己的活动行为。反馈的方法不仅能够增加儿童了解自己、调整自己的机会，也能够使儿童了解同伴和他人的想法，并自由地吸收这些想法，还能够帮助儿童逐步地建立起学习的自我监控、自我调整、自我建设的内部机制。

使用反馈的方法时应注意这样几点：（1）反馈时应注意面向全体；（2）语言的反馈可以和动作技能的反馈相结合；（3）反馈要尽量客观化，平等地看待每一个儿童；（4）反馈时以正面的肯定为主，宜多采用样板性反馈和激励性反馈。

3. 变换角色的方法

所谓变换角色的方法，是指音乐教育活动中教师运用角色身份的变化，对儿童的活动进行一定的指导。具体的指导方法有以下两种：

（1）参与。参与的方法是指教师以活动加入者、儿童活动的合作者或音乐表演中某一特定角色的身份进行音乐活动的指导。教师的参与，不但可以给儿童的音乐探索和表现提供间接的指导，更能够使儿童体验并享受到师幼共同活动的自由和乐趣。

教师在使用"参与"的方法时，必须注意以平等而不是权威的身份加入活动；教师的观点、意见和行为，仅供儿童参考而非须儿童断然接受；作为音乐中的某种特定角色身份出现时，教师的表演应注意既与音乐的形象相符合，又能对儿童产生较大的感染力。

（2）退出。在幼儿园的音乐教育活动中，教师运用"退出"的方法包含三层含义：一是指教师从"参与"的状态中退出，恢复教师的身份和地位，重新对活动施以影响；二是指教师从心理上理解"退出"，不在活动进程中占据权威的、中心的地位；三是指教师在活动的空间位置上退出，把中心位置让给儿童，以观察者、旁观者的身份对活动进行指导。

在幼儿园音乐教育活动中采用"退出"的方法，一方面可以尽可能地创造机会让儿童自由地实践和表达，增加教师了解儿童潜能的机会；另一方面，可以帮助儿童形成和发展自我教育及相互教育的意识和能力。

教师在运用"退出"的方法时须注意这样几点：（1）根据儿童的具体发展水平和具体情况，逐步、谨慎地"退出"；（2）根据活动进程和儿童的反应，及时、灵活地变换使用"参与"和"退出"的方法；（3）在"退出"的同时，合理、适时地对儿童进行间接指导，同时加强教师对活动的随机观察和反馈。

教师作为音乐教育活动的一个重要方面，其指导作用将直接或间接地影响到活动的进程、活动的效果，进而影响到儿童的发展。因此，教师应针对具体的活动内容、形式及儿童的实际情况，合理而恰当地选用方法。如在以模仿学习为主要活动方式的音乐活动中，可以较多地选择示范、讲解、演示等方法，给儿童提供学习、借鉴的范例；在以儿童主动地体验、探索为主的音乐学习活动中，则应以观察者、激励者的身份，较多地采用提问、反馈、退出等方法，鼓励儿童对音乐的大胆想象和表现。此外，在不同类型、不同领域内容的音乐活动中，方法的选择也应区别对待：如歌唱活动中，要引导儿童用美好的音色和自然的声音及体态表情来歌唱，教师正确的示范往往比正确的讲解方法效果更好；又如打击乐演奏活动中，教师的指挥手势对儿童是一种直观的演示，但采用打节奏的手势动作往往比单纯划拍子式的指挥效果更好。再者，对不同年龄、不同个性、不同能力的儿童所用的诸如激励、提问、反馈等方法应有所不同。

古人云："无法之法,乃为至法。"可见,没有固定的方法才是最好的方法。在音乐教育的诸多方法中,每一种方法都有其长处,也都有其发挥优势的一定"区域"。因此,教师要从一个统一的目标出发,合理而灵活地根据儿童及活动中的即时情况,选择并调整教学的形式和方法,让多种方法综合互补、同时存在,以更好地发挥主导作用。

### (二) 儿童为主体参与的音乐活动学习方法

在音乐教育活动中,教师的"教"与儿童的"学"是涉及如何促进两者相互作用的两个不可分割的侧面。随着教育观念的不断更新,人们逐渐认识到:儿童是学习和发展的主人,教师的"教"并不等于儿童的"学"。要研究教师如何教,决不能脱离研究儿童如何学,正如心理学家布鲁纳所说:"教学理论必须同那些它所赞同的学习理论和发展理论相一致。"因此,在幼儿园的音乐教育活动中,我们有必要对儿童如何学习,儿童的音乐感知和学习有什么规律和特点,儿童认知结构的自我建构和行为、态度的形成等遵循怎样的法则,如何帮助儿童体验音乐学习的愉快、轻松等一系列问题进行研究和探索。在思考怎样控制影响儿童音乐学习的各种变量以及什么样的指导策略对儿童音乐学习更有效等问题的同时,更要注意深入地研究儿童学习的方法和规律。

从儿童的学习活动方式来看,学前儿童音乐教育活动的方法主要有以下几种:

#### 1. 模仿学习的方法

所谓模仿学习,是指在音乐活动中儿童通过教师提供的活动范例,在观察的基础上模仿并反复练习,最终达到记住并再现某一音乐作品或掌握某一音乐技能。模仿学习能帮助儿童较为迅速而有效地掌握音乐的基本技能,了解粗浅的音乐知识,逐渐积累起音乐的语汇。因此,模仿学习的方法一直是幼儿园音乐教育实践过程中被普遍采用的方法之一。

模仿学习的方法可以运用在幼儿园音乐教学的不同活动领域中。在歌唱教学活动中,教师示范→儿童模仿→反复练习的活动模式已被广为应用。其中,儿童模仿跟唱是以整体的跟唱为主,即由教师用不同的形式提供示范(如录音唱、教师表演唱、清唱等),让儿童完整地跟唱。对个别有困难的乐句,可采用分句跟唱、部分模仿的方法。确实,这种以模仿学习为主的歌唱活动模式,能够帮助儿童清楚地感知歌曲,充分地理解记忆歌词,从而有效地初步掌握新歌。但是,值得提出的是,模仿学习的方法和活动模式并不是幼儿园歌唱活动的唯一方法和途径。游戏情境及儿童填唱新歌词等,也是培养儿童对歌唱活动的兴趣以及发展歌唱能力并掌握一定的歌唱技能的有效方法和途径之一。此外,模仿学习的方法还应用在韵律活动和打击乐演奏活动的教学中。在新授一个律动、舞蹈、音乐游戏或学习用若干个声部的打击乐器进行演奏等活动中,儿童也可以在教师示范讲解的基础上进行整体模仿练习(对个别较复杂的动作或节奏型,可以做适当的分解模仿),帮助儿童逐步掌握音乐作品。

值得一提的是,在模仿学习的过程中,练习是一种主要的方法。因为音乐本身是一门技艺性较强的学科,需要在教师的指导下进行各种技能的训练,如合唱、合奏的练习,律动的练习,舞蹈动作的练习等。练习作为音乐教学中的一种基本方法,教师在运用的过程中必须注意以下几点:

(1)要有明确的练习目的和要求。虽然练习常常需要反复进行，但不是机械的重复，每一次练习都应让儿童明确要求。(2)要注意适当地安排练习的分量、次数和时间。针对不同年龄的孩子要有不同的安排，练习的时间不宜过长，对小年龄孩子可以采用适当的分散练习。在练习的过程中，要随时注意观察练习的效果和儿童的反应，并及时地调整练习的内容和方法。(3)在练习的同时，还要有意识地启发儿童练习的积极性和创造性。以正面的激励和反馈提高儿童练习的兴趣和信心，以耐心的诱导和鼓励启发儿童的大胆创造。(4)尽量采用变化多样的练习形式。教师要善于运用形象、生动有趣而灵活多变的练习方法，并与示范、讲解、参与、反馈等多种方法结合并用。

2. 预知学习的方法

"预知学习"一词，源于德国的奥尔夫音乐教育体系。它是一种通过教师的引导，帮助儿童将原有的知识、技能（即儿童已预知的经验）应用到新的问题情境中去的特殊的学习方法。应用"预知学习"的方法，旨在更好地激发大多数儿童对音乐活动的兴趣、动机，使儿童更顺利、主动地直接运用已"预知"的知识、经验进行较高水平层次上的音乐感知、表现和创造。随着幼儿园音乐教育改革和实践的深入，这种学习方法对儿童音乐学习以及促进儿童全面和谐发展的作用已越来越引起关注。

与模仿式的学习方法不同的是，"预知学习"不是由教师直接向儿童提供要学习和掌握的知识或技能，让儿童进行以模仿为主的接受式学习，而是由教师创设一个问题情境，引导儿童步步深入，通过主动的探索性、创造性活动来掌握、发展甚至重组音乐的作品或材料。由此，也就体现出这种学习方式和以此为主的活动模式的特殊价值：第一，"预知学习"的方法是教师引导下的一种自学和互学活动，因此，儿童对教师所提供的知识、技能能吸收得更为主动、自觉和积极，掌握得更为牢固、深刻和巩固。第二，由于儿童是在预知经验的基础上进行新的学习，这一学习方式和环境能为儿童提供用旧有经验来自己解决新问题的机会。认知学习理论家奥苏贝尔认为，任何新知识如果与学习者原有的经验没有联系，没有已有的经验作为落脚点的话，新知识是不会引起兴趣而被吸收的。因此，利用儿童已有知识和日常生活经验进行迁移性学习，不仅能促进儿童知识、技能的习得，而且更有助于在活动中发展儿童的自主性。第三，"预知学习"还能使儿童在熟练地利用自己的知识和经验的环境中，对原有经验的价值和趣味获得更深刻的理解和重新建构。这样，能有效地帮助儿童组织和提升经验，使学习的结果能对今后的学习发生积极的"迁移"作用，使旧经验在新的理解上得以重构，从而产生有更大发展价值的新的结构化知识体系。第四，儿童在迁移性学习过程中，把更多的注意力直接指向了学习内容本身，因此更有利于儿童对音乐活动的兴趣由短暂的兴趣（即由学习内容外部刺激：教具、学具、教师的态度、表情、丰富有趣的活动形式等引发的）逐步向稳定的兴趣（即由儿童内部刺激：对探索、创新的需要等所引发的）转化。第五，儿童在教师设计的充分、细致、层层深入式的问题情境中，迁移预知经验进行自我教育和相互教育。这不仅能有效刺激儿童的学习积极性，提高学习的效率，更能为儿童创造意识、探索精神及自学习惯的习得和养成奠定长远的基础。

使用"预知学习"的方法，教师不仅要熟悉教材，更要"预知"儿童（预知儿童的学习能力及儿童对新材料内容的预知情况），在此基础上再设计合适的问题情境或材料，引导儿童通过迁移性的自学、互学活动进行大胆的探索和创编。因此,以"预知学习"方法为主的音乐教学活动和以"模仿学习"为主的音乐活动在目标、形式、程序等方面存在着明显的区别。下面以一则音乐游戏活动的设计案例来分析一下两者的区别。

音乐游戏——卷炮仗(大班):

卷 炮 仗

1 = C 4/4

汪爱丽词曲

| "模仿学习"式 | "预知学习"式 |
|---|---|
| 1. 学唱新歌<br>(1) 听教师范唱。<br>(2) 用回忆讨论的方法熟悉歌词内容。<br>(3) 用整体模仿的方法初步学会朗诵歌词。<br>(4) 用整体模仿的方法初步学会唱这首歌。<br>(5) 跟着琴的伴奏连贯地唱这首歌。 | 1. 学唱新歌<br>(1) 听教师示范有节奏地朗诵歌词。<br>(2) 用整体模仿的方法初步学会有节奏地朗诵歌词。<br>(3) 学会边朗诵边听教师用琴弹奏歌曲的旋律。<br>(4) 跟着琴自己将词填入旋律并逐步做到能连贯地唱歌。 |
| 2. 学习原设计的舞步组合<br>(1) 看教师示范。<br>(2) 教师边示范边讲解,带领幼儿练习的方法让幼儿初步学会舞步组合。 | 2. 复习已经学过的各种基本舞步 |
| 3. 学习走螺旋形<br>教师用边示范、边讲解、边带领幼儿练习的方法,教会幼儿如何边做舞步组合边走螺旋形。 | 3. 学习走螺旋形<br>(1) 教师向幼儿出示视觉图形,而后让幼儿分组讨论。探索大家应如何做才能做成这种形状。<br>(2) 综合各组的意见,带领全体幼儿对各种方案进行尝试,最终达成统一。 |
| 4. 学习最后部分的游戏规则<br>教师交代最后部分的游戏规则及顺序,然后组织幼儿从头到尾完整地玩这个游戏。 | 4. 学习最后部分的游戏规则<br>(1) 教师用提问的方式引导幼儿回忆放鞭炮的情景,找出最能集中反映该情况的有关声音和动作。<br>(2) 教师和幼儿共同制定游戏规则和顺序,并带领幼儿玩此游戏。走螺旋形时,仅用按节奏走步的方法来进行。 |

续 表

| "模仿学习"式 | "预知学习"式 |
|---|---|
| | 5. 教师引导幼儿为游戏创编舞步组合<br>（1）教师引导幼儿按一个乐句一种舞步，重复或基本重复的旋律采用重复舞步的原则，用幼儿学过的基本舞步素材来为游戏创编舞步组合。<br>（2）用圆圈的队形原地将编好的舞步组合随音乐初步练熟。 |
| | 6. 用编好的舞步组合来走螺旋形并玩游戏 |

从以上两份不同的活动设计中，我们可以看出两种不同的音乐学习方法所带来的区别。它主要表现在如下几个方面：

● 在教学目标上：

"模仿学习"式：更侧重于知识、技能的掌握。

"预知学习"式：更侧重于促进儿童的整体发展（音乐与非音乐的能力，积极主动的个性，良好的自学习惯、意识等）。

● 在教学手段上：

"模仿学习"式：采用示范→模仿→练习的基本方法和程序。

"预知学习"式：采用引导→探索→创编的基本方法和程序。

（教师从设计的"问题情境"和"问题材料"出发，引导儿童利用预知经验进行探索性、创造性学习。）

● 在教学流程上：

"模仿学习"式：

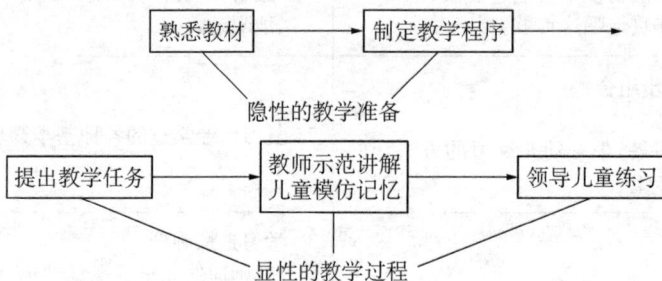

"预知学习"式：

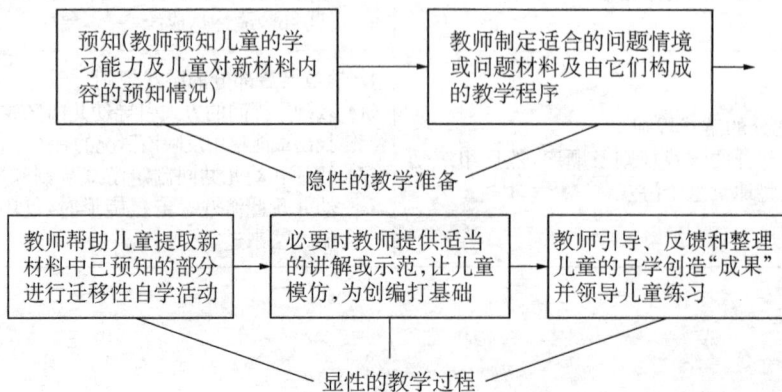

● 在教材处理上：

"模仿学习"式：将教材按外部形式结构划分，强调儿童对教材各层次的接受，较注重对教学任务的完成和教学结果的展示。

"预知学习"式：将教材按内部能力结构发展要求划分层次，把一个教材内容分解为多个相互联系的学习层面。它便于教师预知儿童（对教材的预知情况），使儿童在预知大部分学习内容上的迁移性学习活动真正成为可能并落实。

3. 整体感知的方法

所谓整体感知的方法，是指在音乐教育活动中利用音乐形式结构本身的整体统一性和整体协调性，从整体入手引导儿童感知、体验并表现音乐的一种方法。

整体感知的学习方法提倡在音乐活动中把音乐的部分与整体，歌曲的曲调与歌词，韵律活动中的音乐与动作，音乐欣赏中的欣赏与表演、创作，音乐的知识技能与音乐的感受力、表现力以及音乐活动中教师的活动与儿童的活动等视为一个和谐统一的整体加以整合，而不是把它们作为相互割裂或对立的部分来看待。心理学的有关理论研究告诉我们，当个体在感知某一具体的事物时，该事物的全部因素，感知者的全部身心特质以及所处的特定时空环境等一切因素，都将对感知过程发生作用。因此，从整体感知入手的音乐活动不仅能够体现出音乐形式与音乐内容之间的整体协调，而且能够更好地促进儿童与音乐在音乐审美实践活动中的整体协调。

整体感知学习方法突出的优势之一，是能够使儿童更容易地感受体验到音乐的全部内容，从而进入有完整意义的音乐学习。如幼儿园的歌唱教学活动，以整体感知的学习方法可以使儿童直接地、完整地感受、体验、欣赏到由歌词、旋律、节奏等要素所构成的歌曲本身，以及教师的演唱、伴奏、表情、态度和身体表演动作等组合成的整体音乐形象，从而激发起儿童对歌曲演唱和表现活动的兴趣和欲望。从整体感知入手的歌唱活动，能够产生比仅仅是歌唱技能培养、歌词记忆或歌唱表演动作的训练更有意义，也更符合音乐审美特性的歌唱活动效果。

再如幼儿园的打击乐演奏教学活动，采用整体感知的学习方法能够使儿童在演奏活动中体会、领略到多声部音乐美妙的整体音响效果。我们知道，在传统的打击乐演奏教学中采用从分声部的演奏逐渐向多声部合奏过渡的教学过程，教师往往采用一个声部一个声部地教和学的方法，且在各声部合奏时不要求儿童倾听其他声部的演奏，以免受干扰；而整体感知的教学方法恰恰相反，它直接从多个声部合奏的整体音响的感知开始，引导儿童感受由音乐的部分与部分、要素与要素所构成的整体音乐形象，体验由纵向和横向两方面关系构成的多声部音乐的结构，从而进入完整意义的多声部音乐学习。教师可以让儿童借助于一定的"变通记谱"形式——有以简单的身体节奏动作来表现配器的整体布局的"动作谱"（见谱例1）；以不同的几何图形、形象简化图形或类比象征图形来表现配器的整体布局的"图形谱"（见谱例2）；以及以有趣易记、朗朗上口的音节、短语和句子来表现配器的整体布局的"语音谱"（见谱例3）。在儿童合奏的过程中，还应要求儿童注意倾听其他声部的演奏，了解并把握所有声部合奏的整体音响形象。因此，从教学的目标、过程或结果来看，从整体感知入手的学习方法是以多声部音乐的整体音响形象为出发点和终结点，它符合并体现了音乐审美学习活动的特点和规律。

谱例1—动作谱:

| 4 | 6 4 | 2 | 4 | 3 | 5 3 | 1 | 3 | …… |
|---|---|---|---|---|---|---|---|---|
| 节奏 X | 0 | X | X | X | 0 | X | X | |
| 动作 拍手 | | 拍头 | 拍肩 | 拍手 | | 拍头 | 拍肩 | |

谱例2—图形谱:

| 4 | 6 4 | 2 | 4 | 3 | 5 3 | 1 | 3 | …… |
|---|---|---|---|---|---|---|---|---|
| 节奏 X | 0 | X | X | X | 0 | X | X | |
| 图形 | | | | | | | | |

谱例3—语音谱:

| 4 | 6 4 | 2 | 4 | 3 | 5 3 | 1 | 3 | …… |
|---|---|---|---|---|---|---|---|---|
| 节奏 X | 0 | X | X | X | 0 | X | X | |
| 语音 咚 | | 叮 | 叮 | 咚 | | 哒 | 哒 | |

总之,在幼儿园的音乐教育活动中,教师应该尽可能合理地考虑活动中各个方面的因素,以引导儿童用整体感知的方法学习和探索音乐。

4. 多感官参与的方法

所谓多感官参与的方法,是指在音乐活动中调动儿童的多种感觉器官(如听觉、视觉、运动觉、言语知觉等)协同参与,以更好地丰富和强化儿童对音乐的感受和理解,体验并享受音乐艺术的美。这种音乐学习的方法不仅能够有效地提高儿童感知、理解和表现音乐的能力,而且能够调动和激发儿童参与活动的主动性、积极性和创造性。

在幼儿园音乐教育改革和实践的过程中,多感官参与的方法已经深入到音乐欣赏的领域之中,并充分地显示出它的理论意义和实践价值。我们知道,传统的音乐欣赏教学往往比较强调儿童的倾听习惯和倾听技能的培养,提倡从听觉活动入手进行音乐欣赏;而多感官参与的方法则强调不仅仅使用听觉的器官,而且还要借助于视觉、动觉、言语等多种感觉通道的统合活动来更好地体验和欣赏音乐作品。这种音乐学习的方法应用于音乐欣赏领域,有其一定的艺术心理学和教育学理论的依据。它表现在如下几点:第一,心理学的研究告诉我们,个体在认识活动中,开放的感知通道越多,就越能全面、深入地把握认识对象。同样,儿童在音乐认识活动中,调动更多的感觉器官就能更深刻、细致地认识音乐所表达的内容和情感,产生一定的共鸣。第二,从儿童心理的发展来看,参与、探究的需要是儿童作为独立个体的基本需要,这种需要的满足能进一步激发儿童社会活动的动机和行为。第三,教育哲学的研究表明,在教育的特定领域中,音乐学科仅仅是用来帮助儿童达到理想发展目标的工具和媒介之一,音乐教育应当是诱发儿童通过音乐活动获得参与、表达、交流、探索和创造体验的过程。第四,儿童受其知识经验和音乐经验的制约,不可能仅仅通过安静倾听的方式来获得对音乐的感性体验或理性思考,往往更需要借助于一种可见、可控的外显操作作为欣赏音乐的主要方式。第五,各种不同艺术形式的感知过程存在着共同的心理机制。利用文学、美术、韵律动作等姐妹艺术渗透于音乐欣赏之中,不仅可以增进儿童对音乐的理解,而且有助于发展儿童的艺术思维能力和审美心理结构。因此,在幼儿园的音乐欣赏教学中,教师可以在分析音乐作品性质、风格和基本结构的基础上,选取合适的辅助参与方式〔如:视觉辅助材料——图片、幻灯、录像、教玩具等的参与(见曲例分析1);动作辅助材料——韵律动作、奏乐动作、歌唱动作、戏剧表演动作等的参与(见曲例分析2);言语辅助材料——故事、诗歌、散文、谜语等的参与(见曲例分析3)〕,帮助儿童丰富和强化对音乐的认识和理解,促进其对音乐的想象和表达。

曲例分析1——音乐欣赏曲《拨弦》

拨　弦

（以上是配合此曲设计的视觉辅助图片材料：表现 A 段音乐的四个乐句、每个乐句中接连两个强音以及乐曲的基本情绪风格和节奏特点。）

曲例分析 2——音乐欣赏曲《挪威舞曲》①

## 挪 威 舞 曲

（挪）格里格曲

$1=A$ $\frac{2}{4}$

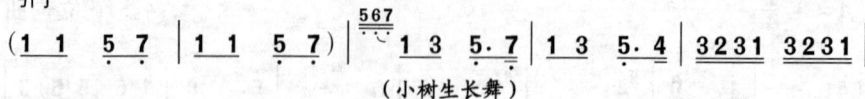

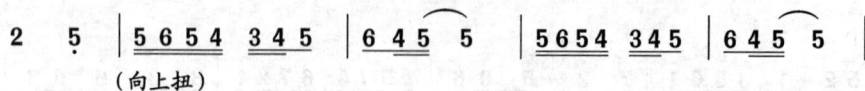

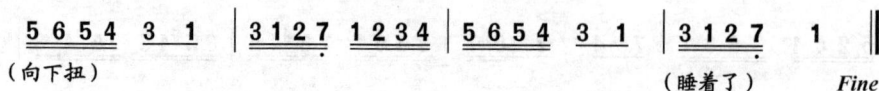

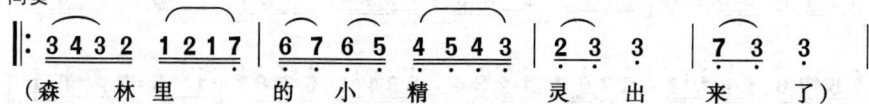

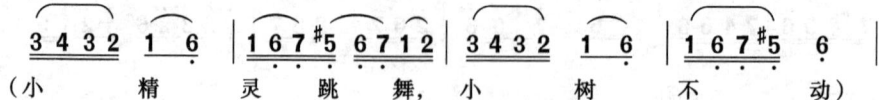

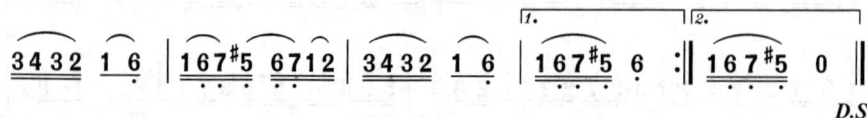

① 选自许卓娅主编：《幼儿园音乐欣赏教育活动 101 例》，江苏人民出版社 1995 年版，第 159 页。

曲例分析 3——音乐欣赏曲《森吉德玛》

## 森 吉 德 玛

贺绿汀曲

$1=C$ $\frac{2}{4}$

5　5̲6̲｜i̇　i̲6̲｜i̇　3̇｜3̲2̲1̇｜i̇　5̇｜6̲5̲　3̲̇2̲̇｜

i̇.　2̲̇｜i̇　－｜i̇　i̇｜5̇　5̇｜3̇　5̇｜3̲̇2̲̇　1̲6̲｜

i̇　i̇｜2̲̇5̲̇　1̲6̲｜5̇.　6̲̇｜5̇　－｜i̇　5̲6̲｜i̲̇2̲̇　1̲6̲｜

5　3｜2.　3̲｜5̲6̲　i̇｜6̲̇i̲̇　3̲̇2̲̇｜1̇.　2̇｜6̇｜

5̲.　6̲　3̲2̲｜1̇.　2̇｜1̇　－：‖ 1̇.　2̲̇　3̇5̇｜i̇　－‖

《森吉德玛》语言辅助材料

第1段:

蓝蓝的天空飘着雪白的云朵,

静静的河滩上是吃草的羊群,

羊群好像天上的白云,

伴着牧人的笛声,多么宁静安详。

第2段:

欢乐的草原开满美丽的花朵,

火红的太阳下是奔跑的马群,

马群好像地上的鲜花,

伴着牧人的歌舞,多么热烈欢畅。

总之,儿童是音乐活动的主体。教师在以音乐教育促进儿童主体性发展的过程中,要根据音乐活动的内容和形式综合地考虑引导儿童进入音乐学习的方法和具体形式,将各种方法视为一个相互渗透、相互补充的有机而统一的整体,以更好地促进音乐教育的最优化。

## 思考题

1. 影响学前儿童音乐教育目标制定的依据有哪些?

2. 怎样看待学前儿童音乐教育目标的结构？

3. 如何理解学前儿童音乐教育中行为目标和表现目标的关系？在学前儿童音乐教育过程中目标制定和表述的作用是什么？

4. 如何理解学前儿童音乐教育各层次目标间的关系？

5. 音乐教育中运用语言的方法一般有哪几种？结合一个教学活动的实例谈谈如何应用。

6. 选择一个音乐教育活动的具体教材内容，试以"预知学习"的理念谈谈你的活动设想。

7. 为什么在音乐教育的活动中要提倡"整体感知"的学习方法？

8. 结合教学实践，谈谈"多感官参与"的方法应用于音乐欣赏领域的理论意义和实践价值。

## 第五章

# 学前儿童音乐教育活动的基本内容

## 第一节 歌 唱

歌唱是人类表达、交流思想感情的最自然的方式之一,也是儿童表达自己思想的一种方法。对于儿童来说,歌唱是他们童年生活中不可缺少的一个重要组成部分。歌唱既能给儿童的生活带来无穷的乐趣,同时,它还具有重要的教育价值,它能在潜移默化的审美熏陶中陶冶儿童的情操、启迪儿童的心智、完善儿童的品格。因此,歌唱是学前儿童音乐教育的一个重要内容。

### 一、学前儿童歌唱能力的发展

#### (一) 0—3 岁儿童歌唱能力的发展

对于儿童来说,他们开始学习说话和唱歌几乎是无法严格区分的。儿童歌唱能力的发展与儿童语言的发展是紧密相关的。美国夏威夷大学的格林伯格教授认为,儿童歌唱能力的发展与说话能力的发展是平行的。当儿童语言发展进入到"咿呀学语期"时,其歌唱能力也出现了"咿呀学唱期"。但是,这两种"咿呀"声的含义不尽相同:8 个月左右的婴儿会用咿咿呀呀的声音开口模仿成人的说话,并逐渐出现咿咿呀呀的独白语言;到 1 岁左右,婴儿开始发声学"唱歌",这种咿呀之歌与非音乐的、作为讲话先兆的"咿呀"是有区分的。国外有研究者曾经在 1976 年对 50 个这一年龄段的婴儿做过调查和追踪记录,发现这种"咿呀之歌"已含有变化的音高,它是以一个元音或很少的音节而唱出的。由此,国外的研究者把这种区别于"咿呀之语"的"元音表演"称作为"本能歌"。这种本能歌的初始阶段具有世界性的、不受文化背景限制的共同性特征,即表现为下行的小三度音程(我们可以看到许多世界著名的儿童歌曲、童谣的旋律多为小三度结构)。

婴儿能在自己最大限度的音域内发展音高。随着年龄的增长,婴儿在 2 岁左右,会努力地变化自己的发音去模仿标准的音高,能觉察出旋律轮廓的变化,由此,"本能歌"逐渐演变为"轮廓歌"。这种"轮廓歌"与儿童早期绘画能力发展中出现的"蝌蚪人"相似,只有一个大体的构架。通常也被称之为"近似歌唱":唱的大多是一个简单的句子,节奏没有什么变化,常常出现同音反复,形成音高上的徘徊,一个句子被不止一次地重复等。

在音高和音程的掌握方面,2 岁以前婴儿的歌音高还模糊不清,2 岁以后逐渐开始出现分离的音高,音程主要是二度音程,小三度音程,大约到 2 岁半,四五度音程开始出现。在旋律结构和节奏组织方面,2 岁前的"轮廓歌"基本是无调性的,旋律线起伏不定,节奏散漫,没有明显的节拍,2 岁以后开始逐渐向较规则的模式发展,表现在节奏的组织有所完善,能以较准确的节奏唱出简单的歌词。随着年龄的增长,3 岁左右的儿童能比较完整地唱一些音域有限的、短小的歌曲和歌曲中的片断,其"轮廓"也日渐清晰并逐渐走向完善。3 岁左右的儿童在其学习歌曲的过程中常常会出现这样的现象,一首新的歌曲听了几天以后,就慢慢地变成记忆,输入大脑,有一天会突然开始歌唱。其实,在他们开始张口歌唱之前,歌曲已经积累、潜伏在他们记忆中很长时间了。可见,3 岁左右儿童的歌唱能力的发展是与儿童的音乐感受、听辨能力的发展紧密相关的。由此也提示我们:在对这一年龄阶段儿童的歌唱教学中,必须从歌曲的欣赏感知入手。

### (二) 3—4 岁儿童歌唱能力的发展

这一年龄阶段的儿童对音乐的表现欲望和能力正在增强,表现在他们对歌唱活动的兴趣大大加强了,特别是对富有戏剧色彩的、生动活泼、情绪热烈的歌曲很是喜欢,还喜欢唱歌曲中的重复部分。

#### 1. 歌词方面

在歌词的表现方面,虽然 3 岁左右儿童的语言发展有了很大的进步,已经能够完整地掌握比较简短的句子或较长歌曲中的相对完整的片断,但是由于这一阶段儿童认知发展方面的局限,他们对歌词含义的理解还存在一定的困难,加之听辨和发音能力还比较弱,所以碰到他们不理解的字词,往往吐字不清。

#### 2. 音域方面

3—4 岁儿童歌唱的音域一般为 $c^1 - a^1$(即 C 调的 do—la),其中唱起来最舒服、轻松的是在 $d^1 - g^1$ 之间(即 C 调的 re—sol),但个别儿童的音域发展有所偏差:音域稍宽的儿童偏高可达到 $C^2$,偏低可唱到 a,而音域偏窄的 3 岁儿童仅能唱出 3 个音左右。

#### 3. 旋律方面

在旋律的感知方面,这一年龄阶段儿童存在着差异性和不精确性,最明显的表现就是"走音"现象。有相当一部分儿童的音准有问题,往往不能准确地唱出歌曲旋律,唱歌如同"说歌"。在没有乐器伴奏的情况下或是在独立歌唱时,这种走调、没调的情况尤为严重。当然,这种现象的发生可能是歌曲音域过宽、音调过高或过低、旋律太难等因素所致。

#### 4. 节奏方面

在节奏方面,3—4 岁的儿童基本上能做到比较合拍地歌唱,尤其是对与走步、跑步、心跳、呼吸等相对应协调的节奏——四分音符、八分音符所构成的歌曲节奏更易感受和掌握。

#### 5. 呼吸方面

3—4 岁的儿童由于肺活量较小,呼吸较浅,对气息控制的能力还没有很好地发展起来,因此往往不能根据乐句的需要来换气。有的儿童会一字一换气、一字一顿地歌唱,有的则一句歌词没唱完就换气,常常因换气而中断句子、中断词意(一般会在强拍后面或时值较长的音后面自由换气)。

6. 其他方面

在歌唱的其他表现技能方面，3—4 岁的儿童能够在成人的引导，特别是在幼儿园良好教育的影响下，对已经熟悉和理解的歌曲，以速度、力度、音色等较明显的变化来表现歌曲。如：《在农场里》各种动物叫声用不同的音色表情来处理；《大鼓和小铃》以不同的力度、强弱来对比；《摇篮曲》以稍慢、稍弱的速度和力度来表现等。

在集体歌唱时的合作协调性方面，3—4 岁的儿童还不会相互配合，常常是你超前，我拖后，个别孩子声音特别响。但在进入幼儿园以后的一段时间，到小班后期，儿童基本上能懂得在音量、速度、力度、音色等方面与集体相一致，能够通过改变声音的强弱、快慢、音色等来表现歌曲，初步体会到集体歌唱活动中协调一致的快乐。

### (三) 4—5 岁儿童歌唱能力的发展

1. 歌词方面

这一年龄阶段，儿童掌握歌词的能力有了进一步的提高，一般都能比较完整、准确地再现熟悉的歌曲中的歌词，而且对歌词的听辨、理解、记忆和再认能力有了很大的提高，唱错字、发错音的情况有了较大的改变。

2. 音域方面

4—5 岁儿童歌唱的音域较以前有了扩展，一般可以达到 $c^1 - b^1$（即 C 调的 do—si），但在个别的儿童身上仍有很大的差异性。

3. 旋律方面

由于这一年龄阶段儿童接触的歌曲日益增多，他们对旋律的感知、再认能力逐步提高，音准把握能力有了进步。在乐器或录音的伴奏下，大多数儿童能基本唱准旋律适宜的歌曲。当然，在个别儿童身上，旋律感、音准的把握仍然是歌唱能力发展中最困难的一种能力。

4. 节奏方面

在节奏方面，随着儿童听觉分化能力的逐步提高，这一年龄阶段儿童对歌曲节奏的把握和表现能力得到了较大的发展。他们不仅掌握了四分音符、八分音符的歌曲节奏，还能够比较准确地再现二分音符的节奏，甚至带附点的节奏。

5. 呼吸方面

4—5 岁儿童对嗓音的控制能力有了进一步提高，能够逐步学会使用较长的气息，一般都能够在教师的指导下学会按乐句和情绪的要求换气，中断句子、中断词意的换气现象有明显的改进。

6. 其他方面

这一年龄阶段，儿童在歌唱技能的发展中，对速度、力度、音色变化的把握方面有了一定的进步，这是因为他们对歌曲形象、内容、情感的体验和理解能力有了一定程度上的提高，由此，在演唱、表现歌曲时，能够比较细致地表达出歌曲在力度、速度等方面的变化，且比小班儿童表现得更为准确。

随着集体音乐活动、歌唱活动经验的不断积累，4—5 岁儿童不仅能够比较协调地参与集体歌唱，注意在音色、表情、力度、速度等方面调节自己的声音，与集体保持一致，而且还表现出独自唱歌的愿望和兴趣。他们常常会在游戏、玩耍的时候，饶有兴致地独自哼唱，也会在收看、收听电视、电台节目中高兴地即兴跟唱。另外，这一年龄阶段的儿童在歌唱能力的发展上能表现出一定的创造性。他们会运用已经积累的一定的歌唱和表达的经验，部分地替换歌词，重新演唱；会主动地、自发地提出歌唱的形式和表情；还会即兴地创编简短的小曲等。

### （四）5—6 岁儿童歌唱能力的发展

**1. 歌词方面**

这一年龄阶段，儿童在歌唱的技能和水平上有了较显著的提高。首先表现在随着语言的发展，他们能记住更长、更复杂的歌词，对词义的理解能力也进一步提高，在歌词的发音、咬字吐字方面表现得更趋完善。

**2. 音域方面**

5—6 岁儿童歌唱的音域基本上可以达到 $c^1 - c^2$（即 C 调的 do—高音 do），个别儿童甚至更宽。

**3. 旋律方面**

随着儿童歌唱经验的不断积累，5—6 岁儿童的旋律感发展、特别是音准方面的进步更为明显。他们不仅能容易地掌握小三度、大三度、纯四度、纯五度音程，比较准确地唱出旋律的音高，而且对级进、小跳、大跳不会感到太大的困难。这时，儿童已经初步建立了调式感。

**4. 节奏方面**

5—6 岁儿童不但能准确地表现 2/4 和 4/4 的歌曲节奏，同时对三拍子歌曲的节奏及弱起节奏有了一定的理解和掌握，而且能够较好地掌握带附点节奏和切分节奏歌曲的演唱。

**5. 呼吸方面**

这一年龄阶段，儿童气息保持的时间较以前延长了，能够按乐曲的情绪要求较自然地换气，同时歌唱的音量较以前有了明显的增加。

**6. 其他方面**

5—6 岁儿童歌唱的表现意识得到了更进一步的加强，表现在歌唱的声音表情更趋丰富，能够表现出同一首歌曲中的强弱快慢，能较好地唱出顿音、跳音、保持音及连音，并且能尽力把不同的情绪情感体验通过音色、节奏、速度、力度上的对比变化生动细致地表达出来；在集体歌唱时，协调一致的能力也大大加强了，不仅能与集体同时开始、同时结束演唱，而且会听前奏、间奏，还对对唱、小组唱、轮唱、合唱等不同的演唱形式产生了兴趣。这一年龄阶段的儿童具有一定的创造性歌唱表现意识，他们不仅能积极参与创造性的歌唱表现活动，而且会努力地使自己的表现与众不同，其创编歌词、创编即兴小曲的能力更得到了提高。

总之，随着儿童年龄的增长及歌唱活动经验的不断积累，他们对歌唱活动的积极态度和初步的兴趣爱好逐渐得到巩固，歌唱的技能进一步得到发展，对歌曲结构的感受也日趋合理、完善，能够从音高轮廓飘浮不定到准确地再现音高，音域从窄到宽，节奏从单调、散漫到丰富而有组织，调式感从模糊不定到准确……各方面的能力和表现都随着年龄的增长、环境的变化、教育的引导及各种内、外部因素的共同影响而逐渐地向更合理、完善的方向发展。

## 二、幼儿园歌唱活动的要素与实例分析

### （一）歌唱活动的基本问题

对于学前儿童而言，教给他们一些有关歌唱的简单知识和技能，即让儿童掌握一些初步的表现手法，使他们学会有感情地唱歌，能更好地感受和理解歌曲所表达的感情。

1. 歌唱的简单知识和技能

（1）姿势。正确的歌唱姿势是指无论站着或坐着唱歌，都应保持身体和头部的正直、放松；两臂自然下垂或放在腿上；两眼平视，两肩放松；口型保持长圆形，嘴唇的动作要求自然，根据正确的咬字及发音的需要适当地张开嘴，应避免嘴角向两边延伸成扁圆形。

正确的歌唱姿势，可以使儿童在歌唱时保持最佳的气息通道状态，有利于用自然的声音唱歌。

（2）呼吸。呼吸是歌唱的动力。歌唱时有气息的支持，才能保持或延长歌声。歌唱中正确的呼吸方法应该是自然地吸气，均匀地用气，并尽量在呼吸时一次吸入足够的气息并保持住，然后在演唱时根据乐句和表情的需要慢慢地、有节制地运气。另外，在呼吸的时候还应注意不抬头，不耸肩，不发出很大的吸气声，也不能在乐句的中间随便换气，而要按照一定的乐句规律来换气。

（3）发声。正确的发声方法是使歌声优美、动听的最基本要求。要使儿童学会用"自然美好的声音"来歌唱，就必须运用一定的发声技巧。首先要求儿童用自然的声音歌唱——下巴放松，嘴巴自然打开；不大声喊叫，也不过分地克制音量。一些害羞、胆小、自卑的孩子往往在歌唱时非常拘谨、紧张，而一些表现欲强的孩子往往会大声喊叫着唱歌，这都是要加以纠正的。

在引导幼儿用自然、悦耳的声音歌唱的基础上，还应启发他们逐渐学会用不同的声音来演唱不同性质的歌曲。如进行曲风格的歌曲（谱例：《这是小兵》），可以用坚定有力、响亮而神气的声音来演唱；抒情曲、摇篮曲风格的歌曲（谱例：《摇篮曲》），应该用连贯、轻柔的声音来演唱；而舞曲风格的比较活泼的歌曲（谱例：《大鞋和小鞋》），则可以用轻松、跳跃而稍带弹性的声音来演唱。

谱例：

## 摇 篮 曲

俞梅丽词
王瑜珠曲

1=D(♭E或F) 3/4

```
3  5   -  | 3 2  1  -  | 2  3   -  | 1 6  5  -  |
星  星     睡  了,     月 亮      睡  了,

1 1  6  5  | 1 3  2  -  | 3  5   -  | 3 2  1  -  |
天 上 白 云   不 动 了。    虫  儿      不 叫 了,

2  3   -  | 1 6  5  -  | 1 1  6  5  | 2 3  1  -  ‖
小  鸟      不 飞 了,   小 宝 宝   睡 着 了。
```

## 大鞋和小鞋

金 潮词
汪 玲曲

1=C 2/4

```
5   5  | 6  6  3 | 5 6  5  | 5 5  1 2 | 3   -  |
mf 我  穿  爸 爸 的 鞋,    就 像 两 只  船。
p  我  穿  娃 娃 的 鞋,    就 像 两 顶  帽。

4   4  | 3  3  1 | 2 3  2  | 6   5  | 4   3  |
开  在  大 大 的 海 洋 里,  踢 拖   踢 拖
套  在  小 小 的 脚 趾 上,  迪 笃   迪 笃

2 2  2 2 | 1   -  | 5 5  5 | 4 4  4 | 6 6  6 |
踢 踢 踢 踢  拖。    踢 踢 拖  踢 踢 拖  踢 踢 拖
迪 迪 迪 迪  笃。    迪 迪 笃  迪 迪 笃  迪 迪 笃

5 5  5 | 4   3 | 2 2  2 2 | 1   -  ‖
踢 踢 拖  踢  拖  踢 踢 踢 踢  拖。
迪 迪 笃  迪  笃  迪 迪 迪 迪  笃。
```

（4）咬字吐字。唱歌和说话一样，需要咬字吐字清楚，才能表情达意。但是，由于受到歌曲旋律和节奏的影响，对学龄前儿童来说，歌唱时的咬字吐字要比说话和念儿歌困难。有的儿童会因为吐字器官配合不当，出现个别字音咬不准，吐不清；有的儿童由于对词意不理解而吐字含糊不

清;还有的儿童由于歌曲速度快、个别乐句节奏短促或一字多音而产生吐字咬字方面的困难等。针对这些情况,要教给儿童正确的吐字咬字方法。这可以从培养吐字器官唇、齿、舌、喉的互相配合协同动作开始。此外,汉语有声母和韵母之分。一般说来,歌声的延长主要依靠韵母,韵母能使歌声具有流畅的歌唱性并富有色彩变化。因此,唱好韵母对咬字吐字准确有重要的作用。声母的发音部位和发音方法也需要依不同性质的歌曲而区别对待:演唱轻柔和抒情的歌曲,不必太强调声母;演唱一些雄壮、有力的歌曲时,声母的发音则要相对有力。

(5) 音准。音准是唱歌的基本要求。但是,对于学龄前儿童来说,准确地唱出歌曲中每一个音的音高是比较困难的。掌握音准是幼儿园歌唱教学一个比较突出的难点。造成儿童唱歌音不准的原因是多方面的:一方面,由于儿童的听觉分化能力比较差,还难以分辨歌曲中音的高低;另一方面,儿童发声器官的协调、控制能力还比较差;再者,学龄前儿童歌唱时的呼吸支持能力、歌唱的注意力以及过分紧张的情绪都可能造成儿童音准困难。因此,要培养和训练儿童的音准,首先必须让儿童获得音调准确的音乐印象,而教师的演唱和琴声正是儿童获得听觉印象的主要来源。此外,还要注意发展儿童发声器官的协调能力,从听和唱两方面的互相配合中来加强其音准感的培养。

(6) 协调一致。协调一致是指在集体的歌唱活动中,儿童能够掌握一些正确地与他人合作的技能。首先表现在歌唱时不使自己的声音突出,能够将自己的歌声和谐地融入集体的歌声之中;其次,在接唱、轮唱、两声部合唱等不同歌唱表演中,能够做到准确地与他人、他声部相衔接,保持在音量、音色、节奏等方面的协调,以及声音表情、脸部表情和动作表情方面的和谐一致。

(7) 保护嗓音。关于保护嗓音的一些基本知识,应该让学龄前儿童掌握。它包括:不大声喊叫着唱歌;不在剧烈运动时(或剧烈运动后)大声地唱歌;不长时间地连续唱歌;不在空气污浊的环境中唱歌;不在咽喉发炎、嗓子红肿的时候唱歌等。

### 2. 歌唱的基本形式

不同的歌唱表演形式可以表达出歌曲不同的演唱效果。在学前儿童的歌唱活动中,可以根据参加歌唱者的人数及合作、表演方式的不同,将歌唱的形式分为以下几种:

(1) 独唱。独唱是指一个人独立地歌唱或独自表演唱。

(2) 齐唱。齐唱是指两个或两个以上的人在一起整齐地唱同一首歌曲。它是幼儿园集体歌唱活动的一种最主要形式。

(3) 接唱。接唱是指将一首歌曲分成几个乐句,由幼儿分组轮流一句句接唱。如:

咚 咚 锵

金 本词
汪 玲曲

1=F 2/4

3 3 3 1 | 3 3 | 2 2 2 3 | 6 6 | 1 1 6 1 |
(甲)我 敲 小 鼓 咚 咚 (乙)我 敲 小 镲 锵 锵 (丙)咱们 两 个

3 1 2 | 3 6 | 3 6 | 3 6 3 3 | 6 0 ‖
一 起 敲 (丁)咚 锵。 咚 锵 咚锵 咚咚 锵。

(4) 对唱。对唱是指个人与个人、小组与小组之间以问答的方式各自唱歌曲中的问句和答句。如：

### 小朋友想一想

潘振声词曲

$$1=C \quad \frac{2}{4}$$

| 1 2 3 | 1 2 3 | 3 2 34 | 5 6 | 5 — |

问：小朋友 想一想， 什么 动物 鼻子 长？
问：小朋友 想一想， 什么 动物 耳朵 长？

| 5 6 5 | 4 3 2 | 5 6 54 | 3 2 | 1 — ‖

答：鼻子长 是大象， 大象鼻子 最 最 长。
答：耳朵长 是白兔， 白兔耳朵 最 最 长。

(5) 领唱齐唱。领唱齐唱是指由一个人（或几个人）唱歌曲中比较主要的部分，集体唱歌曲中配合的部分。如：

### 小鸟小鸟你真好

（领唱 齐唱）

刘同仁词
戈宗远曲

$$1=F \quad \frac{2}{4}$$

（5. 3 2 5 | 1216 5 | 2. 3 53 | 2321 2 | 2. 3 53 |

2. 3 2 1 | 6156 16 | 5 0 5612） | 3 5 3 2 | 1. 2 53 |

（领）树上 住着 两 只
（领）小鸟 捉虫 往 回

2. 3 | 1 3 20 | 35 61 | 2. 3 16 | 5. 1 |

鸟（齐）哎！ 两只鸟，（领）一只 老来 一 只 小（齐）哎！
叼（齐）哎！ 往回 叼，（领）先让 老鸟 吃 个 饱（齐）哎！

6 1 5 0 | 1 5 1 5 | 3 3 20 | （3531 20） | 2. 3 55 |

一只小。 老鸟 行动 不方便， 再去 捉虫
吃个饱。 我对小鸟 点点头， 小鸟小鸟

1 3 20 | （1613 20） | 2. 3 53 | 2. 3 21 | 6.ⁱ 1 6 |

真苦恼， 再去 捉 虫 真苦
你真好， 小鸟小 鸟

| 5 | — | ‖: | 6· $\overset{2}{7}$ | $\overset{\frown}{1\ 6}$ | 5 | 2 3 | 5 | — | 5 | 0 ‖ |
| 恼。 | | | 你 | 真 | 好（齐） | 你 真 | 好 | | 哎！ | |

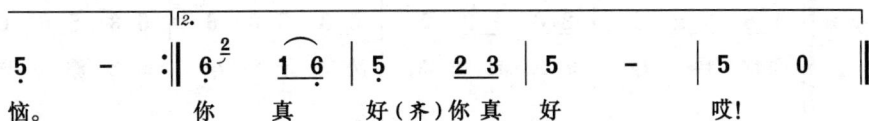

（6）轮唱。轮唱是指两个声部按一定间隔先后开始唱同一首歌曲。如：

## 欢 乐 颂

1=D 4/4

贝多芬曲
佚名填词

第一声部
| 3 3 4 5 | 5 4 3 2 | 1 1 2 3 | 3· $\underline{2\ 2}$ — | …… |
| 蓝 天 高 高 | 白 云 飘 飘， | 太 阳 公 公 | 在 微 笑。 | |

第二声部
| 0 0 0 0 | 3 3 4 5 | 5 4 3 2 | 1 1 2 3 | …… |

（7）合唱。合唱是指两个不同声部相配合的集体演唱形式。适宜于学前儿童的合唱形式一般可以有三种：①"同声式"，指两个声部的旋律、和声相同。可以是一个声部唱歌词，另一个声部用同一旋律唱衬词；也可以是一个声部用哼鸣的方式唱旋律，另一个声部按节奏朗诵歌词。②"固定低音式"，指一个声部唱歌词，另一个声部唱固定音型或延长音等。③"填充式"，指一个声部唱歌词，另一个声部在歌曲的休止或延长音部分唱适当填充式的词曲。如：

## 柳 树 姑 娘[①]

1=C 3/4

罗晓航词
夏晓红曲

第一声部
| 6· | $\overset{\frown}{3\ \ 3\ 2}$ | 3 — — | 5· | $1\ \overset{\frown}{2\ 3}$ | 3 — — |
| 柳 | 树 姑 娘 | | 辫 | 子 长 | 长， |

第二声部
| 0 0 | 0 | 0 $\underline{3\ 3}$ 3 | 0 0 | 0 | 0 $\underline{3\ 3}$ 3 |
| | | 沙 沙 沙 | | | 沙 沙 沙 |

第一声部
| 6· | $\underline{6\ 5\ 6}$ | 5 3· 3 | 6· | $\underline{6\ 5\ 3}$ | 2 — — |
| 风 | 儿 一 吹， | 甩 | 进 池 塘。 |

第二声部
| 0 0 | 0 | 0 $\underline{3\ 3}$ 3 | 0 0 | 0 | 0 $\underline{2\ 2}$ 2 |
| | | 沙 沙 沙 | | | 沙 沙 沙 |

---

① 许卓娅：《学前儿童音乐教育》，人民教育出版社1996年版，第171页。

第一声部 | 1·6 1 2 2 | 3·6 1 2 2 | 5 3 5 6 6 | 5 3 5 6 6 |
洗洗 干 净 多么漂 亮， 洗洗 干 净 多么漂 亮。

第二声部 | 1·6 1 2 2 | 3·6 1 2 2 | 5 3 5 6 6 | 5 3 5 6 6 |
沙沙 沙沙沙 沙沙 沙沙沙 沙沙 沙沙沙 沙沙 沙沙沙

第一声部 | 1 - 3 | 1· 3 1·6 | 6 - - | 5 6 6 0 ‖
多 么 漂 亮 啊里罗。

第二声部 | 1 - 3 | 1· 3 1·6 | 6 - - | 5 6 6 0 ‖
多 么 漂 亮 啊里罗。

(8) 歌表演(或合作歌表演)。歌表演是指边唱边表演动作(或两个人合作边对唱边表演动作)。如：

## 小鸡小鸭

1=C 4/4

佚 名词曲

| 1 2 3 3 - | 2 3 5 5 - | 1 2 3 3 3 | 2 3 5 5 5 |
小鸡 小鸭， 碰在 一起。 小鸡 叽叽叽， 小鸭 呷呷呷，
(两人一起边拍手边唱) (甲唱并做小鸡叫动作) (乙唱并做小鸡叫动作)

| 3 3 3 5 5 5 | 3 3 3 5 5 5 | 1 2 3 3 - | 2 3 5 1 - ‖
叽叽 叽，呷呷呷， 叽叽叽，呷呷呷。 一同 唱 歌， 一同 游 戏。
(甲唱+动作)(乙……)(甲……)(乙……)(两人一起边拍手边唱)

---

**实例1**：大班活动《山谷回音真好听》

活动目标：

1. 引导幼儿进一步学习理解力度在音乐表现中的作用，并进一步学习在歌唱时运用力度变化进行表现。

2. 帮助幼儿利用已有的知识经验学习为歌曲创编新的歌词。

3. 鼓励幼儿乐于用新编的歌词来表现自己的想法，使其能愉快地和同伴对唱并进行友好的合作交流。

活动准备：

1. 丰富有关"回声"的知识经验。

2. 幼儿已进行过其他歌曲的歌词创编活动。

3. 录音机及音带。

活动过程：

1. 用语言引导及提问的方式调动并充实幼儿有关"回声"的知识和情感体验。

2. 引导幼儿学唱整首歌曲，启发幼儿注意用不同的力度来唱好"喊声"和"回声"。

3. 把幼儿分成两组，试着以对唱的方式来分别表现"喊声"和"回声"，加强同伴间的情绪情感交流。

4. 采用领唱齐唱的形式，由教师（或一位幼儿）领唱"喊声"部分，其余幼儿齐唱"回声"部分。

5. 鼓励幼儿自己提出和探索不同的演唱形式，进一步体验如何表现歌曲的力度。

6. 启发幼儿为对唱部分创编新的歌词，并引导幼儿将新歌词编入歌曲中进行演唱，体验创造的快乐和满足。

附：歌曲《山谷回音真好听》

### 山谷回音真好听

1=C 4/4

汪爱丽词曲

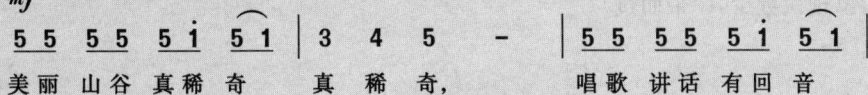

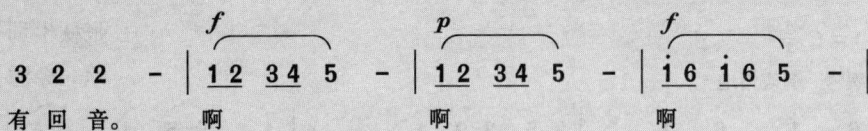

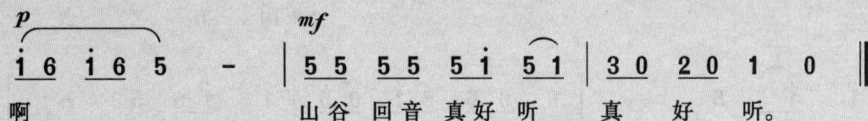

### 3. 歌唱的选材

（1）歌词方面。为儿童选择的歌曲，首先，其歌词应当有趣、易记且能为儿童所理解和熟悉。由于学前儿童的生活经验尚不丰富，理解能力有限，加之儿童好动、好玩、好奇、好幻想的天性，因此，只有儿童所理解和熟悉的歌词才能引起他们的兴趣。如：动物、植物、交通工具、自然现象、儿童自己的身体部位、儿童所喜欢或仰慕的成人及活动、夸张或诙谐的无意义音节和象声词等。

其次，歌词的结构应相对简单，含有一定的重复部分。我们知道，2岁前的儿童已产生了"本能歌"，自发、自由编唱是儿童的天性。而结构简单且多重复的歌词，正能够满足儿童的这种需要。对于语法简单、词汇较少且句子间长度相等（或相近）的歌词，儿童可以很顺利地将自己感到有趣、喜欢的新词编入曲调中，自由地歌唱。如《我爱我的小动物》这首歌，每段之间除了小动物的名称和叫声以外,所有的歌词都相同,且句子间的长度相对工整。学前儿童在唱这样一类歌曲时,不仅没有记忆、理解的负担,而且能充分地享受自由编歌的乐趣。

再次,应尽量注意歌词的内容宜于用动作表现。这是因为,学前儿童的活动尚有未完全分化的特点,边唱边做动作是他们很自然而直接的一种音乐表现活动。儿童往往喜欢在歌唱表现时辅之以相应的身体动作。因此,选择较适宜于用动作表现的歌词内容,不仅有利于儿童更好地记忆、理解歌词,而且能充分地发展儿童的动作协调性,加强对歌曲情感的表达。

(2) 曲调方面。第一,为学前儿童选择歌曲时应注意歌曲的音域不宜太宽。一般3—4岁儿童适合的音域范围在 $c^1-a^1$;4—5 岁儿童适合的音域范围在 $c^1-b^1$;5—6 岁儿童适合的音域范围在 $c^1-c^2$。当然,这是为儿童集体歌唱时选择的适宜音域范围,而每个儿童实际的音域范围则因人而异,差别很大。总体上可以控制在上述范围之内。在处理歌曲的音域问题时,还应注意不要机械绝对地划分,要视具体的歌曲作相对的分析。如有的歌曲从音域来分析是八度,但旋律主要在最高的音区进行。儿童演唱起来会比较紧张、费力,感到有一定的困难(谱例:《看谁懂礼貌》,音域虽是八度,但最高音:do($c^2$)在旋律中频繁出现);而有的歌曲从音域看可能是八度以上,但仔细分析一下,其主旋律一般在儿童感到最舒适的音区($d^1-b^1$)间进行。这类歌曲,即使是中班儿童也可以唱(谱例《学做解放军》,音域有九度,但主要旋律在 do—sol 之间进行,最高音和最低音处于弱拍,出现次数少,一带而过)。

谱例:

看谁懂礼貌

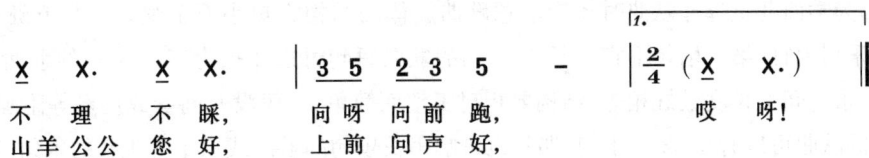

| X | X. | X | X. | 3 5 2 3 | 5 | — | 2/4 (X | X.) |

不理 不睬， 向呀 向前跑， 哎 呀！
山羊 公公 您好， 上前 问声好，

## 学做解放军

1=F 2/4

杨 墨词曲

| 3. 3 | 3 0 | 3. 2 | 1 0 | 3. 2 | 1 3 | 5 | — |

敲起 锣， 打起 鼓， 吹起 小喇 叭，
向左 转， 向右 转， 齐步 向前 走，
挂着 刀， 握着 枪， 背着 手榴 弹，

| 3 5 | 3 | 6 | 5 | 2. 2 2 3 | 2 | 0 |

排好 了 队 伍， 学做 解放 军。
挺起 了 胸 膛， 跑步 向前 冲。
勇敢 呀 杀 敌， 争取 立大 功。

| 1 1 | 1 5 1 | 3 | — | 3 3 | 3 1 3 | 5 | — |

打打 打打打 底， 底底 底打底 打，
打打 打打打 底， 底底 底打底 打，
打打 打打打 底， 底底 底打底 打，

| 3 5 | 3 | 6 6 | 5 | 2 2 2 2 3 | 1 | — |

人民 呀 解放 军 多呀 么 多光 荣。
人民 呀 解放 军 多呀 么 多威 风。
人民 呀 解放 军 多呀 么 多英 雄。

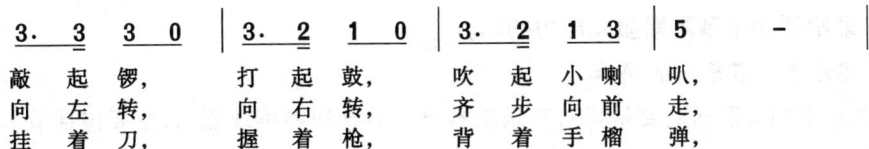

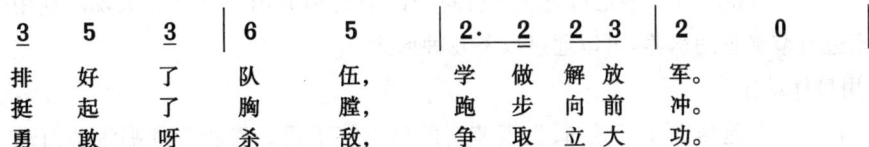

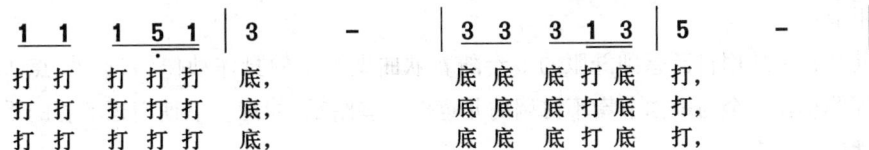

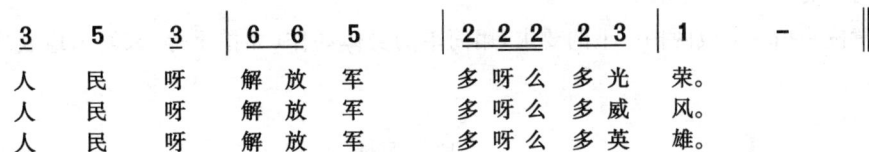

　　第二，为学前儿童选择歌曲时应注意歌曲的速度不宜太快，一般以中速或中速稍快、稍慢为宜。但是，由于小班儿童的肺活量小，呼吸浅，气息短，加之语言发展有限，歌唱中呼吸、发声、吐字等方面的技能不够成熟，因此唱速度偏慢和偏快的歌曲会有一定的困难，以中速较为合适。

　　第三，为学前儿童选择歌曲时应注意歌曲的节奏和节拍，一般节奏宜简不宜繁。小班儿童歌曲曲调中的节奏主要有二分音符、四分音符或八分音符，为中大班儿童选择歌曲曲调节奏可以有附点音符、少量的十六分音符和切分音节奏；小班儿童的歌曲节拍一般以2/4和4/4拍为主，偶尔可选一些3/4和6/8拍的歌曲，偶尔还可选择一些从弱拍开始，带"弱起"节奏的歌曲。

　　第四，为学前儿童选择歌曲时应注意歌曲的旋律宜相对比较平稳。学前儿童最容易掌握的是下行的三度（或以下）的音程，其次是四度、五度和八度音程。对六度和七度音程，即使是中、大班儿童也不容易唱准。因此，根据儿童的年龄段，小班适宜于选三度音程的歌曲，中、大班儿童的歌曲旋律可稍复杂一些，可以增加一些三度以上的跳进。

最后，为学前儿童选择歌曲时还应注意歌曲旋律的结构宜短小而工整。一般小班儿童的歌曲以 4 个乐句为宜，第一乐句不宜太长，2/4 拍的歌曲每句可以 4 拍为宜，3/4 拍的歌曲每句以 6 拍为宜，且乐句间的长度最好相等，结构要相对工整而简单，一般没有间奏或尾奏等附加部分；中大班儿童的歌曲可以有 6—8 个乐句，偶尔也可唱稍长乐句的歌曲或不十分工整的乐句，结构上可以有一些简单的二段体或三段体的歌曲，一般可以有间奏和尾奏等附加部分，但总体上还是以唱结构短小而工整的歌曲为主。

### （二）歌唱活动中基本素质和能力的培养

#### 1. 歌唱活动中音乐感的培养

歌唱活动中的音乐感主要是指对音乐基本要素的感知和再现能力，主要包括节奏感、旋律感、结构感、音色感、速度感和力度感。

（1）节奏感的培养。节奏感是指对歌曲材料中的节奏和节拍的感知和表现。利用歌曲材料对学前儿童进行节奏感的培养，可以通过以下几种形式：

① 运用身体动作

身体动作的参与是帮助儿童感知、表现节奏的最直接手段。伴随着歌唱活动而进行的身体动作节奏，按儿童的年龄和动作难易程度的发展以递增顺序排列如下：

● 自由节奏

即让儿童自由地用自己感到舒服的节奏随着歌曲做简单的身体动作（如拍手、点头等）。教师可以对那些动作完全与歌曲节奏不协调的儿童作一些暗示，如握一下他们运动着的手，以引导儿童正确地感受节奏。

● 均匀节奏

让儿童按一拍一下或两拍一下的要求，用简单的身体动作（如拍手等）来均匀地表现歌曲的节奏。如：

```
| 1 2  3 4  5   5 | 6   i   5   - |……
  天上 多少 星   星  亮   晶   晶
  X   X   X   X | X   X   X   X |

或: X   -   X   - | X   -   X   - |
```

● 旋律节奏

让儿童根据歌曲本身的旋律节奏，用简单的身体动作（如拍手等）来表现。如：

```
| 5 5  3 6  5 5 3 | 1 3  5 3  2 2  1 |……
  树上 许多 红苹果，  一个 一个 摘下 来
  X X  X X  X X X | X X  X X  X X  X |
```

（注意：一般适合于选节奏较简单的歌曲）

● 伴奏节奏

让儿童用一种有规律的固定节奏型，以简单的身体动作（如拍手等）为歌曲节奏作伴奏。如：

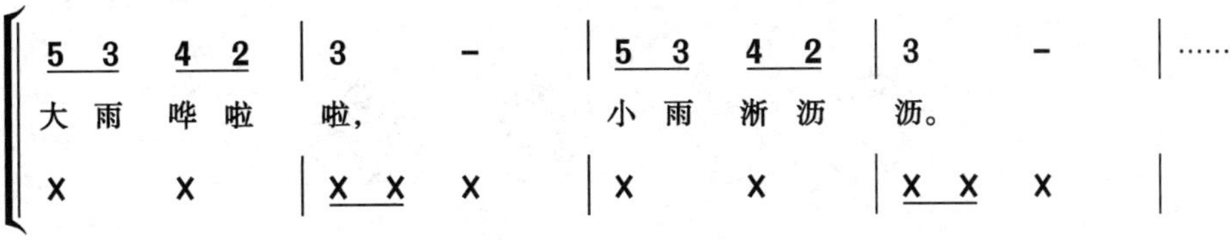
5 3 4 2 | 3 – | 5 3 4 2 | 3 – | ……
大 雨 哗 啦 啦， 小 雨 淅 沥 沥。
X X | X X X | X X | X X X |

● 双层节奏

让全体儿童以两个声部同时进行的简单身体节奏动作为歌曲伴奏。如：

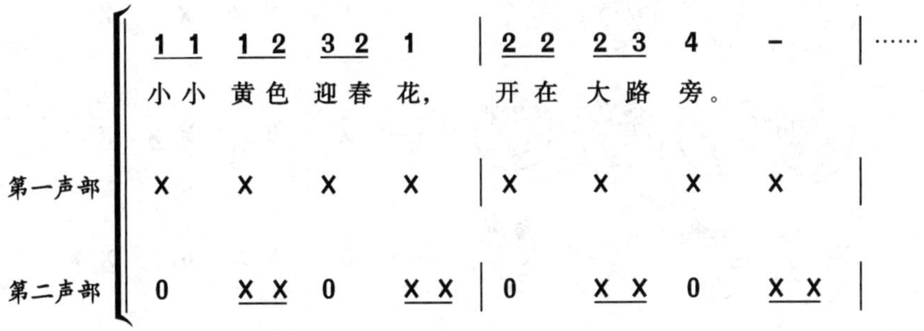
1 1 1 2 3 2 1 | 2 2 2 3 4 – | ……
小 小 黄 色 迎 春 花， 开 在 大 路 旁。
第一声部 X X X X | X X X X |
第二声部 0 X X 0 X X | 0 X X 0 X X |

● 节奏动作表演

引导儿童用身体动作的组合来表现歌曲本身的节奏，同时带有表演性地反映出歌词的内容。如：

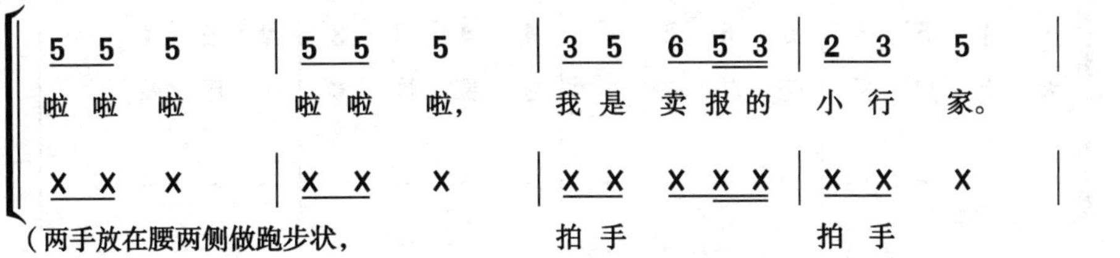
5 5 5 | 5 5 5 | 3 5 6 5 3 | 2 3 5 |
啦 啦 啦 啦 啦 啦， 我 是 卖 报 的 小 行 家。
X X X | X X X | X X X X X | X X X |
（两手放在腰两侧做跑步状， 拍 手 拍 手

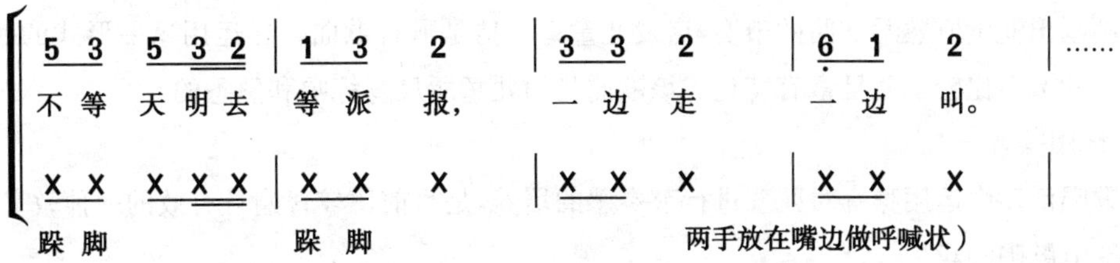
5 3 5 3 2 | 1 3 2 | 3 3 2 | 6 1 2 | ……
不 等 天 明 去 等 派 报， 一 边 走 一 边 叫。
X X X X X | X X X | X X X | X X X |
跺 脚 跺 脚 两手放在嘴边做呼喊状）

② 运用视觉材料

以视觉辅助材料(如图片等)来帮助儿童感受和表现歌曲的节奏也是十分有效的形式之一。

● 看图形做动作

教师出示图形卡片,让儿童根据图形卡片显示的节奏给熟悉的歌曲配上简单的节奏动作。如:图片

引导儿童拍出节奏××××,熟练以后,以此节奏动作为歌曲配伴奏。亦可启发儿童自由地摆放和组合图形卡片,以得到不同的节奏型,如:

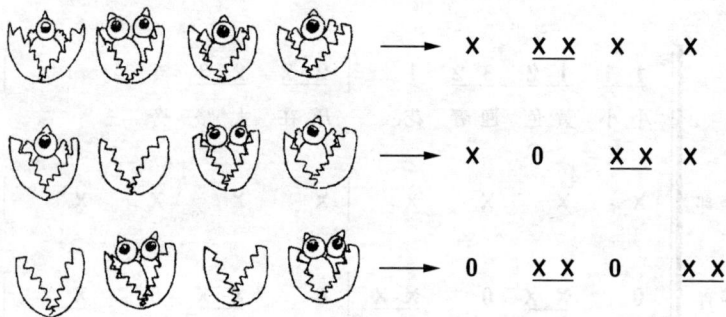

$$X \quad \underline{X \ X} \quad X \quad X$$

$$X \quad 0 \quad \underline{X \ X} \quad X$$

$$0 \quad \underline{X \ X} \quad 0 \quad \underline{X \ X}$$

● 听歌曲画节奏

教师和儿童一起边唱歌曲,边用画线段的形式将歌曲的节奏画在黑板上。开始时可以由教师来画,最后鼓励儿童边唱边画,还可以启发儿童自由地选择熟悉的歌曲,划出节奏。如:

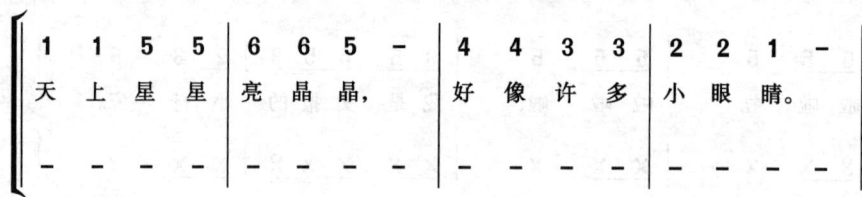

| 1 1 5 5 | 6 6 5 - | 4 4 3 3 | 2 2 1 - |
| 天 上 星 星 | 亮 晶 晶, | 好 像 许 多 | 小 眼 睛。 |

● 看节奏猜歌曲

教师画出儿童所熟悉歌曲的节奏,启发儿童猜一猜是哪首歌曲。在运用这一形式的时候,应注意歌曲的节奏比较鲜明且富有特色。该歌曲是为儿童所反复练唱和熟悉的。

③ 运用嗓音

在歌唱活动中运用嗓音对儿童进行节奏感的培养,是目前比较普遍且有效的一种教育形式。

● 音节歌唱游戏

即指在歌唱活动中,利用各种单音音节、双音音节或多音音节、象声词等填入歌曲中,替换原来的歌词,让儿童边唱边做简单的动作、游戏来培养和训练节奏感。

如：

5. 6 5 4 | 3 4 5 - | 2 3 4 - | 3 4 5 - | ……
头 发 肩 膀 膝 盖 脚， 膝 盖 脚， 膝 盖 脚，

单音音节 ⎧ 啦
⎩ 嘀
双音音节 嘀哒
多音音节 ⎧ 喵呜喵呜

● 语言节奏朗诵

用有趣、易记的字、词、句、短语或简单的儿歌，配上歌曲的节奏进行朗诵来培养儿童的节奏感。它是学前儿童比较喜欢的一种节奏练习活动。如：

### 三 轮 车

童谣歌曲
陈惠龄编配

1＝C 2/4

1 1 2. 3 | 5 5 3 | 5 5 6. 7 | i i 5 |
三 轮 车 跑 得 快， 上 面 坐 个 老 太 太，

i i 6. 5 | 3 6 5 3 2 | 1 2 3 5 6 5 | 3 2 1 ‖
要 五 毛 给 一 块 你 说 奇 怪 不 奇 怪？

还可以加上其他象声词（如：叽嘎叽嘎）的节奏来配歌曲。

④ 运用特别选择的歌曲材料

为培养、训练学前儿童的节奏感，可以有针对性地选择一些歌曲材料，以帮助他们感受某种特定的节奏。如：歌曲《小猫走小猫跑》，可以帮助儿童感受节奏的疏和密；歌曲《跑跳步与踏步》可以帮助儿童感受附点节奏的跳跃和二分音符节奏的平稳。

谱例：

### 小猫走小猫跑

汪爱丽曲
佚名 词

1＝C 4/4

5 3 5 3 | 5 5 3 - | 5. 6 5 3 | 2 3 1 - |
喵 喵 喵 喵 喵 喵 喵 我 的 小 猫 慢 慢 走。

5 3 5 3 5 5 3 | 5. 6 5 3 | 5 3 2 3 1 - ‖
喵 喵 喵 喵 喵 喵 喵 我 的 小 猫 快 呀 快 快 跑。

**跑跳步与踏步**

汪爱丽曲

1=C 4/4

```
3· 3  5· 5  3· 3  5· 5 | 4· 4  6· 6  6·  - |
(跑 跳 步                      踏步
```

```
2· 2  4· 4  2· 2  4· 4 | 3· 3  5· 5  5·  - |
跑 跳 步                      踏步
```

```
1· 1  3· 3  1· 3  1· 3 | 2· 2  4· 4  6·    3 2 |
跑 跳 步
```

```
1  1  7·  7· | 1  -  -  0 ‖
踏步)
```

⑤ 改变熟悉的歌曲材料

通过改变学前儿童已熟悉的某些歌曲的节奏或节拍,与原来的歌曲作品进行对比,以加强儿童节奏感的培养。如:

**苹　果**

选自香港教材

1=C 4/4

```
5  5  3  6 | 5  5  3  - | 1  3  5  3 | 2  2  1  - |
树 上 许 多 红 苹 果,      一 个 一 个 摘 下 来。
```

```
5  5  3  6 | 5  5  3  - | 1  3  5  3 | 2  2  1  - ‖
我 们 喜 欢 吃 苹 果,      多 吃 苹 果 身 体 好。
```

可以改变原歌曲的节拍,将 4/4 拍改成 3/4 拍,如下:

1=C 3/4

```
5  -  5 | 3  -  6 | 5  -  5 | 3  -  - |
```

```
1  -  3 | 5  -  3 | 2  -  2 | 1  -  - |
```

```
5  -  5 | 3  -  6 | 5  -  5 | 3  -  - |
```

```
1  -  3 | 5  -  3 | 2  -  2 | 1  -  - ‖
```

也可以改变原歌曲的节奏,如:

$1=\text{C} \ \frac{4}{4}$

$$\underline{5 \cdot \underline{5}} \quad \underline{3 \cdot \underline{6}} \quad \underline{5 \cdot \underline{5}} \quad 3 \ | \ \underline{1 \cdot \underline{3}} \quad \underline{5 \cdot \underline{3}} \quad \underline{2 \cdot \underline{2}} \quad 1 \ |$$

$$\underline{5 \cdot \underline{5}} \quad \underline{3 \cdot \underline{6}} \quad \underline{5 \cdot \underline{5}} \quad 3 \ | \ \underline{1 \cdot \underline{3}} \quad \underline{5 \cdot \underline{3}} \quad \underline{2 \cdot \underline{2}} \quad 1 \ \|$$

(2) 旋律感的培养。我们已经知道,在学前儿童的歌唱技能中,音准是最困难的,唱歌中走音现象时有发现。为了尽早地帮助儿童形成有关声音高低的正确概念,以促进儿童音乐感受力和表现力的发展,我们有必要在学前儿童的歌唱活动中有意识地加强旋律感的早期培养。

① 运用听觉、视觉和动觉的协同配合

在歌唱活动中,为了帮助儿童掌握歌曲的旋律,唱准音高位置,教师可以在教儿童唱歌的同时利用一定的直观教具——图片,配上手指的动作,以引导儿童把视觉、动觉上的高低与听觉上的高低一致起来,从而形成正确的旋律感。如:歌曲《闪烁的小星》,教师边指图边唱旋律,儿童边看图片边听旋律并且用手指指点星星的动作,以加强旋律感。

### 闪烁的小星

法国童谣

$1=\text{C} \ \frac{4}{4}$

$$1 \ 1 \ 5 \ 5 \ | \ 6 \ 6 \ 5 \ - \ | \ 4 \ 4 \ 3 \ 3 \ | \ 2 \ 2 \ 1 \ - \ |$$
一 闪 一 闪 亮 晶 晶, 满 天 都 是 小 星 星。

$$5 \ 5 \ 4 \ 4 \ | \ 3 \ 3 \ 2 \ - \ | \ 5 \ 5 \ 4 \ 4 \ | \ 3 \ 3 \ 2 \ - \ |$$
挂 在 天 空 放 光 明, 好 像 许 多 小 眼 睛。

$$1 \ 1 \ 5 \ 5 \ | \ 6 \ 6 \ 5 \ - \ | \ 4 \ 4 \ 3 \ 3 \ | \ 2 \ 2 \ 1 \ - \ \|$$
一 闪 一 闪 亮 晶 晶, 满 天 都 是 小 星 星。

视觉图①

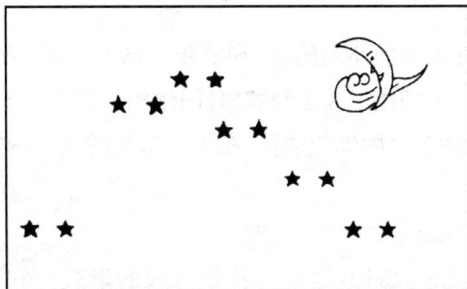

① 许卓娅:《学前儿童音乐教育》,人民教育出版社 1996 年版,第 270 页。

② 运用嗓音

● 移调歌唱

教师可以有选择地对某些歌曲作移调歌唱练习，如《学做解放军》原是 F 调的，可以试着移至 D 调来唱。同时，在移调过程中教师经常重复使用正确的描述乐音高低的术语，也能从一个侧面帮助儿童形成正确的声音高低概念。

● 唱旋律唱名

在歌唱活动中经常把唱旋律唱名作为一种有趣的音节游戏，不仅能在反复的练习中刺激儿童的听觉，以形成正确的音高概念，而且能促使儿童自觉地将唱名与所听到的歌曲旋律匹配起来，也为儿童日后的记读乐谱打下基础。

● 默唱

默唱是培养和训练儿童旋律感的一种十分有效的手段和形式。所谓默唱，即不发出声音地唱。在歌曲演唱的过程中，采用部分字、词默唱的形式，不仅能够保持儿童重复练唱的兴趣，而且有助于培养儿童的听觉表象能力，以形成正确的旋律感，同时也发展了儿童的自我控制能力。默唱游戏设计的形式可有多种：可以是有规律的一小节（或一句）唱，一小节（或一句）默唱；可以是由儿童自由选定的任意部分的默唱；也可以是按字的递增（或递减）方式进行默唱。如歌曲《小花狗》[①]：

### 小 花 狗

选自《欧美童谣》
佚 名填词

（注：括号中的部分为默唱）

（3）结构感的培养。所谓结构感的培养，是指在歌曲演唱的同时，帮助学前儿童理解乐句、乐段的起、止、过程、重复和变化，以及歌曲的主要部分和附加部分，以初步形成曲式结构的概念。

① 运用身体动作

在歌唱活动中，为了更好地帮助儿童感知、理解乐句的开始和结束，可以适当采用身体动作参与的方法，一个乐句完成一个动作。如感知歌曲《闪烁的小星》的乐句结构时，可以让儿童自由地在每个乐句开始的第一拍做星星闪烁的动作，在每个乐句的最后一拍做动作停格，依此身体动作来感知四个乐句的结构。

② 运用嗓音

运用嗓音表现歌曲中的乐句结构，也是一种很有效的形式。它可以采用对唱或接唱的方

① 许卓娅：《学前儿童音乐教育》，人民教育出版社 1996 年版，第 274 页。

法,通过分句演唱来培养乐句感,既可以是教师与全体儿童的轮流或对答,可以是儿童与儿童之间的轮流或对答;也可以采用默唱的方法,有规律地分句默唱;还可以采用节奏插句的方法,即在一个乐句与另一个乐句之间插上有趣的节奏语言,以体会不同的乐句。如歌曲《大雨小雨》:

| **5  3**  **4  2** | **3**  —  | (**X  X**  **X**  | **X  X**  **X**) | |
|---|---|---|---|---|
| 大 雨 哗 啦 啦, | | 哗 啦 啦 | 哗 啦 啦, | |

| **5  3**  **4  2** | **3**  —  | (**X  X**  **X**  | **X  X**  **X**) | …… |
|---|---|---|---|---|
| 小 雨 淅 沥 沥, | | 淅 沥 沥 | 淅 沥 沥 | |

（4）音色感的培养

① 运用视觉

在歌唱活动中,利用视觉表象与听觉表象的相互类比,可以帮助儿童体会用恰当的音色来表现特定的歌曲材料。如:画一只大狗熊,儿童会运用类比思维想象歌曲的音色可能是粗粗的、厚厚的、重重的;画上一只小蝴蝶,则会想象成比较轻快、细柔的声音等。

② 运用嗓音

用嗓音加强音色的表现是比较直接有效的一种方法。如歌曲《我爱我的小动物》,在演唱不同小动物的叫声时,应该用不同的音色处理:小狗的叫声是有力的;小猫的叫声是柔和的;小牛的叫声是沉闷的;小鸡的叫声是细细的;小猪的叫声则是粗粗的,等等。通过嗓音的模仿来表现各种常见的不同音色,更有利于对歌曲情感的表达。

（5）速度感和力度感的培养。速度和力度是歌曲表现的重要因素之一。培养学前儿童的速度感和力度感,可以结合歌曲作品的内容、形象和情感等特征来进行。

① 运用视觉

教师可以向儿童出示较直观的视觉图,使儿童将图与歌曲材料相匹配,从而选择恰当的速度和力度来表现歌曲。如在处理歌曲《学做解放军》和《摇篮曲》时,教师可以出示两幅图(如图 5-1、图 5-2),询问儿童:哪根线画的是快快地唱? 哪根线画的是慢慢地唱? 哪首歌曲要快快地唱?哪首歌曲要慢慢地唱? 大锤子重重的,很有力,哪首歌曲要唱得有力? 小鸟轻轻的、柔柔的,哪首歌可以唱得轻柔一点?

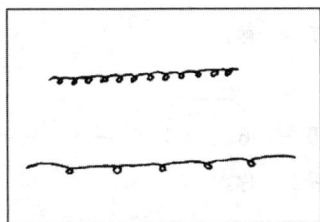

图 5-1

图 5-2

② 选择特定的歌曲材料

教师可以有针对性地专门选择一些在力度、速度上有明显对比的歌曲作品，通过前后的比较，帮助儿童进一步感知和理解。如：歌曲《小燕子》，第一、三段可唱得稍慢、轻柔些，第二段表现小燕子辛勤的劳动，可唱得稍快、跳跃些；再如，同样的曲调若配上不同的歌词，则可作对比性的使用。取材于欧洲童谣的曲调：

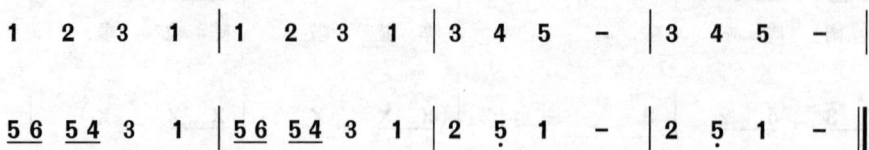

上面的曲子如果填上《两只老虎》的歌词，则可以用轻快的歌声来演唱；而填上《打倒列强》的歌词，必须采用坚定有力的歌声来演唱。

## 小 燕 子

佚 名词

汪 玲曲

1=C 3/4

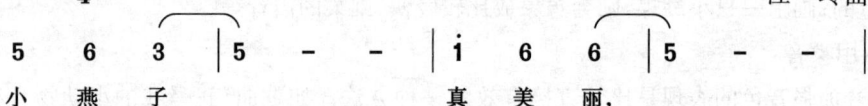

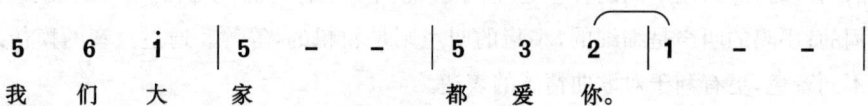

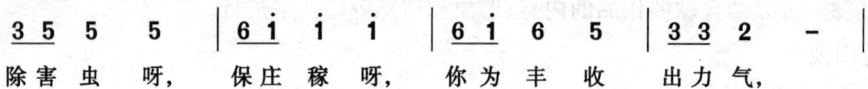

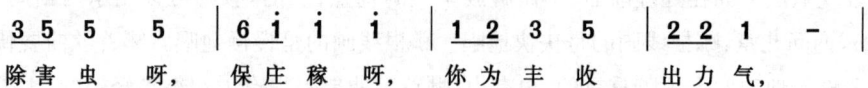

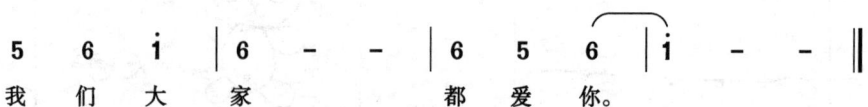

2. 歌唱活动中创造能力的培养

在歌唱活动中,教师要有意识地在引导儿童歌唱的同时为他们提供有利于创造性培养的活动和机会,以发展儿童的创造性。其活动形式一般有以下几种。

(1)创编动作。为歌曲创编动作,是创造性歌唱活动中最常见的一种形式。对于结构简单、工整,歌词内容富有动作性的歌曲,可以引导儿童展开一定的想象,为歌曲编出生动形象而有趣的表演性动作。如歌曲《小花狗》,歌词浅显、生动,对动作有很强的暗示性,小班或中班幼儿能根据歌词内容编出简单的表演动作——两手放在头上做小狗耳朵,依歌曲节奏招手;蹲在小椅子边,拍手;两手放在嘴边,做啃肉骨头的动作,等等。

小 花 狗

1=C 2/4

育 苗词曲

```
3 3  2 3 | 1   X X | 3 2  3 6 | 5   X X |
一只 小花 狗,(汪汪) 蹲在 大门 口,(汪汪)

6 6  5 3 | 2   X X | 5 5  2 3 | 1   X X | X X. ‖
两眼 黑油 油,(汪汪) 想吃 肉骨 头,(汪汪) 汪汪。
```

还有一类歌曲,歌词中既有具体的动作描写,又有较抽象的情感体验内容。如歌曲《泥娃娃》,这类歌曲对动作创编的要求比较高,一般中大班的幼儿可以在教师的帮助下完成创编。

泥 娃 娃

1=♭E 2/4

选自台湾教材

```
3 6  6 | 3 7  7 | 6·6 6 5 | 3  - |
泥娃 娃  泥娃 娃, 一 个泥娃 娃。

3 6 5 3 2 | 1 3 2 1 7 | 6·6 5 4 | 3  - |
也有那眉毛, 也有那眼睛, 眼 睛不会 眨。

3 6  6 | 3 7  7 | 6·6 6 5 | 3  - |
泥娃 娃  泥娃 娃, 一 个泥娃 娃。

3 6 5 3 2 | 1 3 2 1 7 | 3·3 1 7 | 6· |
也有那鼻子, 也有那嘴巴, 嘴 巴不说 话。
```

| 6̣ 1 1 | 1 7̣ 6̣ 7̣ | 6̣ 2 2 | 4 3 2 3 |
|---|---|---|---|
| 它 是 个 | 假 娃 娃， | 不 是 个 | 真 娃 娃。 |

| 0 1 1 2 | 3 6 5 3 2 | 1 3 2 1 6̣ | 7̣ － |
|---|---|---|---|
| 它 没 有 | 亲 爱 的 爸 爸， | 也 没 有 妈 | 妈。 |

| 3̣ 6̣ 6̣ | 3̣ 7̣ 7̣ | 6̣ 6̣ 6̣ 5̣ | 3 － |
|---|---|---|---|
| 泥 娃 娃 | 泥 娃 娃， | 一 个 泥 娃 | 娃。 |

| 3 6 5 3 2 | 1 3 2 1 7̣ | 3· 3 1 7̣ | 6̣ － |
|---|---|---|---|
| 我 做 它 爸 爸， | 我 做 它 妈 妈， | 永 远 爱 着 | 它。 |

这首歌曲中，教师可重点启发儿童怎样用动作来表现"我做它爸爸，我做它妈妈，永远爱着它"以及"它是个假娃娃，不是个真娃娃"等。

除了为歌曲创编配合歌词的表演性动作以外，还可以进行另外一种形式的创编，即为歌曲创编表演性的节奏动作。如：

### 杀鸡宰鸭

1=♭E（或F） 4/4

印度尼西亚童谣

| 5̣ 5̣ 1 1 1 1 | 7̣ 1 2 7̣ 1 1 | 5̣ 5̣ 1 2 3 3 |
|---|---|---|
| 我 们 杀 鸡 宰 鸭 | 煮 在 锅 里 呀， | 朋 友 们 快 来 呀 |

| 2 3 4 2 3 3 | 4 6 4 2 4 4 | 3 5 3 1 3 |
|---|---|---|
| 快 来 唱 呀 跳 呀。 | 跳 到 那 东 来 又 | 跳 到 那 西 呀， |

| 2 3 4 2 7̣ 5̣ 6̣ 7̣ | 1 3 5 0 | 4 6 4 2 4 4 |
|---|---|---|
| 啦 啦 啦 啦 啦 啦 啦 啦 | 啦 啦 啦。 | 跳 到 那 东 来 又 |

| 3 5 3 1 3 | 2 3 4 2 7̣ 5̣ 6̣ 7̣ | 1 3 1 0 |
|---|---|---|
| 跳 到 那 西 呀， | 啦 啦 啦 啦 啦 啦 啦 啦 啦 | 啦 啦。 |

无论进行哪种形式的动作创编，教师都应注意启发儿童的生活经验，引导儿童多观察周围生活，积累一定的动作语汇。在创编过程中，教师还可以将歌曲适当分段、分句或放慢歌唱速度等，等儿童熟练掌握动作以后再把歌曲完整而连贯地表现出来，或恢复到原有的歌曲速度。

（2）创编歌词。在儿童自发性的歌唱活动中，我们有时会发现：儿童常常喜欢重复地演唱某些歌曲中他们认为特别有趣的部分，或将某些滑稽而新奇有趣的词填到歌曲中取代原有的歌词。其实，这正是儿童创编歌词活动的来源。在这种自发性的"创造"活动中，儿童会不厌其烦地重复自己的"创作",长久地沉浸在"自我创作"的歌曲中,表现出极大的快乐和满足。由此,在学前儿童的歌唱活动中,利用"创编歌词"的活动来培养儿童的创造性,已成为一种较普遍的活动形式。在歌词的创编活动中,儿童歌唱的积极性和主动性大大增强,能充分地体验和享受到自我表达的乐趣;同时,它对儿童的音乐认识能力以及创造意识和能力的培养也大有益处。

学前儿童的歌词创编基本上是一种替换词的形式。歌曲多为简单而多重复的歌曲,歌词一般为儿童所熟悉和理解,且较易记忆和替换。但是,不同年龄段儿童的歌词创编活动存在一定的差异:一般为小班儿童所选的歌曲应富于较强的形象性,每段歌词中往往只含一种形象,而且词句中有较多有规律的重复,较便于儿童记忆。创编时,只要求儿童改变个别歌词,用新词替换原歌曲中的相应歌词,如歌曲《小鸡在哪里》:

## 小鸡在哪里

1=C 2/4

佚 名词曲

```
1  1 | 3  3 | 2  2 | 1 - | 3  3 | 5  5 | 4  4 | 3 - |
小 鸡   小 鸡   在 哪   里?   叽 叽   叽 叽   在 这   里。

6  6 | 5  3 | 4  5 | 3 - | 6  6 | 5  3 | 2  2 | 1 - ‖
小 鸡   小 鸡   在 哪   里?   叽 叽   叽 叽   在 这   里。
```

(注:画～～部分为要替换和创编的歌词,下同。)

## 雪花和春雨

1=C (D或♭E) 2/4

佚 名词曲

```
1   1 2 | 3 3  3 4 | 5 5  6 6 | 5  - | 5 4  3 |
mp 是 谁  敲 着  窗 户  沙沙 沙沙 沙?    是 我
mf 是 谁  敲 着  窗 户  嘀嗒 嘀嘀 嗒?    是 我

4 3  2 | 4 4  4 2 | 3  - | 1  1 2 | 3 3  3 4 |
是 我  我是 小雪 花。   我 从  天 空  中
是 我  我是 春雨 呀。   我 从  天 空  中

5   6 5 | 3  - | 5 4  3 | 4 3  2 | 3 3  2 2 | 1 - ‖
飘  下 来   告诉 你   告诉 他  冬天 来到 了!
飘  下 来   告诉 你   告诉 他  春天 来到 了!
```

在为中、大班儿童选择歌词创编的歌曲时,可以适当增加歌曲中需替换和改变的成分,同时歌词的表现可以由具体的形象性向较抽象的情感性表现过渡。如歌曲《雪花和雨滴》,可以从启发儿童爱春天、夏天、秋天、冬天的情感入手,在丰富儿童相应的生活经验、语言经验的基础上进行创编活动。

在歌词创编活动中,教师还应注意以下几点:第一,为创编活动作好知识和语言上的充分准备。第二,在歌词的创编中自然地引起表情因素:如歌曲《再见吧,冬天》,可以引导大班儿童用各种不同的感情和音色表情来创编歌词,用讨厌的语气和表情来唱冬天里不受欢迎的事情;用依依不舍的语气和表情唱冬天里令人留恋的事情;用兴奋快乐的语气和表情唱冬天里令人高兴的事情等。第三,注意控制创编活动的时间长度及集体练习的密度,创编活动的时间不宜过长,以考虑儿童的兴趣和参与活动的积极性为主,不能使儿童感到厌烦和疲劳。第四,无论是单段体还是多段体的歌曲,用于歌词创编的一般只学一段歌词,其余部分则引导儿童进行歌词的创编。

## 第二节 韵 律 活 动

所谓韵律活动是指在音乐的伴奏下以协调性的身体动作来表现音乐的活动。德国著名的音乐教育家奥尔夫说过,音乐教育应开始于动作。确实,在学前儿童的音乐活动中,身体动作和音乐往往是密不可分的,动作是儿童表达和再现音乐的一种最直接而自然的手段。韵律活动既能够满足儿童对音乐的参与、探究的需要,获得表现和交流的快乐体验,更能够促进儿童身体运动能力和协调性的发展以及音乐感受力、表现力和创造力的培养。因此,学前儿童韵律活动能力的发展有一个渐进的过程,体现出一定的年龄阶段特点。

### 一、学前儿童韵律活动能力的发展

#### (一) 0—3 岁儿童韵律活动能力的发展

动作是婴儿对生活的第一个反应。早在儿童出生之前就开始了动作,而婴儿期更是动作迅速发展的时期。婴儿期动作的发展是一个从整体到具体、从粗糙到精细的过程。3 岁前儿童的身体动作是从未分化的不随意阶段逐步向初步分化的随意阶段发展的:孩子从出生到 6 个月期间,不仅能够对声音作出反应,而且还会用动作寻找声源。当我们在婴儿的摇篮边摇响拨浪鼓,微风吹动窗前的风铃发出"嘀铃铃"声时,可以看到婴儿会高兴得扭动身体、手舞足蹈,甚至用他们的手或脚去碰击能发出动听声音的玩具,但这些动作只是婴儿一种本能的反应,是全身性的,比较笼统、粗糙的。随着年龄的增长,逐步分化为局部的、比较准确的动作。一般说来,2 岁左右的儿童能自如地行走、爬、滑、滚、拍、推、拉等,在此基础上还能做一些较细小的动作,如敲小鼓的动作、用嘴吹的动作等。到 3 岁左右,大多数儿童基本掌握了拍手、点头、摇头、晃动手臂、用手拍击身体部位等非移位动作,并能伴随着节奏鲜明的音乐自发地点头、跳跃、转圈、摇摆等。

虽然 6 个月左右的孩子能对音乐作出主动的反应,晃动身体或是转头,但这些身体运动还不是由节奏性的音乐而引起的,只是对纯音响作出的反应。到 1 岁半左右,婴儿才会对比较鲜明的节奏作出相应的动作反应。这种对刺激反应的明显进步,表现在不同类型的身体动作显著增加、试图使自己的动作与音乐节奏相协调、有与成人一起舞蹈的意向等。3 岁左右的儿童,其随乐动作能力有了较大的发展,他们一般能较好地跟随音乐控制自己的动作。此外,随着动作与音乐协调能力的逐渐提高,这一年龄阶段儿童的节奏能力也随之逐步发展起来,表现在对能发出好听声音的玩具乐器产生一定的兴趣,会有意识地去敲击、演奏。虽然这些动作多是偶然的、零碎的,但它为儿童以后的乐器学习和节奏能力的发展打下了一个良好的基础。

### (二) 3—4 岁儿童韵律活动能力的发展

3 岁以后,儿童的动作逐步进入了初步分化的阶段。大多数儿童都能自如地运用手、臂、躯干做各种单纯动作,如拍手、摆臂、跺脚等,但由于受神经系统协调性发展的局限,其平衡及自控能力还较差,特别是腿部力量较弱,脚掌缺乏一定的弹性,身体左右摇摆比较大,所以对幅度较大的上肢动作易于掌握,对下肢肌肉力量及弹性要求不是太高的单纯的移动动作如小跑步、小碎步等较易掌握,而对跳跃动作及上、下肢联合的复合动作掌握起来还有一定的困难。

随着儿童发展中动作分化的逐步精细,其动作的协调程度以及对动作的速度、幅度等表现能力会逐步发展起来,并显出一定的可塑性。美国的吉尔伯特曾在 1981 年做过一项研究,发现儿童最基本的动作形式出现在 5 岁之前,5 岁以后一般仅仅是技能的稳定。从这项研究成果中,我们至少可以得出这样的启示:帮助儿童开发必需的动作表现技能和能力,是学前儿童音乐实践活动的一个重要部分。

这一年龄阶段的儿童与婴儿相比,利用动作来表现音乐的体验更丰富了,他们基本学会了流畅地、准确地随音乐动作。由于认知能力以及肌肉控制能力的进一步发展,他们的动作认知进入了一个新的发展阶段。这表现在其动作的协调性(指动作与音乐相协调一致)也逐步发展起来。3 岁初期,儿童听到喜爱或熟悉的音乐时,往往会自发地跟着音乐踏脚、拍手,但这种身体动作并不能做到完全合拍。因此,成人只能相应地选择适宜的音乐速度以适应儿童的动作。随着儿童音乐活动机会的增多,特别是经过幼儿园良好的教育,儿童会逐步发展到根据音乐的特点努力使自己的动作与音乐节奏相一致,使动作的速率逐步变得均匀,但这种均匀性往往又表现出不稳定的特点,很难在长时间里保持。

3—4 岁儿童在韵律活动中的动作表现往往是以自我为中心的,他们还不善于运用动作与同伴配合、交流、共享。但他们在动作的创造性表现方面有了初步的意识和发展。他们能根据音乐性质的变化,用相应的动作来表达自己的感觉:如音乐速度快,则动作加快;音乐连贯、平衡,则动作缓慢、平稳。同时,他们还能用自己想出来的动作来模仿、表现日常生活中所熟悉的具体事物,如动物、植物、交通工具等,用动作来表现自己的情感体验。

### (三) 4—5 岁儿童韵律活动能力的发展

这一年龄阶段儿童动作发展有了明显的进步,身体大动作及手臂动作得到了很好的发展,且走、跑、跳的下肢动作也逐步得到提高,能够比较自由地做一些连续的移动动作:如跳步、垫步等,而且平衡能力及动作的控制能力有所加强,对于上下肢联合的复合动作也逐步地发展起来了。

在发展复合动作的同时,4—5岁儿童动作的协调性也有了进一步的提高。这不仅表现在能够合拍地跟着音乐节奏做动作(2/4 或 4/4 拍),而且与音乐相协调的动作显得更为自如,不再似以前显得紧张、僵硬,其节奏的均匀性、稳定性也更加明显。同时,儿童还能够在同一首音乐的转换处以不同的动作节奏加以表现。

在动作表达的过程中,这一年龄阶段儿童开始注意运用动作与同伴进行合作、交流。例如在集体的韵律活动中,他们会自己寻找一块比较空的位置,不与别人碰撞而共享空间;会主动地去邀请同伴共舞;还会与同伴合作表演动作(如两个孩子一起表现袋鼠妈妈和小袋鼠相亲相爱的动作等)。在创造性表现方面,随着儿童认知能力的发展,情感的逐步丰富和深化及动作语汇和动作表达经验的不断积累,他们开始尝试用一些基本的舞蹈语汇来进行简单的创编。虽然这种创编需要教师较大程度的提示和整理,但是,儿童主动创编的意识和积极调动并运用已有经验的能力明显地得到了肯定和发展。

### (四) 5—6 岁儿童韵律活动能力的发展

5—6岁儿童的动作进一步分化且更精细:从身体、躯干动作→手臂→手腕→手指动作,且动作的自控能力更强。他们可以自如地变化上、下肢动作的速度及幅度,并且能够做更复杂的上、下肢配合的联合动作:如采茶的动作,需要同时协调配合手臂、手指、头部、眼睛、腰部及脚的动作;可以掌握更为复杂的连续移动动作:如秧歌十字步、踵趾小跑步、跑马步等;可以做有腾空过程的简单动作,保持重心及平衡的能力有进一步的提高。

在韵律活动中,随乐性水平有了更明显的提高。这不仅表现在能够自如地、熟练地表现音乐的节奏、节拍,而且能对比较复杂的节奏做出反应,如附点节奏及切分节奏、3 拍子的节奏等。另外,用较灵敏的动作反映音乐的速度和力度变化的能力也有所提高。

5—6岁儿童在韵律活动中的合作协调意识越来越明确,合作协调的技能也越来越强,并开始主动追求与同伴一起参与韵律活动的快乐。他们能够用动作、表情和眼神学会与同伴交流、合作,同时更多地发挥出自身用动作语汇创造性表现音乐的积极性。同样的音乐、同样的主题内容,他们会努力地用已有的表达经验创造尽可能与别人不同的动作。

总之,学前儿童韵律活动能力的发展受生理器官和心理过程相互作用的影响,并且对于每一个发展个体而言,体现出较大的层次类别和表现差异。这提示我们:针对不同年龄层次、不同发展水平、不同个性差异的儿童进行循序渐进的引导和教育,可以更好地帮助儿童逐步积累一定的艺术动作语汇,使他们体会并享受用基本的动作语汇进行自我表达的乐趣。

## 二、幼儿园韵律活动的要素和实例分析

### (一) 幼儿园韵律活动的基本类型

幼儿园的韵律活动,一般包括律动及其组合、舞蹈和音乐游戏三种类型。

1. 律动及其组合

(1)律动。律动是指在音乐伴奏下的韵律动作。它可以分为基本动作、模仿动作和舞蹈动作

三种。

① 基本动作

所谓基本动作,是指儿童在反射动作的基础上发展起来的日常生活动作。如:走、跑、跳、拍手、点头、屈膝、晃手等。

② 模仿动作

所谓模仿动作,是指儿童模仿特定事物的外在形态和运动状况所做的身体动作。大致有以下几方面的内容:动物的动作——鸟飞、兔跳、鱼游等;自然界的现象——花开、风吹、下雨等;日常生活的动作——洗脸、梳头、照镜子等;成人劳动或活动的动作——摘果子、锄地、骑马、打枪等;儿童游戏中的动作——跷跷板、拍皮球等。

③ 舞蹈动作

所谓舞蹈动作,是指经过多年文化积淀、已经基本程式化的艺术表演性动作。学前儿童要学习和掌握的舞蹈动作,主要是一些基本舞步。如小班儿童要掌握碎步、小跑步;中班儿童在此基础上要基本掌握蹦跳步、垫步、侧点步、踵趾小跑步、踏点步、踏踢步;大班儿童要掌握进退步、交替步、溜冰步、跑跳步、跑马步、秧歌十字步等。除此之外,舞蹈动作还包括一些简单的手和臂的动作。如中班儿童要学习、掌握"手腕转动";大班儿童则学习基本的"提压腕",而手臂的动作主要是平举、上下摆、弯曲和划圈。

(2) 律动组合。律动组合是指按照一首结构相对完整的乐曲组织起来的韵律动作组合。一般可以分为身体节奏动作组合、模仿动作组合及舞蹈动作组合三种。

① 身体节奏动作组合

这是指最基本的身体动作的组合。如:击掌、跺脚、拍腿、捻指等身体动作组合,其动作本身没有特别的意义,注重的是动作的节奏性。

② 模仿动作组合

这是指以模仿动作为主的韵律动作组合。如:小树苗睡着→醒来→生长成大树→开花、结果……既注重模仿动作的组织结构,更注重对模仿对象的表现。

③ 舞蹈动作组合

这是指以舞蹈动作为主的韵律动作组合。它比较注重动作的组织结构,可以有表现简单情节的表演舞组合,也可有结构较自由、松散的自娱舞组合和以队形变化、舞伴间交流为主的集体舞组合。

2. 舞蹈及其表现形式

舞蹈是动作的艺术。它是以经过提炼加工的人体动作作为主要表现手段,运用舞蹈语言、节奏、表情和构图等多种基本要素,塑造舞蹈形象、表达人们思想感情的一种表演艺术。在学前阶段,儿童舞蹈的表现形式主要有以下几种:

(1) 集体舞。集体舞是有许多儿童一起参加的、有一定的队形和动作规定并可交换舞伴的一种舞蹈形式。它是有利于儿童交流和分享音乐感受的一种很好的形式,如《找朋友》。

(2) 邀请舞。它是集体舞的一种变形,是儿童比较喜欢的一种舞蹈形式。通常有一部分儿童作为邀请者,与被邀请者跳完一遍以后,可以互换角色继续跳舞。如《猜拳游戏舞》。

(3) 双人舞。它是指两个人相互配合的一种舞蹈形式(也包括 3 个人或 3 个人以上的组合形式),如《小世界》。

(4) 表演舞。它是一种带有表演性质的舞蹈形式,可以在一般歌曲表演或舞蹈动作组合的基础上加工而成。一般限定舞蹈者人数,还可以适当采用一些舞蹈道具等辅助材料,通常在节日活动或文艺演出活动中被采用。

### 找 朋 友

1=C 2/4

佚 名词曲

| 5 6 | 5 6 | 5 6 | 5 | 5 i | 7 6 | 5 5 | 3 |
|---|---|---|---|---|---|---|---|
| 找呀 | 找呀 | 找呀 | 找 | 找到 | 一个 | 好朋 | 友 |

| 5 5 | 3 3 | 5 5 | 3 3 | 2 5 | 3 2 | 1 1 | 1 | X | X |
|---|---|---|---|---|---|---|---|---|---|
| 敬个 | 礼呀 | 握握 | 手呀 | 你是 | 我的 | 好朋 | 友 | 再 | 见! |

跳法提示:

在音乐声中,按四分音符的节奏走路,并根据歌词的内容做手的动作。当唱到"找到一个好朋友"时,必须找到一个朋友(任意一个)站定并做动作。唱完"再见"后可离开,重新寻找新的朋友。

### 猜 拳 游 戏 舞

1=C 2/4 稍快地

王履三编曲

| (1) | | (3) | | (5) | |
|---|---|---|---|---|---|
| 5.5 5 6 | 5.4 3 4 | 5 5 i 7 6 | 5 - | 5. i i 5 | |

| | (7) | | (9) | | |
|---|---|---|---|---|---|
| 3.5 5 1 | 2 2 4 3 2 | 1 - | :‖ X | X | X 0 ‖ |

跳法提示:

全班幼儿站成圆圈,面向圆心拍手。请几名幼儿在圈内作邀请者。第一遍音乐:(1)—(8)小节:邀请者在圈中边拍手边做跑跳步前进。到(8)小节时,邀请者站在圈上任何两个幼儿面前,这两个幼儿便是被邀请者。第二遍音乐:(1)小节:邀请者与被邀请者左手叉腰,右脚跟在右前方点地,同时右手向右前方摊开做邀请状;(2)小节:右手和右脚还原;(3)—(4)小节:动作同(1)—(2)小节,方向相反;(5)—(8)小节:三个幼儿手拉手成圆圈,依逆时针方向做跑跳步;(9)—(10)小节:三个幼儿猜拳(手心或手背),如有一幼儿不同,则出去做邀请者,如都相同,则原邀请者仍做邀请者。

## 小 世 界①

1=C 4/4
(美)舍 曼曲

（一）

3 4 | 5 5̇ 3 i 2̇i | i i 7 7 2̇3 | 4 2̇ 7 1̇7 | 6 5 5 3 4 |

0 | X X X 0 | X X X 0 | X X X 0 | X X X 0 |

5 1̇2̇3 2̇1 | 6 2̇3̇4 3̇2̇ | 5 4̇ 3 2̇ | i̇ - - - |

X X X 0 | X X X 0 | X X X X | X X X 0 |

（二）

i̇. i̇ 3̇ i̇ | 2̇. 2̇ 2̇ - | 2̇. 2̇ 4̇ 2̇ | 3̇. 3̇ 3̇ - |

3̇. 3̇ 5̇ 3̇ | 4̇. 4̇ 4̇ 3̇2̇ | 5̇ - 7 - | i̇ - - - ‖

跳法提示：

两人一组，面对面。第一部分音乐，单数小节甲按节奏轻轻碰乙三下（可用任何方式，碰任何地方，各组可不相同）；双数小节乙用与甲相同的方式碰甲三下。第二部分音乐，两人手拉手做各种即兴的自由舞蹈。

（5）独舞。它是指1个人独立进行的一种舞蹈形式。即使是许多幼儿一起表演，也是各自单独地跳，相互间没有任何协作和交流。

（6）自编舞（自娱舞）。它是儿童在掌握基本舞步和动作的基础上，根据音乐的性质、情绪创造性地自编舞蹈动作，自娱自乐式的一种舞蹈形式。

3. 音乐游戏及其种类

音乐游戏是在音乐伴随下进行的游戏活动。它是一种比较特殊的韵律活动，其特殊性主要表现在游戏和音乐的相互关系上。在音乐游戏中，音乐和游戏是相互促进、相辅相成的。音乐指挥、促进和制约着游戏活动，而游戏动作又能帮助儿童更具体、形象地感受和理解音乐，获得一定的情绪情感体验。因此，音乐游戏是深受儿童喜欢的一种音乐活动。

音乐游戏是一种有规则的游戏，同时也是以发展学前儿童的音乐能力为目标的一种游戏活动。它具有突出的教育作用，集中体现了音乐的艺术性、技能性与儿童的年龄特点和发展水平之间的对立统一。它把丰富的教育要求以生动有趣的游戏形式表现出来，使孩子们在乐此不疲的游戏和玩耍中既掌握了一定的音乐知识和技能，也在不知不觉中渗透了品德教育和审美教育。同时，在愉快而自由的游戏活动中，儿童还获得了更多的积极情绪情感的享受和体验，进一步促

---

① 许卓娅主编：《幼儿园音乐教育活动》，人民教育出版社 1995 年版，第 307 页。

进了儿童对音乐活动的稳定兴趣及积极、主动个性的形成。

音乐游戏是多种多样的,分类方式也各不相同。根据目前幼儿园音乐游戏活动的实践,可以大致作以下归类:

(1)从游戏的内容和主题来分。从游戏的内容和主题来分,可以分为有主题的音乐游戏和无主题的音乐游戏两类。

① 有主题的音乐游戏

这一类音乐游戏一般有一定的内容或情节的构思,有一定的角色。儿童在音乐游戏中根据游戏中的角色模仿一定的形象,完成一定的动作。如《小猫敲门》的游戏,可以由教师和儿童分别扮演"小猫"和"老鼠"的角色,根据游戏中的情节内容,模仿小猫轻轻地走路和躲藏、猫叫以及老鼠机灵害怕等动作,按照游戏中的情节提示进行游戏。

小 猫 敲 门

陈镒康词
潘振声曲

玩法:前奏,小老鼠到处窜来窜去偷东西吃。

1—2 小节:猫作敲门状。

3—4 小节:小老鼠右手放在耳边倾听敲门声。

5—6 小节:猫用力敲门。

7—8 小节:猫很神气地用手拍胸脯。

9—12 小节:老鼠轻声地问,猫司令很神气地回答。

13—20 小节:小老鼠东窜西窜,边跑边喊"救命",猫司令大叫一声"喵呜",向老鼠猛扑过去。

第二遍音乐：猫捉老鼠，老鼠可蹲下躲避。

规则：

1. 猫司令在最后一句"喵呜！"后才能向老鼠扑去，老鼠才能逃走。

2. 被捉住的老鼠停止一次游戏。

② 无主题的音乐游戏

这类游戏一般没有一定的情节构思，只是随音乐做动作，相当于律动或律动组合，但这种动作带有一定的游戏性，即含有游戏的规则。如《抢位子》的游戏，儿童只是随着乐曲声自由地做各种动作，但是当音乐一停，必须抢坐一个位子，这便是游戏的规则。

**实例2**：小班活动《爬呀爬》[①]

活动目标：

在游戏中加深对身体的认识，尝试运用身体各部位进行游戏，并体验活动的快乐。

活动准备：音带等。

活动过程：

（一）引出主题

导入活动，引起兴趣。（教师用手在部分幼儿身上做爬的动作）让幼儿猜测并感受教师与幼儿间交流的亲近与舒适。

师提问："你们知道老师的小手是在干什么呀？"

小结："对啊，我的小手在爬呀爬，一会爬到××身上，一会又爬到××身上。真有意思呀！"

（二）会爬的小手

1. 欣赏音乐，熟悉音乐旋律。

师提问：小手爬到了什么地方呀？

2. 再次欣赏音乐，结合老师的表演，感受旋律的上行与下行。

3. 幼儿初步尝试进行表演。

一拍一拍地边唱边做相应的动作。

（三）尝试简单的创编

1. 启发幼儿学着创编其他的动作起点和终点。

师：我们还能让小手爬到身上的其他地方去玩玩吗？

2. 个别幼儿尝试把想到的地方唱到歌曲里，边唱边表演。

师：你想让小手往上、往下爬到身体的什么地方去呀？

（四）延伸活动——激发幼儿想象并大胆用动作表现

师：可爱的小动物也想出来爬爬玩玩。你们欢迎吗？

小猴子蹦蹦跳跳地出来了，小猴子会爬到什么地方去呀？

小乌龟慢悠悠地爬，我们再和小乌龟一起去玩玩吧！

---

[①] 此活动设计由上海市音乐幼儿园李郡提供。

（2）从游戏的形式来分。从游戏的形式来分，可以分为歌舞游戏、表演游戏和听辨反应游戏。

① 歌舞游戏

这类游戏一般是在歌曲的基础上产生的，即按照歌词、节奏、乐句和乐段的结构做动作并进行游戏。游戏的规则通常定在歌曲的结束处。这类游戏与有主题的游戏有所不同，它可以有较明显的游戏主题、内容，也可以没有专门表现情节和角色的音乐，相对地比较侧重于儿童的创造性动作表现。如歌曲《袋鼠》设计成音乐游戏，主要侧重于引导儿童表现袋鼠妈妈和小袋鼠怎样相亲相爱，可以启发儿童做不同的动作来表现。再如《猫捉老鼠》的游戏，儿童在熟悉并学会演唱歌曲的基础上，可以根据歌词的词意自由做表演动作，分别扮演大猫和老鼠，当唱完歌曲的最后一个音后，扮演大猫的儿童才可去抓"老鼠"。

② 表演游戏

这类游戏是按专门设计、组织的不同音乐来做动作或变化动作而进行的游戏。从游戏内容上看，一般有一定的情节和角色；从游戏形式上看，带有较强的表演性。如音乐游戏《熊与石头人》，整个音乐由三部分组成——主题歌曲、"熊走"的音乐和"小朋友跳舞"的音乐。在玩此游戏时，儿童根据音乐所展示的情节和内容进行表演：第一部分，由儿童边唱歌曲边按词意用动作自由表演；第二部分，由扮演"熊"这一角色的儿童（或教师）按音乐节奏走出来，而扮演小朋友的儿童则自由摆放造型，但不能动，一"动"就被"熊"发现（"吃掉"），必须退出游戏；第三部分，舞曲音乐响起，未被"熊"发现的小朋友自由地随音乐跳舞。游戏依此反复进行。在这种表演游戏的进行过程中，有时教师为了突出儿童的表演动作与音乐性质、节奏和结构的一致，可以灵活随机地改变音乐的顺序，如小朋友正在跳舞的时候，突然插入"熊走来"的音乐等，以增加儿童的音乐与动作表演的一致性，以及增强游戏的情趣性。

③ 听辨反应游戏

这类游戏比较侧重于对音乐和声音的分辨、判断能力的要求，以培养儿童对音乐的高低、强弱、快慢、音色、乐句等的分辨能力。它一般没有固定的游戏情节或内容，以对音乐要素的反应和理解为主。如：音乐游戏《什么乐器在唱歌》要求分辨的是小乐器的音色；游戏《奇怪的声音》要求分辨声音的强和弱，并用身体动作（如：跺脚表示强，拍手表示弱；伸展双臂表示强，双臂屈肘抱肩表示弱……）加以反应。

### （二）幼儿园韵律活动的选材

韵律活动的材料主要是指音乐、动作、游戏及其他有关的道具材料。

1. 音乐的选择

（1）旋律优美，富有节奏特点。旋律优美、动听是吸引学前儿童加入韵律活动的因素之一。美妙的音乐能自然地激发儿童的参与和表现欲望，引发他们积极地用模仿动作、舞蹈动作和游戏动作来表现音乐的旋律和情绪情感。此外，选择不同节奏、不同性质和风格的音乐，能大大地丰富儿童对音乐节奏的感受和体验，帮助儿童理解音乐和动作之间的关系，以根据音乐的不同节奏来变换动作，提高对动作的反应能力。

（2）结构工整，音乐形象鲜明，便于用动作表现。由于儿童的知识经验、生活经验和音乐经验尚有限，为学前儿童选择韵律活动的音乐就应注意音乐形象的生动、鲜明和有趣，应有助于儿童用动作、游戏加以表现。如模仿鸟飞的动作——音乐流畅而优美；兔跳的动作——音乐活泼而轻快；大象走路的动作——音乐沉重而缓慢。

此外，音乐结构的相对工整，能够使模仿动作、舞蹈动作、游戏情节或玩法的不同发展过程与音乐的曲式结构相适应。如表演游戏的音乐，如果各段之间对比突出，形象鲜明，则便于儿童区分、辨别，并用动作加以表现。

2. 动作及游戏的选择

（1）体现兴趣性。韵律活动中的动作或音乐游戏的选择应考虑到儿童的兴趣。3—4岁儿童最感兴趣的是模仿动作，他们关心的不是动作本身，而是动作所表现的熟悉事物。适当的夸张，更能激起儿童模仿的兴趣，如小兔跳、大象甩鼻子、开火车、开炮等。在音乐游戏中，儿童对竞赛、追逐一类的游戏动作较感兴趣。当然，在选择这类游戏时，教师应考虑到动静交替，不能让儿童做过分激烈的动作，长时间地处于紧张状态之中。

（2）考虑儿童的动作发展水平。儿童的动作能力发展是有限的。一般说来，学前儿童的动作发展有以下三条规律：一是从大的整体动作到小的精细动作；二是从不移动动作到移动动作；三是从单纯动作到复合动作。因此，在韵律活动动作的选择和安排中，应体现循序渐进，尽量从单纯的、不移动的、大肌肉的分解动作入手，逐渐进入移动的复合动作及小肌肉精细动作的学习。对于小班儿童，韵律动作宜以不移动的、单纯的、上肢或下肢动作开始，逐步进入上下肢联合的移动动作，音乐游戏的动作宜选择简单、变化少且多重复的。对于中、大班儿童，可以较多地选择移动动作、复合动作，音乐游戏中的动作，也可以相应地复杂一些。此外，对动作的速度和力度的要求也要逐步提高：对小班儿童选择的动作可以是中等速度的，而且以恰当速度的音乐与之相配；到了中班，儿童控制动作的能力有了增强，则可以在韵律动作和音乐游戏中培养他们用动作反映不同乐段的速度和力度的变化。

（3）符合儿童的年龄特点。在选择动作或游戏规则的过程中，还应考虑儿童音乐能力及非音乐能力的实际发展水平，要根据儿童的年龄特点加以区别对待。如音乐游戏《抢位子》，对于中大班儿童来说，游戏的规则是随着音乐自由做动作，一旦听到音乐声止，立即抢占一个位子，若动作反应慢，即淘汰出游戏；而对于小班儿童来说，其竞赛意识和动作的敏捷反应能力尚不够，教师可以有选择地改变游戏规则：不减少位子，使每个儿童在音乐声停止时，都能找到一个位子，让他们充分体验游戏的快乐。同样，在选择和设计韵律动作时，要考虑儿童的实际能力和年龄差异。在中大班儿童的韵律活动中，可以适当安排有结伴动作、同伴间相互配合的动作要求，如两个小朋友合作，一起模仿"花"的动作、做"小鸭子躲雨"的动作等，而小班年龄儿童则应考虑基本以单独的动作要求为主。

3. 有关道具的选择

在学前儿童的韵律活动中，道具一般只在少数、特殊的情况下才被选用。在选择中要注意以下几点：

（1）有助于动作表现。所选道具能有助于增强活动的趣味性，帮助儿童展开一定的想象和联想，丰富儿童对作品的体验和理解，促进儿童对动作和音乐的表现。

(2) 形象美观,操作简单。道具的外形要求有一定的美感,制作上要牢固、实用,以免儿童在活动过程中碰坏,造成不必要的活动障碍。另外,道具不宜过大、过重,且使用规则应简单,以利于儿童携拿操作。

## 第三节 打击乐演奏

打击乐器是儿童最易掌握的乐器之一。它是以身体大肌肉动作参与为主,运用一定的节奏和音色,通过打击乐操作来表现音乐的一种活动。它是儿童表达音乐的一种最自然最直接的工具,也是令儿童感到快乐的活动。儿童打击乐演奏能力既是儿童节奏能力发展方面的一个表现,也是儿童音乐感知、理解及创造音乐能力的具体体现。

### 一、学前儿童打击乐演奏能力的发展

#### (一) 0—3 岁儿童打击乐演奏能力的发展

对于 3 岁之前的儿童来说,乐器是他们以身体创造声音的一种自然而有趣的方式。这一年龄的儿童已经表现出对打击乐活动的极大兴趣。这种兴趣源自于对发出有声响玩具的好奇和探究,他们渴望弄响它,并以此获得满足。逐渐地,儿童尝试、探索声音的范围不断扩大,主动性更强烈,表现在会自发地去敲击能发出声响的物品,如锅、碗、盖、盆等,以此来探索声音的长短、高低、轻响、音色。这正是儿童以后较正规的打击乐演奏活动的"序曲"。正如穆希德、桑德威克和威特所说:"当给幼儿一个简单的乐器时,他们使用它就像玩积木和画笔那样自然……孩子们听到的声音和他们用身边的东西(乐器)创造出来的声响成为他们音乐经历的一部分。由于使用简单乐器,他扩展了他在音调和节奏方面的体验,又开发了一种新的表达方式。"[①]

虽然这一年龄阶段的儿童已经对乐器及演奏发生了很大的兴趣,会有意识地去敲击乐器、探索声音,但这些动作多是偶然的、零碎的,甚至并不能与音乐保持相一致的节奏和拍子。然而,若能提供给 0—3 岁儿童一个无拘无束、可以自由和即兴创造的环境,将有力地拓展他们对乐器演奏的兴趣和对音调、节奏方面的预备性体验,为以后的乐器学习和演奏能力发展打下一个良好的基础。

#### (二) 3—4 岁儿童打击乐演奏能力的发展

儿童 3 岁以后,特别是进入幼儿园接触了一些特制的打击乐器,如小铃、响板、串铃、铃鼓等,使他们对乐器演奏的兴趣得到较大的满足。在老师的引导下,他们一般能学会较简单的演奏技能(如敲木柄小铃:双手各持 1 个,相互轻碰;敲响板:一手将响板托于掌心,另一手自上而下轻拍响板;敲铃鼓:一手持铃鼓,用另一手轻拍鼓面……)。但是,由于他们小肌肉尚未完全发育,对乐

---

① 尹爱青等编著:《外国儿童音乐教育》,上海教育出版社 1999 年版,第 18 页。

器的操作能力、探究能力受到一定的影响。

对于3—4岁的儿童来说,在演奏过程中使奏出的音响与音乐相协调一致是有一定困难的。因为儿童获得的演奏经验是有限的、零碎的,而且其随乐意识较差,所以部分孩子往往只陶醉于摆弄乐器而游离于音乐之外,抛弃了演奏的要求。这也就很难用准确的节奏、适宜的音色来表现音乐了。

我们知道,打击乐演奏活动更多地体现为一种集体的活动形式,且对活动中各声部之间的合作协调要求甚高。对于3—4岁儿童来说,他们的动作发展、自控能力较差,因而要体会集体奏乐活动中各声部之间的相互配合和协调有一定的困难。但是,让孩子通过同一种乐器的演奏,初步体会到与别人同时开始、同时结束的基本合作要求还是切实可行的。

虽然儿童的演奏技能及随乐水平都尚不完善,这一年龄阶段的儿童已早早地表现出奏乐活动中初步的创造性表现,如听到《大雨和小雨》这首熟悉的歌曲,孩子们会建议用铃鼓的音色表现大雨,用小铃的音色表现小雨,以不同力度的演奏来体验、表达大雨和小雨。这种联想、想象和创造性表达,能让儿童体会到主动参与音乐的极大满足和愉悦。

### (三) 4—5岁儿童打击乐演奏能力的发展

这一年龄阶段的儿童,在乐器的操作和演奏技能方面较小班儿童有了较大的进步:他们不仅能模仿成人、教师的演奏方法,并且开始探索同一种乐器的不同演奏方法,还能掌握演奏技巧稍高的一类打击乐器,如铃鼓的晃、摇,沙球的震、击等。在乐器演奏的过程中,他们对乐器音色、力度、速度的调整和控制能力也有所提高。

随着听觉分辨能力的进一步分化和精细,4—5岁儿童的随乐意识能力有了很大的进步。大多数儿童能够基本合拍地随音乐演奏(2/4、4/4或3/4)。

4—5岁儿童在合作协调性方面表现出这样的发展特点:不仅能够与同伴同时开始和同时结束演奏,而且能在2—3个不同声部的演奏配合中处理好自己声部与其他声部之间的协调关系,特别是这一年龄阶段儿童在打击乐演奏活动中看指挥、理解指挥手势含义的能力有所发展。他们不仅懂得在演奏过程中要始终注意指挥的手势,而且也能够以指挥的手势含义来调整自己的乐器操作和演奏。随着儿童集体打击乐演奏活动经验的不断积累,儿童能够在教师的提示、引导下,用一些基本的节奏型语汇来创造性地表达音乐:如教师让孩子选择设计一个四拍子的节奏型,中班孩子就能够用乐器奏出

|× × × ×|、|× 0 × 0|、|× ×× × ××|、
|× - × ×|和|×× × ×× ×|

等多种节奏型。

### (四) 5—6岁儿童打击乐演奏能力的发展

这一年龄阶段的儿童使用和掌握的打击乐器种类更多,能力也较强了。除了以上的乐器之外,他们还能演奏一些使用小肌肉操作的乐器,如三角铁及用手腕带动的乐器,像双响筒等。对于同一种乐器,其演奏的方法也更丰富、细化,如用捏奏法演奏响板等。在演奏过程中,他们也更

注意调整自己的演奏方式和用力方法,有意识地控制适当的音量和音色。

在注意演奏音量的同时,他们还能够更多地关注到演奏活动的"背景"——音乐,能始终与音乐的节奏、节拍相一致,同时对音乐节奏的表现能力更强。除了 2/4、4/4、3/4 的音乐之外,这一年龄阶段的孩子还能够比较准确地演奏有附点节奏和切分节奏的曲子及结构相对复杂的乐曲,且努力使自己的演奏与音乐的速度、力度等表现手段相一致。

5—6 岁儿童在打击乐演奏活动中的合作协调能力也得到了很好的发展:他们能够在较多声部的合奏过程中主动地调节好自己声部与其他声部间在节奏、音色、速度、力度上的合作要求,不仅能准确地演奏自己的声部,而且也能主动地关注整体效果。再者,他们对指挥手势的暗示理解也较明确,甚至能学会看指挥的即兴变化来调整自己的演奏,还能与同伴以体态表情进行情感交流。在创造性方面,他们表现得更为主动和积极,不仅能积极地参与为乐曲选配合适的节奏型的配器方案讨论,而且还能更自发探索音乐、探索打击乐器的制作,以及大胆地尝试参与即兴指挥等。

对于儿童使用乐器能力的发展及在不同年龄阶段对旋律和节奏的感知、再现能力,英国研究者珍妮博士曾在南伦敦小学对 40 个 3—7 岁的儿童进行过该课题的研究。这项研究每学期为孩子们的 9 项音乐活动(①用一对沙球编配一个节奏型;②用一个铃鼓编配一个节奏型;③用一个没有固定音高的乐器编配一个节奏型;④有节律地用 E、G、A 三个音奏出一种音型,模仿编钟的效果;⑤用两根音乐棒在木琴上奏出五声音阶;⑥用两根音乐棒在金属琴上奏出 C 大调音阶;⑦选择任何一种乐器,把诸如"天气晴朗,我很愉快"的节奏表现出来;⑧为一个游戏小组编一个小乐句;⑨编一首歌)做一次录音,观察儿童的音乐能力是如何发展的。通过实验活动,珍妮诊断出儿童的音乐发展是一个螺旋式模型,可以分为 8 个阶段:感觉阶段、操作阶段、个体表现阶段、运用音乐语言阶段、自编乐曲阶段、个性阶段、象征性阶段和系统性阶段。3 岁左右的儿童一般处于感觉阶段,易被各种乐器发出的声音及音色所吸引,如轻轻摇晃的沙球及敲击后发出声音的三角铁,他们试着敲打各种乐器,发出各种声音,但这些声音听起来杂乱无章。4—5 岁的儿童逐步进入操作阶段,对声音的控制能力有所提高,他们逐渐掌握了一定的技巧,可以正确地控制较大的节拍。但是,当他们用鼓槌打击乐器时,常常表现出两手来回机械式地敲打乐器,而非演奏乐曲。在个体表现阶段,6 岁儿童的歌曲声中已开始表现出强烈的个人感情。孩子们会利用器乐曲的音色和强弱来表现音乐效果,并随着音乐做出各种动作。在音乐语言阶段,7 岁左右的孩子逐步进入到规范音乐表现的阶段。这时,他们不再是随意地演奏,而是通过一些固定的节奏和结构来表现自己的感情,以固定音型不断重复地演奏乐曲。由此可见,孩子们对固有的音乐语言发生了一定的敏感。这一阶段是孩子们进入依照规范音乐的创作模式尝试创作的第一步,为以后进入理解阶段打下基础。

无论是珍妮的课题研究资料结论,还是我国的研究材料分析,都可以看出:年龄越小的儿童,越注意物质声音。珍妮的阶段划分对我们正确地评估儿童的音乐演奏能力的发展是有用的,不仅帮助我们制订适合于儿童各个发展阶段系统的课程安排,同时使我们懂得要顺应儿童音乐发展和学习规律来进行儿童乐于接受的游戏活动,如"辨别音色的游戏"等。

## 二、幼儿园打击乐演奏活动要素和实例分析

### (一) 幼儿园常用打击乐器的种类

适合于学前儿童学习和操作的常用打击乐器一般有以下几种：

1. 碰铃(也称小铃)

这是一对用金属制成的小铃,用一根不太粗的绳子或可抓握的木柄相对固定两个铃,通过相互撞击引起振动而发音。碰铃的音色清脆、柔和,且高而轻,在打击乐器中属高音乐器。它既可以表现音乐的强拍,也可以表现弱拍,是幼儿园里用得最为普遍的一种乐器。

2. 串铃

这是用金属串成的马蹄形(或半圆形、棒形等)的若干个小铃,通过敲击、抖动或摇晃引起的振动而发音。可以分别在音乐的强拍或弱拍上使用。

3. 铃鼓

这是用皮革(或塑料)蒙在带有可活动的金属小钹的木制围框上,通过手指(或手腕肘)的敲击或手腕的抖动、摇晃引起的振动而发音的一种乐器。它兼有鼓和铃两种音色的特点。铃鼓有多种演奏方法：可以用手掌击鼓心,其音色柔和；可以用手掌击鼓边,其音色明朗干脆；可以用鼓面击身体部位(如肩、肘、膝等),则铃的声音较明显；可以用手腕连续地抖动,则会产生颤音的效果。

4. 大鼓

这是用皮革蒙在筒状的共鸣箱上,通过鼓槌敲击引起的振动而发音的一种乐器。其音色低沉,音量较大。大鼓用在强拍上,可用力击打,造成一种强烈渲染的气氛；用在弱拍上,可轻轻击打,会产生柔和而绵长的音响。击鼓时,手臂放松,手腕有力而富有弹性地敲击。击鼓心,会产生浓厚的音色且有较长的延续尾音；击鼓边,则音色脆、硬而单薄,延续音较短。

5. 三角铁

这是一根弯成等边三角形的圆柱形钢条,用绳子悬挂一端,通过另一根金属棒敲击而发音的一种乐器。其音色接近于碰铃,但音量比碰铃大,延续音比碰铃长。它的演奏方法有两种：一种是左手提悬挂三角铁的绳子,右手持金属棒敲打三角铁的底边；另一种是在三角铁内,用金属棒快速地敲击左右两边或转圈敲击各边,会产生激烈而特殊的音响效果。

6. 响板(也称圆弧板)

这是由两片贝壳状木块,中间用松紧带相连而构成的一种乐器,通过两片木块的撞击引起的振动而发音。其音色清脆而圆润。演奏方法有两种：一种是右手的中指套上松紧带,靠中指和拇指的捏合使两板相击而发出声音；另一种是将响板放在左手手心中,用整个右手的手掌相击而发出声音。后一种方法比较适合小年龄儿童的演奏。

7. 木鱼

这是用木头刻制的、形似鱼状、中间空而头部开口的一种乐器,通过另一根木制的敲棒击鱼头而发音,其音色接近于响板。演奏方法为左手持"鱼的尾部",右手持棒按节奏敲打"鱼头"的顶部。

8. 双响筒

这是一段中间有节的木筒,下端装有握柄,通过另一木制敲击棒的敲击而发音的一种乐器。其音色与木鱼相似,干脆而清亮,没有延续音。通常用来模拟马蹄声。敲击双响筒由节分开的两端会发出不同高低的音响,一般两个音之间通常相差约五度。演奏方法为左手持柄,右手持棒敲击,可以敲击筒的一端,也可同时交替敲击筒的两端,发出类似于"的笃"、"的笃"的马蹄声。

9. 蛙鸣筒

这是由一节毛竹或木头制成的,刻有一道道楞子的筒状乐器。通过另一木制小棒刮、擦筒身而发音。其音色类似于青蛙的鸣叫声。演奏方法有两种:一种是左手持蛙鸣筒的握柄,右手持棒刮奏;另一种即用棒敲奏,音色接近于木鱼类乐器。

10. 沙球

这是一种用椰壳或塑料制成的空心球体,内装有细小的沙粒状物体,下端装有握柄,依靠臂的抖动、摇晃而振动发音。其音色轻柔而干脆。演奏方法为双手各持沙球,用手臂带动手腕上下振动。可以同时两手进行,也可交替、轮换进行。

11. 钹

这是一对用铜合金制成的圆盘,中间微凸,靠敲击、摩擦而发音。其音色响亮,有较长的延续音,在绳拍上演奏能造成强烈、刺耳的音响效果。演奏方法有两种:一种是左右各持一片,相互撞击、摩擦而发音;另一种是将单片悬挂在支架上,右手持鼓槌敲打其边,可以取得另一种音响效果。如果要止住过长的延续音,可以用手捏住钹的边缘或将钹面捂在怀中即可。

12. 锣

这是一个由铜合金制成的圆盘,由绳子固定在可抓握的木柄上,通过锣槌敲击锣面引起的振动而发音。一般可以用在强拍的伴奏上,以突出节奏、渲染气氛。锣可分为大锣和小锣两种。大锣音色低沉,共鸣强烈,有较长的延续音,一般用软槌敲击:敲击锣的中心时,声音较柔和;敲击锣的边缘时,声音较毛糙。小锣音色较明亮,也有一定的延续音,一般用硬槌敲击:敲得重,声音尖锐刺耳;敲得轻,声音清脆明亮。要停止延续音,可以用手按住锣面或将锣往怀里一抱即可。

以上都是没有固定音高的打击乐器,其中适合于小班儿童演奏的乐器有碰铃、串铃、响板、铃鼓(敲击)、沙球(摇晃)等;中班儿童能学习木鱼、铃鼓(抖动、摇晃)、蛙鸣筒、锣和钹等乐器的演奏;三角铁和双响筒一般适合于大班年龄的儿童演奏。这些打击乐器的演奏,都要求儿童做到手腕放松、灵活,不僵硬,有弹性,能控制手的动作,自然协调地敲击、摇动、振动或抖动,以取得较好的音响效果。

除此之外,幼儿园的打击乐器中还配有一些有固定音高的打击乐器,主要有木琴、铝板琴等。它们的音域一般在一个八度以上,演奏方法比较简单,以敲击和刮奏为主,适合于演奏简单的旋律。

### (二) 打击乐演奏的简单知识和技能

幼儿园的打击乐演奏活动一般是一种集体配合、由多个声部组成的乐器演奏活动。对于学前儿童来说,需要了解和掌握的有关知识和技能包括以下几个方面。

### 1. 乐器的名称和分类

认识乐器,知道并记住打击乐器的名称,能根据乐器的音色给打击乐器分类。如碰铃和三角铁,音色都比较明亮,柔和,通常归为一类;响板、木鱼、双响筒等,音色都比较干脆、圆润,可以归为一类;铃鼓、串铃等,摇动时都有一种颤音的效果,可以归为一类;大鼓、锣及钹音色各具特点,通常归为特色乐器或加强乐器一类。

### 2. 正确的演奏方法

在集体参与的、多声部的乐器合奏活动中,正确的演奏方法包括:用自然、协调的动作来演奏;用适中的音量和好听的音色来表现;在演奏过程中,随时注意倾听音乐和其他声部的演奏,使自己的演奏与集体的整体音响相协调一致。

### 3. 配器

所谓配器,是指在打击乐演奏活动中根据音乐的性质、情绪和风格,选配音响特点与之相适应的打击乐器,选择适当的节奏型,以追求整体音响的协调和悦耳。在打击乐演奏活动中,要让儿童学习一些有关配器的简单知识和技能。首先,让儿童充分了解和掌握各种打击乐器的音响功能及各类打击乐器的音色对比和配合效果,因为只有在了解乐器音色基本分类的基础上,才能运用它们来增强音乐作品的表现力。如了解高音乐器一般有三角铁、碰铃;中音乐器可以有响板、木鱼、沙球、铃鼓等;低音乐器一般有大鼓、钹等。要使儿童懂得:串铃和双响筒两种乐器的配合使用,能产生骑马奔驰的音响效果;铃鼓、碰铃和三角铁这些有延续音的乐器,在音符时值较长时用柔和的弱奏可表现出颤音的效果;铃鼓用在少数民族舞曲中可起到加强特色、烘托气氛的作用等。其次,帮助儿童分析音乐作品的内容、形式、节奏、节拍和旋律的特点,找出有呼应、对比或变化的地方,选用适当的乐器。如找出乐曲中的强、弱拍,用不同音色的乐器来演奏,体现乐曲的强弱对比;如根据乐句、乐段的结构,在呼应和重复的乐句及不同的乐段中更换不同的乐器音色,丰富和加强音乐的新鲜感和表现力;再如节奏型的选配,可以采用某种固定的节奏型,也可以根据乐曲中的节奏变化来变换节奏型或突出某个节奏型。总之,配器要根据乐曲的具体情况而定,既要体现丰富多样,又要贯彻对比统一的原则。

### 4. 看指挥

在打击乐演奏活动中,要奏出和谐、美好的整体音响效果,必须学习如何看指挥。根据指挥的要求进行协作演奏,也是儿童要掌握的一个基本技能。它包括:(1)了解"准备"、"开始"和"结束"的手势动作,以使自己的演奏符合指挥的手势含义;(2)知道用眼睛注视指挥者,在演奏过程中学习以恰当的身体姿势(微微前倾)与指挥者沟通、合作和交流;(3)能够看懂和明白指挥者表示节奏和音色变化的动作,使自己的演奏与集体的音响协调一致。

### (三) 打击乐演奏活动的选材

学前儿童打击乐演奏活动的材料选择可以从音乐、乐器和配器方案三个方面着手。

### 1. 音乐

为儿童选择打击乐演奏的音乐,要节奏鲜明,旋律优美,结构工整。打击乐作品无论是歌曲或乐曲,都必须有鲜明而清晰的节奏和优美的旋律,并且为儿童所喜爱。一般可以选进行曲、舞曲或其他富有情趣性和艺术性的儿童乐曲等。对于小班年龄儿童,可以选儿童熟悉的歌曲或结构短小、节奏简单的乐曲;为中、大班儿童选择的音乐可以适当复杂一些,结构是二段体或三段体,且段落的旋律带有明显的对比性,适合启发儿童用不同音色、音量的乐器和节奏型变化来加以表现。

2. 乐器

为学前儿童选择打击乐演奏的乐器时,应注意以下几点:第一,乐器的音色要好。如铃鼓的选择,鼓面是皮制的要比塑料或铁制的音色好。第二,乐器的大小要适中,便于儿童演奏。考虑到儿童的年龄,还应注意乐器的大小和重量:如铃鼓一般以直径 12—15 厘米的为宜;沙球不宜选用大号的;三角铁钢条的直径最好在 0.5 厘米左右等。第三,乐器的演奏方法要适合儿童的不同发展水平。不同年龄阶段的儿童,其动作发展的水平存在着一定的差异,因而在乐器的选择和演奏方法上应有所区别:如铃鼓,小班儿童可用手掌敲击鼓面的方法演奏,中、大班则可以用敲奏、摇奏等不同方法;如响板,小、中班儿童宜用右手掌击左手心的方法敲击响板,大班儿童则可以学习捏奏的方法;再如双响筒和三角铁的演奏需要能均匀地用力并且做到手眼协调,对于运用能力和小肌肉发育尚不完全的小、中班儿童来说存在一定的困难,而大班儿童则相对可以胜任。

3. 配器方案的选择

在选择打击乐演奏的配器方案时,需要考虑以下两点:第一,适合儿童的能力,即适合儿童使用乐器的能力和适应变化的能力。在配器方案的选择中,乐器及演奏方法必须为该年龄儿童所胜任;同时,其节奏和音色变化以及变化的频率和复杂程度也必须为该年龄的儿童所能够接受。如为小班儿童选择的乐曲配器方案,其节奏型和音色的变化不宜频繁,一般以一个段落换一种节奏型、一个乐曲安排 2—3 种乐器音色为宜,中、大班在此基础上可以适当递增。第二,富有一定的艺术表现力,即所选择的配器方案既能够符合乐曲、旋律本身的性质、风格和结构,也能够体现出一定的对比统一性和丰富完整性,从而产生良好的整体音响效果。

# 第四节 音乐欣赏

音乐欣赏是音乐活动的重要组成部分之一。学前儿童的音乐欣赏,是让他们通过倾听音乐对作品进行感受、理解和初步鉴赏的一种审美活动。音乐欣赏不仅可使儿童接触更多的优秀音乐作品,开阔他们的音乐眼界,丰富他们的音乐经验,发展他们的想象、记忆和思维;而且还能在音乐的欣赏过程中,培养儿童听觉的敏感性和良好的倾听习惯,培养儿童对音乐稳定而持久的兴趣以及初步的审美情趣和审美能力。因此,音乐欣赏是与其他音乐活动紧密联系的极富有教育价值的音乐活动。美国著名的发展心理学家、哈佛大学教授加德纳在《智能的结构》一书中曾经说:"在个体可能具有的所有天赋中,音乐天赋是最早出现的。"我们知道,儿童心理的发展是一个连续而又有阶段性的过程。儿童的音乐欣赏离不开感知、记忆、想象、思维等音乐能力。这些能力是随着儿童年龄的增长而逐渐生成、发展并健全起来的,而音乐的感知能力是音乐欣赏的重要前提和基础。

## 一、学前儿童音乐欣赏能力的发展

### (一)0—3岁儿童音乐感知能力的发展

国内外许多研究表明,即使是婴儿,对于声音和音乐也有着一种天生的敏感与反应。事实上,儿童对声音的反应在胎儿期就开始了:在妊娠的第三个月,多数胎儿对外界的声音刺激能有所感觉,他们用动作及改变内部呼吸的方法对声音刺激作出反应。胎儿在母腹里就能够感受并习惯母亲的心律声,出生后的婴儿如果用左手抱他们,就比较安静,因为妈妈的心脏在身体偏左的部分。有些科学家曾用微型集声器从孕妇子宫里记录下各种声音,等胎儿出生后,在他哭闹不止时放给他听,发现婴儿不一会儿就能入睡。许多相关的研究都表明:完全无声的环境并不适宜于婴儿,轻柔的声音(如录有微风、海浪等声音的录音)在一定程度上能使婴儿停止器闹,变得安定、愉悦。可以这样说,在生命最初几个月中,音乐是婴儿接受"信号"的一种"前言语方式",它成为孩子同周围世界发生联系的一种最初级、最基本的方式。婴儿不仅能很注意周围环境中的音乐之声,将其与别的声音相区别,而且会由"接受者"逐渐成为"参与者"(由对周围环境中的声响感到兴趣到逐渐被刺激,并参与其中)。婴儿在半岁左右开始试图模仿所听到的声音,这种声音也被称作"婴儿式的说话和颤音"。婴儿在这种"声音模仿游戏"中显得其乐无穷。

关于婴儿对声音和音乐的感知反应能力,国外的研究者曾在1961年做过一个实验——对50个5天内的婴儿奏出一组声音:发现这些频率各不相同的声音引起婴儿身体的运动和心跳频率的变化,继续弹各种音,直到婴儿熟悉它们并不再产生异常反应为止。这一实验说明,大多数婴儿具有敏锐地辨别不同频率声音的能力。[①] 可见,婴儿对声音的反应和感知是和他们与外界接触的其他能力同步地逐渐发展起来的。一般说来,2个月左右的婴儿就能区别铃声或门声,有高低音的反应;3个月左右,能从生活中各种声源里区分出人,尤其是母亲的声音,并有可能区分出彼此相距八度音程的音调高低;6个月左右时,能逐步开始主动地对音乐作出反应,而不再仅仅是被动地接收音乐。婴儿会主动表现出把头转向发出音乐声音的地方,做出高兴甚至惊喜的表示,会连续地晃动身体,并且还能对大三度和小三度的音程有所辨别,对音乐旋律轮廓的变化有所反应(当婴儿熟悉、记住了开始出现的旋律之后,他们会本能地把继后出现的旋律与其进行比较)。对此,国外有研究者认为,婴儿实际上使用了一种建立在旋律轮廓之上的"整体处理策略",而这种处理策略与成年人对无调性音乐和不熟悉音乐旋律的处理几乎是一致的。[②]

但总的说来,1岁前婴儿的音乐听觉感知和反应是比较缓慢且不太精细的。随着年龄的增

---

① 罗小平、黄虹编译:《最新音乐心理学荟萃》,中国文联出版公司1995年版,第158页。
② 同上书,第163页。

长，婴儿对外界环境中的各种声音和音乐的反应、听辨、分化能力会进一步发展。他们不仅能准确地分清声源，迅速地分辨差别大的不同音色，分辨四度、五度音程，区分并主动模仿环境中的许多声音（如动物的叫声、成人的歌声等），还会自发地注意倾听他们所喜欢的音乐。一般说来，2岁左右的儿童不仅会对成人唱的或录音机里的歌曲感兴趣，而且还喜欢用找到的物体或用自己的声音创造自己的音乐。德国著名儿童音乐教育家奥尔夫主张鼓励儿童用发现的物体发出声音——敲击物体。因为无论儿童最初的听觉经验多么粗糙，都可能引起儿童发现美好的声音。

### （二）3—4岁儿童音乐欣赏能力的发展

3岁左右的儿童，已经从周围生活环境中获得了较多的倾听体验和习惯，并且开始逐步自发地注意听他们所喜欢的音乐并分辨它们。虽然这一年龄段的孩子还不容易理解音乐作品的不同情绪性质，但是当他们感受到不同性质的乐曲（如柔和优美的摇篮曲或雄壮有力的进行曲）时，却能随着音乐做出动作反应，比如听到宁静的摇篮曲，他们会自然地晃动身体，而听到有力的进行曲，则会不由自主地踏步……可见，孩子已经有了对音乐情绪性质的初步感受。

理解是音乐欣赏的重要基础和保证。这既包括对乐曲情绪、风格的理解，也包括对乐曲所表达内容的理解，以及乐曲结构和表现手法的理解。3—4岁儿童的音乐理解能力是十分有限的。虽然他们能对生动形象、节奏鲜明的乐曲有所反应和感受，但不一定能完全理解。这一年龄阶段儿童的音乐理解能力是随着他们认知、思维能力的逐步发展、音乐活动经验的不断积累而逐步有所发展的。一般说来，到小班末期，儿童在幼儿园良好的教育影响下，能学会借助于想象、联想来理解性质鲜明的音乐情绪，产生一定的共鸣，但对于乐曲基本表现手段的感受和理解则有一定的困难，特别是对音色、节奏、旋律等的差别常常不能很好地区分。

儿童在欣赏音乐的过程中，总是以他们的表情、动作或语言来对音乐作出相应的反应。因而，欣赏音乐的能力与儿童的创造性表现是紧密相关的。3—4岁儿童受其生理、心理发展水平的影响，对音乐作品的感受和理解还很不完善，记忆也不很精确，所以一般尚不能用语言较好地表达对作品的感受。他们常用的创造性表现手段往往就是身体动作，即尽量用自己想出来的、与他人不同的动作来表现音乐。

### （三）4—5岁儿童音乐欣赏能力的发展

4—5岁儿童听辨的分化能力有所提高，逐渐能辨别声音的细微变化，表现在倾听、欣赏音乐的听辨能力、感受能力进一步增强。他们一般已能欣赏内容较为广泛、性质风格多样的音乐作品，如舞曲、进行曲、摇篮曲等。他们往往能够通过教师专门组织的音乐活动，初步感受到乐曲的结构，听出乐段、乐句之间的重复（如感受简单的单三段体ABA结构），以及乐曲在情绪性质上的明显差异。

随着儿童思维、想象的进一步发展，4—5岁儿童对音乐的理解能力也在不断地发展。这一时期的儿童已能基本理解音乐所表达的情绪和情感，并由此产生一定的想象、联想。当然，这种理解能力通常表现为对歌曲及有标题的器乐曲的理解。儿童已能借助于歌词及已有的生活经验、音乐经验基本理解音乐所表达的音乐形象,但对于较为复杂的、没有标题的纯器乐曲的理解还有一定的困难。

与以前相比,4—5岁儿童在音乐欣赏过程中的创造性表现能力也在不断增强。他们基本上会用比较自由、多样的手段对音乐进行创造性的表现,并且在表现过程中努力追求表现的独特性、创造性。如让中班幼儿欣赏蒙古族民歌《森吉德玛》,启发幼儿欣赏感受音乐以后,用简单的图画分别来表达听《森吉德玛》A、B两段后的感受,有的孩子为A段画的图是:在辽阔草原上,有一只小小的蒙古包,门前是一只温顺的小羊;为B段作的画是一幅奔驰的群马图。可见,孩子们已经能够尝试运用不同符号系统中的表现语汇来创造性地表现音乐。

### (四) 5—6岁儿童音乐欣赏能力的发展

这一年龄阶段儿童对音乐的感受和理解能力都有了更大的进步。随着他们音乐经验的不断丰富和积累,其听辨能力更强了,能从对音乐的粗略区分进入比较细致的区分,而且能感受、辨别较为复杂的器乐曲的结构、音色及情绪风格上的细微差别。同时,他们能够对音乐形象鲜明的同类音乐作品进行分析和归类,并且用语言来表达音乐感受的能力也增强了,能结合想象和联想,用较完整的语言或一定的故事情节来描述音乐。另外,5—6岁儿童对纯器乐曲的理解能力也进一步增强,他们能在清楚辨别、理解音乐作品速度、力度、音色、节奏等表现手段变化的过程中进行大胆的想象和联想,并找出充分的理由。

5—6岁儿童在音乐欣赏过程中的创造性表现,不仅体现在创造性表现的意识更积极、主动,而且创造性表现的形式更丰富、多样,有身体动作、嗓音表达、语言描述、图片再现等。同时,创造性表现的成果也更为显著。

由此可见,伴随着儿童年龄的增长以及音乐体验活动的增加,儿童对音乐中音调和节奏变化的敏感性,以及对旋律的感知、记忆和理解、想象、表达等能力都在不断发展和提高。

美国的戴维森曾经在1985年对1—7岁儿童可能掌握的音调、音域等材料进行研究、分析。他发现,儿童音域的空间是随着其年龄的增长而逐步扩大的,能从最初的1/3音程发展近八度音程。5—6岁的儿童已有记忆音乐短句、把重复出现的短句从各种不同旋律中辨别出来的能力,也具备了一定的体会、理解音乐中传递的情绪、情感的能力(如体验、理解音乐中较明显地表现出的愉快、悲伤、紧张等不同情绪、情感)。

虽然儿童对音乐的认识与发展过程直接受到儿童本身知识经验和心理发展水平的制约,但是,儿童对音乐的感知、记忆、理解等能力的发展更多地受到直接训练或间接经验的影响。因此,儿童接触音乐的机会越多,就越能为音乐感知、理解能力的发展打下良好的基础。

此外,随着儿童年龄的增长,儿童对音乐的鉴赏能力也直接地表现在对音乐的偏好上。一般说来,儿童"音乐偏好"的形成源自三个方面:第一,反复接触某一特定音乐或强化某一方面音乐训练,从而增加对这种音乐的鉴赏力;第二,受权威人物(教师或某个成人)偏好的影响而建立自己的音乐偏好;第三,由音乐中固有的特质(如某种音乐风格)而影响到对音乐的偏好。

从上述三种可能性的分析中，我们不难得出这样的结论：在学龄前（特别是 3—6 岁），为儿童提供反复的音乐刺激不仅有助于让儿童享受各种音乐的乐趣，也有助于儿童初步的音乐鉴赏力的形成和发展。随着儿童音乐经验的不断积累，他们能够在教师或成人有意识的安排下接触到不同风格、体裁的音乐作品，通过比较，逐渐形成自己的音乐偏好。

## 二、幼儿园音乐欣赏活动的要素和实例分析

音乐欣赏是人们感受、理解、鉴赏和品评音乐艺术作品的一种审美活动，也是由音乐来了解世界的一种认识和思维的活动。对于学前儿童来说，有关音乐欣赏活动所包含的基本知识和技能主要有以下几个方面。

### （一）音乐欣赏的简单知识和技能

#### 1. 倾听

倾听是儿童必须具备的一个非常重要的基本技能。它是对儿童实施音乐教育的基本出发点，也是开展音乐欣赏的前提和基础。

听觉是儿童最先发展的感觉器官之一。婴幼儿对周围环境中的各种音响特别敏感，所以利用日常生活和周围环境对儿童进行倾听能力的培养是最自然和直接的一条途径。我们可以和孩子们一起辨别、倾听：(1)自然界的各种声音变化：风声、雨声、蛙鸣鸟啼声、潺潺的小溪声、隆隆的飞机声等；(2)日常生活中的各种声音：洗碗声、炒菜声、风扇声、钥匙晃动声、关门声、风吹窗帘声、走路声、轻声说话声等；(3)人体发出的各种声音：拍手声、捻指声、跺脚声、弹响舌声等；(4)歌曲、乐曲中的不同模拟音响声等。要从小培养儿童对周围生活中各种声音产生倾听、辨别的兴趣，初步养成集中注意倾听的习惯。这样，才能在音乐欣赏活动中通过倾听来更好地感知和理解音乐。

#### 2. 理解音乐作品的内容和基本表现手段

在音乐欣赏过程中，要帮助儿童了解和掌握音乐作品的名称（包括常用乐曲演奏乐器的名称）、主要内容（即指音乐所表达的某种感情或情绪的发展及变化）、基本表现手段（即节奏、节拍、力度、速度、音色、旋律、结构等），及其在音乐作品中的表现作用。如音乐欣赏曲《小鸭的舞》。开始的引子部分是其旋律，节奏用的是上下复倚音，表现出小鸭子一摇一摆走路的动态；接着的旋律和节奏用重复的和弦奏出，表现出小鸭子欢快的叫声。理解了音乐作品的基本表现手段，有助于对音乐作品的感受和表现。再如，音乐欣赏曲《小白兔跳跳跳》，在帮助儿童感受音乐作品其活泼跳跃的基本节奏的基础上，引导儿童反复倾听、比较，从而感受和理解作品的基本结构——单三部曲式及"引子"和"尾声"两部分，能听出音乐的第一、三段旋律是相同的，第二段与第一、三段是不同的，并进一步感受音乐第二段中的上行与下行所表现的两只小兔一会儿从低跳到高、一会儿从高跳到低的互相追逐和玩耍的内容等。

## 小白兔跳跳跳

陈兆勋曲

1=F 2/4 活泼跳跃地

[引子] ... (一) ... [尾声] (乐谱)

3. 根据音乐作品展开一定的想象和联想

在音乐欣赏的过程中,要求儿童能根据音响感和情感体验唤起对有关生活和意境的记忆和表象,展开一定的联想和想象,从而进入音乐作品所表达的意境。如在小中班儿童欣赏《摇篮曲》的活动中,不仅要使儿童知道摇篮曲是哄娃娃睡觉的音乐,能感受到音乐安静、优美而舒缓的旋律和节奏特点;而且要启发儿童的生活经验,使儿童的头脑中产生与音乐作品有关的联想画面,如皎洁的月光洒在窗前的摇篮上,妈妈轻轻地抚摸着摇篮中的宝宝……引起情绪情感上的共鸣。

4. 分析对比音乐作品的性质、风格

在儿童积累了一定的音乐语汇的基础上,要引导儿童对同一音乐作品的前后段落或不同音乐作品的性质、风格、情绪及基本表现手段进行分析和对比,这样能进一步丰富和强化儿童对音乐作品的感受和理解。如音乐欣赏曲《瑶族舞曲》,在感受音乐作品的基础上,要使儿童分辨出前后段音乐的不同风格:第一、三段音乐优美柔和,第二段音乐欢快热烈等。

5. 再认欣赏过的音乐作品

对已经欣赏过的音乐作品,要求儿童能够根据乐曲的片断或全曲进行再认,以培养儿童音乐的记忆能力和听觉表象能力。再认时,要求儿童说出音乐作品的名称,并能借助一定的表现手段或辅助媒介表达对音乐的感受。

**（二）音乐欣赏活动的选材**

选择恰当的音乐欣赏材料是进行幼儿园音乐欣赏活动之前的重要环节。音乐欣赏的材料主要包括音乐作品和辅助材料两个方面。

1. 音乐作品的选择

音乐作品有声乐曲、器乐曲之分，同时又有题材、体裁、内容、形式和风格上的不同。为学前儿童选择音乐欣赏的作品时，除了要考虑儿童的年龄特点以及儿童感知、理解音乐的实际能力和接受水平，更需要考虑音乐作品必须具有较强的艺术性和丰富多样性。

首先，为儿童选择的音乐欣赏作品，无论是歌曲还是器乐曲，都要注意音乐作品所表达的内容、形象或情感应是儿童熟悉、理解且能唤起他们的兴趣的，音乐作品的形式应比较简单，结构要单纯、工整且长度适中，篇幅不宜过长。给小班儿童选择音乐欣赏的歌曲，歌词宜简单，便于儿童理解和记忆。即使是没有歌词的器乐曲，也要注意音乐作品描写或表现的内容应是儿童所熟悉和感兴趣的，如钢琴小曲《小鸟的歌》描写小鸟的叫声和歌唱声；钢琴小曲《娃娃》描写娃娃睡觉、醒来和跳舞，这都是小班儿童生活中所见所闻所感的事物。在给中大班儿童选择音乐欣赏的器乐曲时，也要注意贴近儿童的生活，符合儿童的音乐感知和理解能力的发展。如圣-桑的《动物狂欢节》组曲，通过变幻的旋律和乐音，塑造了一个个栩栩如生、生动可爱的动物形象。快速跳跃的乐音、节奏表现出活泼伶俐的小兔形象；缓慢、滞重的乐音构成了大象笨重迟缓的音乐形象……这样的欣赏曲不仅为儿童所喜爱，更便于儿童对作品内容、风格、情绪的把握和理解，从而引起儿童情感上的共鸣。

其次，为儿童选择的音乐欣赏作品必须具有较高的思想性和艺术水平，有较好的演唱或演奏质量。体裁广泛、形式多样而富有艺术美的音乐欣赏作品能扩大儿童的艺术视野，丰富他们的音乐欣赏经验。要选择一些优美而经典的世界名曲，如《拉德斯基进行曲》、《梦幻曲》、《四小天鹅舞曲》等，以及具有代表性的我国民族音乐精品，如《瑶族舞曲》、《金蛇狂舞》、《喜洋洋》、《牧童短笛》等。有的作品篇幅较长，结构较复杂，可以进行适当的删编（可以截取作品中相对独立的片段，也可以删减作品中的某些部分，保留相对独立的部分，以压缩作品的结构等）。同时，还应考虑作品在内容、形式和题材等方面的丰富多样性：内容上可以有反映自然界、社会生活和儿童游戏等的作品；表演形式上可以有各种不同演唱、演奏形式的歌曲、乐曲等，尽量采用各种各样的题材、体裁及多种风格的作品。

2. 辅助材料的选择

受年龄特点和知识经验、音乐经验所限，儿童在音乐欣赏的过程中，一般很难像成人那样仅仅通过一种安静倾听的方式来获得对音乐的感性体验或理性思考。他们往往需要借助于一定的辅助感知手段，如视觉、运动觉、言语知觉等感知器官的协同活动，以丰富和加强听觉感受。这样，为儿童提供配合音乐欣赏作品的一定的辅助材料便成为一种自然的、必要的手段。辅助材料的选择一般有这样几种：（1）动作材料，这是指能符合音乐的性质，能反映音乐的节奏、旋律、结构、内容和情感等的身体动作。它可以是节奏动作、舞蹈动作甚至是滑稽动作等。这里，需要注意与音乐的性质相符，但不必太强调具体动作的统一性；另外，动作必须简单，使儿童比较容易地表现，切忌复杂和繁琐。（2）视觉材料，这是指形象具体地反映音乐的形象、内容、结构及节奏特点的可视材料。它可以是图片、幻灯、录像或教玩具等。在选择视觉辅助材料时,需注意提供的视觉材料本身的线条、构图、造型、色彩、形象等必须与音乐的性质相吻合。如欣赏贺绿汀作曲的《森吉德玛》音乐的 A 段时,提供的图片是一幅色彩淡雅、安谧宁静而辽阔的草原风光图;而进入 B 段音乐时,展现的则是一幅色彩热烈、画面富有动感而热闹的草原赛马图。(3)语言材料,这是指富有音乐所表达的意境的形象性的有声文字材料。它可以是故事、散文、谜语、诗歌或儿歌、童谣等。在选择语言辅助材料时,同样要注意能体现出与音乐的一致性。其"一致",指的是文学作品本身的内容、形象和情感以及表现手法,都要与欣赏的作品相一致,真实而贴切地烘托出音乐所要表达的意境和气氛。如柴可夫斯基作曲的《洋娃娃的葬礼进行曲》是一首充满悲伤而低婉的乐曲,让儿童欣赏时,可以借助于一个与音乐的沉重、伤感气氛相吻合的童话故事《鼹鼠和他的小花们》。通过故事中的人物、情节以及朗诵者的语气、语调所传达出的哀伤和无奈,恰如其分地衬托出音乐所要展现的特殊内容和意境。另外,选择语言辅助材料还需注意文学材料本身的审美性,并能为儿童所熟悉、理解和喜爱。

## 思考题

1. 结合实践,谈谈对学前儿童音乐能力发展特点的理解。
2. 简述如何通过学前儿童音乐活动培养儿童的创造力。
3. 什么是音乐游戏?音乐游戏有何特殊的教育价值?
4. 任选一首歌曲,尝试着将其改编成一个音乐游戏。
5. 谈谈如何在音乐活动中增强学前儿童的节奏感?
6. 如何理解幼儿园打击乐演奏活动中的配器以及原则?
7. 如何理解倾听技能是儿童音乐欣赏能力发展的前提和基础?
8. 结合本章内容的理解,设计或评析一则音乐欣赏活动。

## 第六章

# 学前儿童音乐教育的评价

## 第一节　学前儿童音乐教育评价的作用和原则

学前儿童音乐教育活动评价是针对学前儿童音乐教育的特点和各个组成要素,通过收集和分析儿童音乐教育活动各方面的信息,科学地监测和判断音乐教育价值和效益的过程;也是对音乐教育目标、活动方案、教育内容、材料、效果,以及教学活动过程的实际运行状况等的判断和评定过程。它是一种整体的评价,不仅包括对儿童音乐学习结果和儿童发展状况的测量和评价,更有对音乐教育本身价值以及音乐教育活动中教师的观念态度、活动的组织形式、教学目标的适宜程度、师幼互动的质量等的评估。因此,音乐教育评价是音乐教育理论研究的一个新兴而重要的领域,更是改进和提高音乐教育实践工作的有效工具和手段。

### 一、学前儿童音乐教育评价的作用

#### （一）反馈作用

学前儿童音乐教育的评价从其功能和作用来看,可以分为形成性评价(即对音乐教育发展过程的评价,旨在改进教育活动方案,使之趋于完善)和终结性评价(即对音乐教育活动结果的评价,旨在验证教育活动的成功程度和推广价值,得到有关教育活动合理性和有效性的充分而可靠的证据);若以内容来看,也可以归结为过程评价和结果评价。当然,这种评价的分类并不是绝对的,而是互为融合和渗透的。但是,无论哪种层面上的评价,其首先体现出的作用和功能就是反馈("反馈"即将教学活动的信息及时而有效地返回给教师,从而调整和改进教育进程)。通过对学前儿童音乐教育的评价,可以及时而敏锐地发现音乐教育过程中的新问题、新情况;判断音乐教育整体结构中的每一个环节是否有效;验证幼儿园制定的音乐教育目标、选择的音乐教育内容、方法、环境等是否与儿童的年龄特点、认知特点以及经验水平相适应等。只有对幼儿园音乐教育过程的全面而科学的测评和估价,才能进一步且有实效地确保改进教育工作、提高教育质量。因此,学前儿童音乐教育的评价作为一种反馈和矫正系统,不仅应畅通于音乐教育的每一个发展阶段,而且可以由此激发教师进一步改进和调整教育活动的动机和行为,强化和推广成功的经验,弥补和修正失败的经验,真正使音乐教育课程的发展成为一种不断完善和逐步扩大适应面的过程。

### （二）诊断作用

学前儿童音乐教育的评价具有"诊断"的作用。通过评价不仅可以指出现状和了解差异，而且还能够指出造成现状和产生差异的原因，从而给教育活动带来真正的诊断和改进的效果。如以音乐活动中儿童的知识及能力水平的反映来诊断音乐教育的目标和内容；以儿童的活动表现和活动结果来诊断儿童的音乐发展情况，以及是否达到音乐教育的目标和要求；以儿童在活动中的兴趣、情感以及个性等态度方面的反应来诊断音乐教育活动方法和程序等的科学性、合理性。总之，通过音乐教育的评价，能够及时地诊断出音乐教育目标、内容、方法、过程，以及与儿童音乐能力发展水平之间的适合程度，从而更好地考虑到音乐活动中儿童的差异性、教材的适应性、方法的可行性，不断地推动和促进学前儿童音乐教育的改革和发展。

### （三）促进作用

评价在某种意义上也是一种比较。有比较才能有鉴别，才能在比较和鉴别中显示其本身的价值。教育管理层、教育研究者和教师若把学前儿童音乐教育的评价作为一种持之以恒的自觉行为，就能够在对不同音乐教育形式和方法的评定、比较中，探讨不同教育模式的价值和优势，以更好地促进音乐教育的发展。此外，教师如果能在音乐教育过程的每一次实施中，从教师、儿童、环境和材料等方面作出一定的评价，并以此为基础进行下一层次教育活动的设计和实施，就可以避免"走弯路"，从而使教育活动产生最优化的效益。再者，经常性的评价也能够作为一种积累，为幼儿园及同行间的交流提供丰富而实用的参考信息，进而影响和促进音乐教育课程的发展、应用和推广。因此，学前儿童的音乐教育评价能够优化音乐教育的进程，提高音乐教育的质量和效率，真正促进教育对儿童发展的影响作用。

## 二、学前儿童音乐教育评价的原则

### （一）计划性原则

学前儿童音乐教育评价的目的是为了更好地推动和促进音乐教育。无论是上级行政部门的评价、教育同行间的评价，还是教师的自我评价，其最终目的都是为了总结经验，找出问题和确定改进的方向。因此，评价必须有明确的目的和计划，要使音乐教育在教师的自我调节和控制过程中向更加科学和完善的方向发展。要把评价工作纳入到幼儿园行政以及教师日常工作的计划轨道上来。

如某个中班的儿童在教师组织的集体音乐活动中常常不能很好地与同伴交流和合作，存在着心理上的障碍和技能上的困难。他在集体合作性的韵律活动和创造性动作表现中找不到合作的伙伴，在集体的奏乐活动中也不能协调地融合于集体的演奏之中。由此，教师在观察的基础上对该儿童作出了初步的发展方面的评价，并找出造成其发展障碍的原因，进而为他制订了一份特殊的、不断促进其发展的个案规划，且在实施过程中不断地观察、记录、再评价、再调整，最后使该儿童逐步跟上了一般儿童的发展水平。

### （二）针对性原则

对学前儿童音乐教育活动的评价要有针对性，即评价必须针对一定的具体问题或课题而展开。评价可以围绕当前教育活动中存在的主要问题，也可以针对某一个具体的音乐教育内容领域，还可以针对某个活动对象（儿童），且以促进问题的解决和改善为目的。如某个教师在"音乐欣赏"教学领域的活动中，根据儿童感知的特点，尝试以动作、语言及视觉图像为辅助手段进行音乐欣赏引导活动。经过一个阶段的教学，教师或幼儿园的教研组可以有针对性地对该教师的引导方法和教学手段作出一定的评价，并由此引出对幼儿园音乐欣赏教学模式的思考和探索。这样的评价既有一定的针对性，又体现一定的实用性。

### （三）全面性原则

教育评价是幼儿园教育的有机组成部分，是与幼儿园教育的目标和内容相一致的。在教育实践的动态发展过程中，教育评价必须连续不断地对音乐教育活动的各个组成部分和各个构成要素进行全面的评价。作为评价者，既要对儿童音乐学习和发展的情况进行评价，又要对教师的教学和指导作出评价；既要对儿童在音乐教育活动中的行为和表现进行评价，又要对儿童在日常环境中的音乐表现进行观察和评价；既要对儿童音乐活动中的能力、兴趣、情感等作出一般的、整体的评价，又要承认儿童在学习上的差异性，对个别儿童作出特殊的评价；既要对音乐教育活动的目标、内容以及音乐教育环境和材料的选择、利用进行评价，又要对音乐教育活动的形式、方法以及活动中教师与儿童的互动关系进行评价；既要对静态的活动要素进行评价，又要对动态的活动过程进行评价；既要使评价能够及时地发挥诊断的作用，又要保证评价不挫伤儿童的心理安全感和自尊心。总之，综合地考虑音乐教育各个方面的因素，进行全面而连续一贯、持之以恒的评价，把学前儿童的音乐教育评价作为一种制度，使之真正有益于儿童的发展和学习。

### （四）客观性原则

客观性原则是指在进行儿童音乐教育的评价时应持客观、公正、科学而实事求是的态度。特别是涉及对每一个评价对象——儿童作出相应的评价时，绝不能仅凭主观臆断或带有个人的感情色彩，必须坚持客观、公正的原则。一旦确定了科学而合理的评价标准，就不能随意地更改或变动。只有这样，才有可能促进音乐教育的深入开展，才有可能真正发挥评价的功能和作用。

## 第二节　学前儿童音乐教育评价的内容和标准

学前儿童音乐教育评价的内容是指评价的具体范围；评价的标准是指对评价要求的具体规定，即评价的尺度。它们共同构成了整个学前儿童音乐教育评价的指标体系。学前儿童音乐教育的评价工作，具体可以分为三个方面：一是对学前儿童发展方面，即儿童音乐能力发展的评价；二是对幼儿园音乐教育活动的评价，其中包括对音乐活动的目标、内容、方法、过程等方面的具体评价；三是对幼儿园音乐教育工作的整体评价。

### 一、学前儿童音乐能力发展的评价

学前儿童音乐能力的发展状况和发展水平,反映和表现在儿童日常生活中自发的音乐活动、教师组织安排的专门的音乐教育活动以及家庭中的音乐启蒙等方面。作为教师和家长,可以通过观察、谈话、问卷和测试等方法,对学前儿童音乐能力的发展作出相应的评价。除此之外,由音乐教育的专家学者以及权威机构所制定的儿童音乐能力发展的标准化测量工具和测验,也可以为我们真实地了解和评价儿童的音乐能力发展倾向和水平提供有价值的参考。以下介绍几种具有代表性的测验。

#### (一)《西肖尔音乐才能测量》

20 世纪初,美国音乐教育兴起了一场实施音乐测量和评价的运动。这是因为,对音乐教育实施测量和评价,可以通过较为客观、可靠而有效的测量手段来收集音乐教育过程中有关儿童在音乐上的发展特征和成就,从而使音乐教育能够依据音乐测量得来的客观资料,评价音乐教育及其过程,并修订和改进音乐教育的目标、课程、过程及其教学。

在这场音乐测量运动的推动下,诞生了世界上第一套标准化的音乐测量工具。它就是由美国音乐心理学的代表人物卡尔·西肖尔编制的《西肖尔音乐才能测量》。西肖尔在做了大量研究工作的基础上,制作了测量音乐才能的六个测验项目:(1)音高感——即音高差别感受性(用音高差别感觉阈限来测量,让被试听两个不同频率的单音,要求回答第二个音较第一个音是高还是低);(2)音强感——即音强差别感受性(用音强差别阈限来衡量,让被试听两个不同响度的单音,要求回答第二个音较第一个音是响还是轻);(3)时值感——即音长、音短差别感受性(用音长、短差别阈限来测定,让被试听两个不同时值的单音,要求回答第二个音较第一个音是长还是短);(4)音色感——即对音色和音质的区分能力(让被试听两个谐音有所差异的单音,要求回答两个音的音色是相同还是不同);(5)音高记忆——即在重复呈现某些彼此无关的音时,能发现某音音高变化的能力(让被试听两条连续音高,每条含三五个音,要求回答音高有何不同);(6)节奏感——即在重复呈现敲击的节奏型时,发现节奏变化的能力(要求被试者听两个节奏音响,回答节奏是相同还是不同)。

《西肖尔音乐才能测量》是一个典型的心理物理学性质的实验室测量。它把每一个子测验的自变量的变化仅控制在一个单片的因素内,且发声媒体是非音乐性质的实验室仪器,以此作为音乐才能测验的工具来预测广义的音乐成就的发展程度,其有效性(效度)并不高。同时,这套音乐测验并不是针对学龄前儿童的。他的这套音乐测验不仅是首开先河的,而且可以用来发现音乐潜能在不同个体上存在的差异性,如某个人可能对音高的微小差异高度敏感,对节奏差异中等敏感,对音色差异敏感性较低等。这些表现在不同个体身上的音乐能力倾向能够对儿童音乐成就的早期估测、诊断,以及音乐教学的因材施教提供有参考价值的依据。

#### (二)戈登的《初级音乐表象测量》

继《西肖尔的音乐才能测量》之后,西方音乐教育界相继出版了一系列有代表性的音乐才能测验。如翁氏音乐智力测验、克瓦尔瓦塞—戴克马音乐才能测验、德雷克音乐才能测验、戈登音乐才能测验、本特利音乐才能测验等。这些测验由于采用了钢琴、小提琴、大提琴及录音磁带作为测验的发声媒体和音响,其效度大大提高。值得一提的是,当代美国著名音乐教育家和心理学家埃德温·戈登在 1965 年出版了第一套《音乐才能测量》后,于 1979 年又出版了一套针对更年幼测验对象(幼儿园至小学 3 年级儿童)的测验手册——《初级音乐表象测量》,并由此提出在年幼儿童音乐能力倾向测验中更强调"直觉反应"和"audiation"(表象)在音乐才能发展中的重要性。

这套《初级音乐表象测量》手册包括两个子测验——音调测验和节奏测验。每个子测验包括 40 个测项,每个测项在音调测验中是成对的音序列,由 2 至 5 个时值相等的音组成。成对的音序列或完全相同,或改变其中一个音。节奏测验则是由音高相同的音组成的成对的节奏型。它们有的完全相同,有的拍子或音群的组织不同。每个测项里,每对片段中间隔 5 秒钟。所有的测项均为电子合成。测验的任务是要求儿童听辨这些成对的片段中第一个和第二个是相同还是不同。为便于学龄前儿童回答测验的问题,戈登特别设计了一些儿童熟悉的物品图形,如汽车、匙子、帽子、船等,用来代表各个测项;同时还设计了笑脸和皱眉面孔的图形,供儿童选答:若测项中成对的片段相同,儿童就在两个同样的笑脸图形上画圈;如果不同,就在一个笑脸和一个皱眉面孔图形上画圈。[①]

戈登的《初级音乐表象测量》关注的是儿童直接的听觉印象和音乐表象作用两种能力,并以这两方面来组织和设计测验的项目及材料的。因此,通过测量,既能使教育者了解到儿童这两种能力发展的天生潜能,也能促使教育者为促进儿童这两种能力的发展寻找后天的音乐经验。

### (三)日本的儿童音乐能力诊断测验[②]

这是一个由日本音乐心理研究所编制的标准化的测验工具,该测验的适应对象为 4—7 岁的学前儿童。测验材料及指导语全部采用录音播放的方式提供给儿童。另外,该测验采用书面选择答题的方式,答题册上所有内容都用形象直观的图画呈示,且画面精美,富于童趣。儿童答题仅需根据判断画圈或打叉。因此,这套工具可以在大面积的集体测量、评价工作中使用。

整套测验包括五个部分:

第一部分:强弱听辨——画面包括 1 个例题和 4 个测试题。每题 1 分,共 4 分。每题由一对音量不同的音乐片段组成。要求被试听辨并指出各组中音量较强的那个片段,并在相应形象下的方格内画圈。

第二部分:节奏听辨——画面包括 1 个例题和 4 个测试题。每题 1 分,共 4 分。每题由一对鼓声节奏组成。要求被试听辨并指出各组中的一对鼓声节奏之间是相同还是不同。若相同便在相应画面中的方格内画圈,否则打叉。

第三部分:高低听辨——画面包括 2 个例题和 8 个测试题。每题 0.5 分,共 4 分。前 4 个测试题由一对单音组成,后 4 个测试题由一对音乐片段组成。要求被试听辨并指出各组中的一对单

---

① 刘沛:《美国音乐教育概况》,上海教育出版社 1998 年版,第 252 页。
② 许卓娅:《学前儿童音乐教育》,人民教育出版社 1996 年版,第 342—343 页。

音或音乐片段中较高的 1 个,并在相应形象下的方格内画圈。

第四部分:音色听辨——画面包括 1 个例题和 5 个测试题。每题 0.8 分,共 4 分。每题由 3 个演奏不同乐器的形象组成。要求被试听出录音中播放的音乐是何种乐器演奏的,并在相应形象下的方格内画圈。

第五部分:音乐欣赏——画面包括 6 个测试题,共 4 分。每题由 2 个性质不同的画面组成,如热闹的公园,安静的田野;老牛拉车,骏马奔驰等。要求被试听出录音中播放的音乐更接近于哪幅画面所描写的内容。

从上述介绍的几种儿童音乐能力发展的标准化测验中,我们可以看到:这些对儿童音乐能力方面的早期测试,其目的一方面是为了有助于识别儿童的音乐天赋,另一方面是为了较好地了解、评价儿童音乐发展的水平及音乐能力发展方面的优势和缺陷,从而使教育者能从测验的有效数据中引起分析和思考,有针对性地为儿童提供适宜、优化的音乐环境,进一步合理地调整和改进音乐教学。因此,结合我国本土文化的特点及我国音乐学科教育和儿童实际发展状况,在借鉴国外音乐测验量表的基础上编制合适的测验项目并付之以实践,是极其有意义的一项工作。

## 二、幼儿园音乐教育活动的评价

对学前儿童音乐教育活动的评价包括以下几个方面:

### (一) 活动目标的评价

活动目标是由教师按照一定的教育要求和儿童本身发展的需要制订的一种对活动结果的期望。在活动目标的评价中,可以从三个方面入手:一是评价活动目标与音乐教育的总目标、年龄阶段目标以及单元目标是否有紧密的联系;二是评价活动目标是否涵盖了认知、情感与态度、操作技能三方面的要求;三是评价活动目标是否与儿童的实际情况相适应。

学前儿童音乐教育的目标体系是一个完整而有序的统一体,每一个活动目标都是总目标、年龄阶段目标的具体化;每一个活动目标的实现,都是向阶段目标和终极目标迈进了一步。因此,在评价音乐教育活动目标时,有必要从目标体系的统一性出发,分析该目标与其上一级目标的联系,以此评价目标的合理性。如在一个中班的韵律活动中,教师制订的目标之一是"根据音乐的节奏做相应的动作"。独立地看,这个目标似乎是切实可行的,儿童在音乐活动中也能够完成;但若联系中班的年龄阶段目标和音乐教育的总目标来看,则该条目标没有很好地贯彻和体现总目标中对引导儿童的创造性动作表现以及引导儿童合作进行动作表现的要求,显得不够合理和完善。

在评价活动的目标时,还应判断活动目标的构成情况。一般说来,目标应显示出认知、情感与态度和操作技能三方面的要求。当然,这并不是说教师的每一次活动目标制订都要人为地去"凑"这三个方面,而是可以根据具体的活动教材和儿童的实际情况,有侧重地来制订相应的目标。可以有重点地将目标做主次之分、先后之分。

虽然年龄阶段目标概括的是某一具体年龄儿童一般的发展趋势和教育要求,但是对于不同的班级、不同的儿童还会存在一定的差异性。因此,评价活动目标还必须看教师制订的目标是否与本班儿童的实际水平和发展特点相联系。如中班儿童的韵律活动教学目标中"享受并体验用动作、表情和姿态与他人交流的方法和乐趣"这一目标,教师就要根据班级的实际情况区别对待:若班级儿童音乐能力发展水平相对较差,班级男孩子较多,不善于进行动作表现的儿童较多,同时大多数儿童没有与同伴合作进行动作表演方面的经验,那么,就不宜盲目地照搬这一目标,而应相应地放低要求或放慢速度,将目标化解为若干个分层递进的分目标来实施。

### (二) 活动内容的评价

活动内容是实现活动目标的中介。评价音乐教育活动的内容,主要是指对活动内容选择和设计两方面的评价。首先,要评价活动内容的选择是否与音乐教育目标相一致,是否与音乐教育所涉及的范围、领域相一致,是否与儿童的能力发展水平相一致。其次,要看音乐材料本身的审美性和艺术性:音乐与其他学科教育活动的重要区别在于音乐自身独特的审美性。因此,教师为儿童选择的音乐材料应当具备音乐艺术的这一表现特性,使儿童在美的陶冶中获得教育。

另外,还应评价对活动内容的设计和组织:评价在一个具体的音乐活动中各部分内容间的比例关系是否合理,评价活动内容与活动形式是否相适应,评价活动内容的组织安排是否突出重点、难点,评价活动内容各个部分之间的过渡衔接是否流畅等。

### (三) 活动方法的评价

活动方法是实现活动目标的手段和途径。它既包括教师主动的引导和教学的方法,也包括儿童主体的探索和操作的方法。在音乐教育活动中,方法的设计和运用起着举足轻重的作用。

评价活动方法主要体现在以下几个方面:一是评价方法的选择和运用是否与活动的目标和内容相呼应;二是评价方法的选择和运用是否顾及到了儿童的年龄特点和接受水平;三是评价活动的方法是否强调并体现了儿童的自主性和主体性;四是评价活动的方法是否注意到了与音乐活动环境和有关设备相联系。

### (四) 活动过程的评价

音乐活动过程是一个综合而复杂的过程。对活动过程的评价也是一个动态的评价过程,它涉及教师、儿童以及其他方方面面。一般说来,可以从以下几方面着手进行评价:(1)评价教师的行为:主要是指对教师在活动过程中的教态、精神面貌作出一定的评价,观察教师在活动中的教态是否亲切自然、精神饱满而有一定的热情;是否能做到正确而清晰地示范讲解;是否善于调动儿童的积极性;是否能巧妙而熟练地运用角色的变化引导儿童学习;是否善于设置一定的提问以有效地激发儿童的独立思考等。(2)评价活动中教师与儿童的互动情况:主要是分析与评价教师在活动中是否注意到为儿童创设一定的活动环境,以引发儿童的主动学习;是否注意到充分激发儿童的兴趣、意志、自信、独立等良好的心理品质;是否注意到与儿童的情感交流以及为儿童之间的情感沟通创设机会和条件等。(3)评价活动的组织形式:主要是分析和评价在音乐活动的展开过程中,教师是否适当地采用了集体活动、合作活动以及个别活动等多种组合和变化;是否在活动过程中体现了因材施教;是否注意到了不同组织形式中儿童的人际交往等。(4)评价活动的结构安排:主要是评价活动的结构安排是否紧凑、有序;是否注意到每一个环节和步骤之间的层次性、系列性、递进性;是否体现了结构安排上的动静交替等。

### (五) 活动环境和材料的评价

活动的环境和材料与活动的目标、内容有着必然的联系。因此,在音乐教育活动的评价体系中,也包含着对活动环境和材料的评价。这一评价主要包括:(1)评价环境和材料的选择与设计是否能体现音乐教育活动目标的达成和与音乐活动内容相适应;(2)评价环境和材料的选择与设计是否能适合儿童的实际需要和操作能力;(3)评价活动的材料或道具是否适合于音乐活动的展开,如提供的材料和道具具有一定的艺术性和表现性,能够在数量上有所保证等;(4)评价活动过程中,环境和材料是否得到最大限度的开发和利用,即充分地发挥了环境和材料的作用。

### (六) 活动效果的评价

活动效果的评价主要是指从儿童方面反映出来的教育结果。它包括以下几个方面的评价:(1)评价儿童在活动过程中的参与和学习态度——注意力是否集中、表现是否积极、主动等;(2)评价儿童在活动过程中的情绪情感反应——精神是否饱满、情绪是否愉快、轻松等;(3)评价儿童对活动预期目标的达成情况。

## 三、幼儿园音乐教育工作的整体评价

除了对学前儿童音乐能力发展的评价以及音乐教育活动本身的评价以外,学前儿童音乐教育的评价还包括从幼儿园管理层面出发的对幼儿园音乐教育工作的整体评价。它包括:对幼儿园音乐教育的整体计划和实施;对贯彻《幼儿园工作规程》精神、研究音乐教学规律、改进音乐教学方法和提高音乐教学质量的具体探索和落实;对音乐教育环境和设备的创设;对专门的音乐教育与渗透的音乐教育的有机交融等方面。这种评价是建立在前两种评价的基础之上的一种综合性的评价。它既可以作为上级教育行政部门对幼儿园教育管理工作评价的一个方面,也可以成为幼儿园管理层对幼儿园教育管理工作自我评价的一个方面。幼儿园音乐教育工作的整体评价可从以下几个方面来进行:

### (一) 音乐教育管理

主要是评价幼儿园管理层是否重视音乐教育并加强了音乐教育的管理。具体的评价指标是:(1)是否按教学计划开展音乐教育活动且有时间上的保证;(2)是否能为教师提供备课、教研以及必要的学习和进修的时间和机会;(3)是否有明确的音乐教育工作总计划以及针对每一个活动的、目标明确而措施具体的音乐活动计划;(4)是否有专题性的音乐教育工作经验总结,从中起到肯定成绩、找出问题和确定方向的作用;(5)是否有专门的主管教学的领导或音乐学科带头人负责音乐教育工作,举行定期与不定期的研究、指导和总结活动;(6)是否落实对每个音乐教师的教学活动进行听课和评课；（7）是否有专门的儿童音乐活动室；（8）是否保证有一定的经费用于添置相应的音乐教学设备，如打击乐器、钢琴、音响等；（9）是否有相应的走出幼儿园、开阔儿童音乐眼界的音乐活动，如参加少儿音乐表演、欣赏少儿音乐会等。

### （二）音乐教学研究

主要是评价幼儿园是否有具体的措施保证和落实音乐教学的研究。具体的评价指标是：（1）幼儿园或学科教研组是否有教研的专题，并有计划、有步骤地开展教研活动；（2）是否经常组织学科教研组教师之间互相的听课和说课、评课活动；（3）是否注意引导和指导教师探索并运用现代化的教学设备和手段；（4）是否积极鼓励和组织教师参加市、区或园一级的教学评优和竞赛活动；（5）是否鼓励教师在各种刊物上发表教学经验和教学论文。

### （三）师资队伍建设

主要是评价幼儿园是否有加强教师队伍建设方面的相应措施。具体的评价指标是：（1）是否经常加强教师的师德教育，以推动教师敬业、钻研，提高教育质量；（2）是否创造条件有计划地对教师进行业务的培训和提高；（3）是否注意引进和介绍富有经验的优秀教师来园"传经送宝"；（4）是否创设一定的条件为青年教师与资深教师结对子，以尽快提高青年教师的业务水平。

### （四）资料收集与积累

主要是评价幼儿园管理层是否注意对反映幼儿园音乐教育工作质量的资料的积累。其具体的评价指标是：（1）是否每学期有关于音乐教育的各个层面的计划和专题总结；（2）是否有代表幼儿园一层的音乐教育专题研究小结或报告；（3）是否有领导或教研组同行间听课、评课记录；（4）是否有反映幼儿园代表性的各种音乐活动的有关照片、录音或录像；（5）是否有发表在有关刊物上的音乐教育经验总结、音乐活动设计或音乐研究报告。

## 第三节 学前儿童音乐教育评价的方法

学前儿童音乐教育评价的方法和形式是多种多样的。在评价的过程中，可以采用多元决策、综合评估的方法，从教师、儿童、家长、领导、同行等多方面搜集信息，以此作为评价的有效依据，对学前儿童的音乐教育作出客观而科学的评价。学前儿童音乐教育评价的基本方法一般有观察法、谈话法、问卷法、测试法以及综合等级评定法等。

### 一、观察法

观察法即有目的、有计划地在儿童的音乐活动中进行即时的观测，并对观测结果作出一定评估的方法。这种音乐教育评价的方法，既有一定的合理性，又便于施行操作。通过观察，教师可以获取来自儿童的多方面的反馈信息。这不仅能使教师真实地了解到每个儿童的音乐发展水平和能力，而且能帮助教师从观察结果中更好地了解到教育活动进程的利和弊，并及时地调整和改进活动的内容、方法和组织形式。

利用观察法进行评价，可以从两个不同的途径进行：一是自然观察，即教师在儿童的日常生活中、在儿童最真实自然的自发音乐活动中进行儿童行为、表现的观察评价。教师只需在观察前明确所要观察的内容，在观察中作好相应的记录。如有这样一段观察记录：某日，甲、乙两个幼儿在自由活动的时间里进行自发的音乐活动。甲幼儿："妈妈带我去参加舞蹈班了。"他边说边做起了舞蹈班中教授的手臂动作，乙幼儿不在意地看着。甲幼儿："我来教你。"他边说边拉起乙幼儿的手臂，乙幼儿不屑地挣脱开手，转身离去。从上面的观察记录中，我们可以对甲、乙两个幼儿的音乐兴趣、表现欲和个性特点作出相应的不同评价。由于自然观察可以不受时间的限制，随时、随地、随机地进行，因而体现出一定的灵活性；但是由于自然观察的行为和表现处在不同的环境、时间和空间中，因而也就影响到观察记录的效果。二是人为创设一定的环境进行观察。对于在一般日常的活动中难以观察到的情况，教师可以根据评价指标体系的要求，特别设置一个活动、游戏或场景，以促使儿童自然地表现其音乐发展方面的状况。如要评价儿童对音乐的主动探索能力的发展，可以创设这样一个环境：在录音机里播放一首三拍子的轻柔音乐，提供一些不同小动物的头饰以及纱巾、彩带等道具，要求儿童用这些材料和道具结合身体动作进行自我的探索和表现。教师可以通过这一特别的安排，观察到班级每个孩子不同的能力表现。由于这样的观察取之于一个具体创设的环境，因而其效果往往相对令人满意。

## 二、谈话法

所谓谈话法，即评价者（或教师）与被评价者（或儿童）进行直接的口头交流，以获取有关音乐方面信息的方法。谈话的形式可以是提问，也可以是讨论等其他较自由的形式。如在日常的生活中，教师可以有意识地接近一些在平时的音乐教育活动中表现比较消极、对音乐活动没有参与兴趣的儿童，通过与儿童平等式的自由交谈，了解儿童上述表现的真实原因：究竟是来自于儿童本身的原因，还是来自于教材方面的原因，抑或来自于教师教学方法上的原因等，以此评价的信息作为参考，及时地调整和改进音乐教育。这种评价的方法不是一种科学的定量分析，也没有特别编制和设计的评价指标，因此，拟作为一种较宽泛的、辅助性的音乐教育活动评价方式加以合理的运用。

## 三、问卷法

问卷法是指在音乐教育中通过对教师、领导、同行及家长的书面文字形式的问题调查，来获取有关信息的一种评价的方法。通过问卷，既可以使教师清醒地反思其音乐活动的组织和引导；也可以从来自旁观者的信息反馈中了解到儿童的音乐兴趣爱好、音乐能力发展水平、情感表现特征，以及音乐教育活动内容、形式或方法选择的合理性和可行性，进而逐步加以调整。

### 四、测试法

测试法是通过标准化的测量工具或自行设计和编制的音乐能力测验,对儿童的音乐能力发展作出科学评价的一种方法。由于测试法多引用权威机构或专家编制的标准化测验项目和试题,因而能比较真实而客观地反映出儿童的原始情况。这种评价方法的优势在于其科学性较强,有效度较强,特别适用于对不同年龄儿童或个别儿童音乐能力发展水平、特点、趋势和差异的评估,以及用来收集儿童音乐教育前后发展变化的资料,从而作出一定的评价。

### 五、综合等级评定法

综合等级评定法是特别针对音乐教育活动而设计的一种有综合评价指标体系的活动评价方法。通过综合等级评定,既可以对音乐活动的各个有关因素进行静态的分析和评价,也可以对音乐活动的各种状态进行动态的分析和评价,以此得到综合的评价信息。同时,将评价的结果以一种等级描述的形式来反映,既便于定量分析,也便于定性分析;既可以适用于上级领导对音乐教育工作的实地检测或同行教师间的互评,也可以适用于教师的自我评价等。以下试举两例:

例1:音乐教育活动原始评价记录

| 活动名称: | | 教师: | |
|---|---|---|---|
| 活动时间: | | 年龄班: | |
| | | 原始记录 | 分析评价 |
| 活动目标 | | | |
| 活动内容 | | | |
| 活动方法 | | | |
| 活动环境和材料 | | | |
| 活动过程 | 教师表现 | | |
| | 师幼互动 | | |
| | 组织形式 | | |
| | 结构安排 | | |
| 活动效果 | 情绪 | | |
| | 注意力 | | |
| | 参与性 | | |
| | 目标达成 | | |

注:上述评价记录可以用于领导、同事间的评价,也可以用于教师的自评,目的是通过对活动原始记录的分析和评价,寻找和探讨存在的问题及解决的方案,更好地促进教学。

例2:音乐教育活动定量评价方案①

| 序号 | 评价项目 | | 评价意见 | | | |
|------|---------|---|------|------|------|------|
| | | | 好 | 较好 | 一般 | 差 |
| 1 | 教师态度 | 活动准备 | | | | |
| 2 | | 精神面貌 | | | | |
| 3 | 教师能力 | 活动设计 | | | | |
| 4 | | 活动组织 | | | | |
| 5 | | 活动指导 | | | | |
| 6 | | 音乐能力 | | | | |
| 7 | 儿童表现 | 情绪态度 | | | | |
| 8 | | 内容掌握 | | | | |
| 9 | | 能力锻炼 | | | | |
| 说明 | 1. 无记名填写本表<br>2. 实事求是,严肃认真<br>3. 在你认为符合的评价意见栏内画"√"<br>4. 评价时参考具体标准 | | | | | |
| | | | | | | |

注:上述评价方案可以用于教学评优及对教师音乐教学能力的鉴定、区分性评价。在评价时应参考具体评价标准。最后,可根据需要将等级描述转换成分数,进行统计处理。

**附:具体评价标准**

**▲ 教师态度**

1. 活动准备

好:熟悉活动的内容和程序;了解儿童的一般水平和个别差异;对活动所需要的材料、场地等因素考虑充分、细致。

较好:熟悉活动的内容和程序;了解儿童的一般基础;能考虑到活动所需要的材料、场地因素。

一般:基本掌握活动的内容和程序;了解儿童的一般基础;对活动的材料、场地因素考虑不周,并因此而影响活动的顺利进行。

差:对活动的内容、程序不清楚;对儿童的一般基础把握不住;对活动的材料、场地欠考虑,并因此而严重影响了活动的顺利进行。

2. 精神面貌

好:精神振奋,对活动显示出高涨的热情;对儿童的态度亲切、自然;能经常将身体倾向于儿童,并能经常与儿童进行身体接触和目光交流;讲解、示范对儿童具有吸引力。

① 许卓娅:《学前儿童音乐教育》,人民教育出版社1996年版,第355—359页。

较好:精神振奋,对活动显示出热情;对儿童的态度亲切、自然;讲解、示范对儿童比较有吸引力。

一般:精神面貌一般,对活动的热情不明显;对儿童的态度比较亲切、自然;讲解、示范尚能引起儿童注意。

差:情绪平淡,对儿童的态度比较严肃,而且有时表现急躁;讲解、示范难以引起儿童注意。

▲ 教师能力

3. 活动设计

好:活动设计目的明确,内容充实,结构合理,层次清晰;材料的选择、处理有独创性;活动方案书写清洁、工整、规范。

较好:活动设计目的明确,内容充实,结构合理,层次清晰;活动方案书写清洁、工整、规范。

一般:活动设计目的尚明确,内容比较充实,结构层次不够合理、清晰;活动方案书写规范。

差:活动设计目的不够明确,内容相互脱节,结构层次凌乱、分散;活动方案书写不规范。

4. 活动组织

好:能有效调动和始终保持大多数儿童参与活动的积极性、主动性;能冷静地、有条不紊地追求教育活动的目标,执行教育活动的计划;能灵活地根据儿童的实际情况及时调整教育活动的目标或计划。

较好:能努力调动和保持儿童参与活动的积极性;能明确地追求教育活动的目标,执行教育活动的计划;能注意调整教育活动程序中的某些明显不适当的环节。

一般:尚能注意激发儿童参与活动的积极性;能明确地追求教育活动的主要目标,执行教育活动的计划。

差:不注意激发儿童参与活动的积极性;不能明确地追求教育活动的目标,执行教育活动的计划时经常遗漏必要的环节。

5. 活动指导

好:讲解示范准确、熟练、清晰,能够为儿童所接受;能熟练地利用角色变化来引导儿童的学习;能通过提问有效地激发儿童的独立思考和相互交流;能适时适度地给儿童以具体帮助;能针对个别差异进行指导。

较好:讲解示范准确、熟练、清晰,能够为儿童所接受;尚能注意利用角色变化来引导儿童的学习;尚能注意用提问的方式来激发儿童的独立思考和相互交流;能给儿童具体的帮助。

一般:讲解示范比较准确、熟练、清晰,偶尔也能利用角色变化来引导儿童的学习;偶尔也能给儿童以具体的帮助。

差:讲解示范不够准确、熟练、清晰,很少给儿童以具体的帮助,经常用指责的方式来指导儿童的学习。

6. 音乐能力

好:示范表演有很强的艺术表现力和感染力;伴奏熟练,而且也具有很强的艺术表现力和感染力;分析、讲述音乐的内容、形象、结构时准确、清晰、富于艺术性和童趣。

较好:示范表演有一定的艺术表现力和感染力;伴奏比较熟练,而且具有一定的艺术表现力和感染力；分析、讲述音乐的内容、形象、结构时比较准确、清晰，有一定的艺术性和童趣。

一般：示范表演缺乏艺术表现力和感染力；伴奏尚完整、连贯；分析、讲述音乐的内容、形象、结构时尚能准确、清晰。

差：示范表演缺乏艺术表现力和感染力；伴奏错误较多，时常间断；分析、讲述音乐的内容、形象、结构时不够准确、清晰。

▲ **儿童表现**

7. 情绪态度

好：儿童在活动中能够始终保持轻松、愉快的情绪，以饱满的热情积极主动地投入活动；儿童能够注意力集中地倾听、观看教师或其他儿童的谈话和表演。

较好：儿童在活动中能够经常保持轻松、愉快的情绪，多数儿童能够积极主动地投入活动；在教师或其他儿童谈话、表演时，儿童一般尚能集中注意力地倾听和观看。

一般：儿童在感兴趣的环节中显得轻松、愉快；对感兴趣的活动内容能够主动参加；在教师或其他儿童谈话、表演时，儿童偶尔能集中注意力地倾听和观看。

差：儿童对整个活动缺乏兴趣、热情；情绪紧张或平淡；时常显得疲劳和不耐烦；在教师或其他儿童谈话、表演时，儿童不能集中注意力倾听和观看，多数儿童走神或做小动作。

8. 内容掌握

好：绝大多数儿童掌握了活动的主要内容，学习质量好。

较好：多数儿童掌握了活动的主要内容，学习质量较好。

一般：部分儿童掌握了活动的主要内容，学习质量一般。

差：多数儿童没有掌握活动的主要内容，学习质量差。

9. 能力锻炼

好：大多数儿童在活动中获得了能力锻炼的机会，有一定进步。

较好：部分儿童在活动中获得了能力锻炼的机会，稍有进步。

一般：少数儿童在活动中获得了能力锻炼的机会，进步不大。

差：儿童在活动中极少有能力锻炼的机会。

**思考题**

1. 简述学前儿童音乐教育评价的作用和意义。
2. 学前儿童音乐教育评价应遵循哪些原则？
3. 如何评价学前儿童音乐能力的发展？
4. 怎样评价学前儿童音乐教育活动目标、活动内容、活动方法、活动过程以及活动效果？
5. 幼儿园音乐教育工作的整体评价包括哪些方面？
6. 什么是观察法？如何利用观察法进行学前儿童音乐能力发展的评价？
7. 除观察法以外，还可以用哪些方法来评价学前儿童音乐能力的发展？
8. 试以综合等级评定法记录并评价一个具体的音乐教育活动。

## 第七章

# 学前儿童音乐教育的有效实施

## 第一节　幼儿园音乐教育活动的有效设计

所谓教育活动设计是指依据一定的教育目标,选择一定的教育内容和方式,对儿童施加教育影响的方案。[①]

### 一、幼儿园音乐教育活动设计的基本原则

音乐教育活动设计的原则是指音乐教育活动应遵循的基本准则。它既是某种音乐教育理论观点的体现,也是音乐教育活动客观规律的反映。对于教师而言,在组织幼儿园的音乐教育活动之前,设计活动是一项非常重要的工作。为了确保活动的质量以及儿童的真正发展,我们有必要在设计音乐教育活动的过程中注意遵循以下几条原则。

#### (一) 发展性原则

发展性原则是指在设计幼儿园的音乐教育活动时,教师必须准确地把握好儿童原有的基础和能力水平,并以此为依据着眼于促进儿童身心的全面发展。

贯彻发展性原则,首先表现在音乐活动应适应儿童的发展水平,应将儿童原有的基础和发展目标联系起来考虑。例如中班开展韵律活动"美丽的花园"——要求儿童用创造性的身体动作表现各种不同类型和姿态的花。在这一活动的设计之前,教师首先应了解中班儿童的认知特点、他们有没有相关的知识经验、是否具备了创编的经验或能力等,以此来确定活动的目标和具体要求。在活动设计中,教师的作用是在了解儿童的阶段水平的基础上,引导并推进儿童向前发展,也就是在儿童现有发展水平的基础上,找到心理学家维果茨基所指出的"最近发展区"(即符合儿童身心发展成熟程度的发展的新的可能性)而施以教育的影响。具体地说来,即要保证音乐活动目标的制订、活动内容的设计、活动方法的选择与儿童的发展阶段相符合;教材的结构和顺序要适应儿童发展的先后次序,通过小步递进的形式真正推进每个儿童在原有的基础和水平上获得发展。

---

① 郭亦勤主编:《学前儿童艺术教育活动指导》,复旦大学出版社 2006 年版,第 148 页。

其次,贯彻发展性原则还必须坚持以促进儿童的发展为音乐教育活动的出发点和落脚点。设计活动时,首先应考虑活动对儿童的发展有何作用和价值,以及如何通过活动促进儿童的发展。

再次,贯彻发展性原则还表现在音乐活动应促进儿童全面的发展,既包括音乐的素质和能力,也包括非音乐的素质和能力。这是指在身体、认知、情感、个性和社会性等方面的整体、和谐、全面的发展。对于一个音乐活动的目标来说,来自三个方面的目标是并重的,不存在孰轻孰重,更不能注重一方面而偏废另一方面,应该以一个合理而有机结合的整体体现在活动的设计之中。

### (二) 主体性原则

幼儿园的教育活动是通过教师、教育信息及儿童之间的相互作用而展开的。在教育活动的过程中,从教师的角度而言,教师教的行为是一种有目的、有计划、有意识的主动行为,旨在通过教育活动的中介对儿童施加教育影响以促进儿童的发展;从儿童的角度而言,儿童学的行为也是一种主动的行为,儿童的发展是儿童主动与活动对象相互作用的结果。因而,在教育活动中,正确地处理好教师与儿童的关系是十分重要的。

音乐教育活动的主体性原则是指教师在音乐活动的设计中必须合理而恰当地处理师幼关系,既要引导儿童主体积极地感受、体验音乐,又要在促进儿童与音乐的互动中适时、有效地发挥教师的主体作用。虽然教师根据社会的要求和教育的目标可以对儿童施加一定的教育影响,但绝不能代替儿童的实践。只有当教师的教育影响能够促使儿童真正成为自己学习和发展的主体时,教育的既定目标才有可能得以最好的实现,教育的理想效益和最优化才有可能达成。因此,在设计音乐教育的活动时,教师必须考虑和处理好教师的主导作用(即教师参与、指导的活动)与儿童的主体活动间的比例关系。若以两者在音乐活动中所占的比重为依据,我们暂且可以将教师与儿童的互动方式分为三类:一是指导性互动方式,即那些教师参与成分比较多、指导作用比较明显的互动关系。在这种互动方式中,教师往往通过直接的指导来刺激儿童接受教育信息。二是引导性互动方式,即教师参与活动的成分相对减少,给儿童以较多的自由活动和探索机会的互动关系。三是中介性互动方式,即教师与儿童不直接发生交互作用,而是通过一个中介因素(如某个辅助性的教具或玩具等)来传递教育信息,指导和影响儿童的活动。[①] 以上三种不同的互动方式必然会产生完全不同的活动结构、组织方式和具体过程,也必然会导致不同的活动结果。如果在音乐活动的设计中采用指导性互动方式,则活动中教师讲解、提问,儿童模仿、练习的组织形式更明显;活动的结构大多为传递——接受式;活动的程序也多从教师的讲解开始,再到儿童的练习,最后以教师的总结而告终。若以引导性互动方式来设计音乐教育的活动,则活动中教师不是直接地介入,而是引导儿童主动参与、探索和创造,其活动的结构为儿童的自由探索式、自发学习式;活动的过程也是从儿童的自由探索开始,再到儿童的大胆想象、表现,最后以儿童获得探索的经验并产生新的探索欲望而告终。由此可见,音乐教育活动中遵循主体性原则正是儿童主体地位和教师主导作用的具体体现。作为教师,要善于把握、调节好儿童与教师之间关系的尺度,注意"参与"和"指导"的适度性,并根据活动的形式、要求以及儿童的需要,灵活地、随机地增加或减少。

---

① 程晓樵:《幼儿园教育活动设计的几个问题》,《幼儿教育》1994 年第 3—4 期。

### （三）审美性原则

所谓审美性原则，是指在音乐教育活动设计中把握好儿童的审美特点，以审美感知的培养、审美情感的激发为出发点，遵循将审美的特殊性质贯穿于音乐的欣赏、表演和创造等活动形式之中。

对于儿童来说，在音乐的学习活动中除了获得一定的知识技能、发展一定的能力以外，还被引领进入一个美的世界。审美的音乐的基本特性，是音乐教育活动必不可少的特殊性质。这种性质是确保音乐教育目标有效达成的必要条件，也是音乐教育在全部教育中的独特之处。富有审美性的音乐教育活动不仅能使儿童的情感世界变得更加丰富，而且能增强儿童的独创性，发展儿童创造美的能力。

音乐教育活动中的审美性原则，具体来说，是通过教师启发引导下的音乐美的感受、体验活动逐渐培养儿童获得认识美、爱好美和创造美的能力。为此，教师在活动设计的过程中可从以下几个方面入手：（1）寓美于形，即寓审美性于生动形象的音乐活动内容和形式之中。首先，教师必须为儿童选择富有审美趣味和意境的音乐作品和材料，从音乐听觉能力的培养开始，通过对音乐作品中具体可感的音乐形象的分析和比较使儿童接受美的熏陶；其次，应注意从音乐本身的审美特性出发，使内容与形式相适应，这种适应是指两者之间是否协调、是否能够很好地唤起儿童的审美情感和体验。例如音乐欣赏活动——《梦幻曲》，它是德国著名音乐家舒曼创作的一首宁静优美的世界名曲。由于音乐的性质是宁静而柔和的，音乐的节奏是舒缓而绵长的，且音乐对儿童来说不具备可直接感受到的具体形象化的故事或情节。因此，在给儿童欣赏此曲的活动中，可以采用一个与音乐的气氛和意境相吻合的配乐故事或散文来帮助儿童感受和理解音乐所要表达的情感。这种以语言材料为辅助手段的音乐欣赏形式显然与其欣赏的内容是相协调的，它能较好地唤起儿童的审美体验，丰富儿童的审美情感。（2）寓美于情，即寓审美教育于儿童的情感体验之中。在音乐活动各个环节、程序的安排以及教师引导方法的设计中牢牢地把握住这一点，通过音乐作品唤起儿童的情感体验，激励儿童的积极情感，在一定的联想和想象中产生情感的共鸣。（3）寓美于乐，即将审美性寓于轻松有趣、活泼快乐的音乐活动形式之中。儿童的审美教育和熏陶不仅要有美的作品，还要有合适的环境。审美教育的影响对儿童来说，既不是一种说教，也不可能有立竿见影的效果。因此，在儿童的音乐活动以及日常生活中，自然地、自如地、随机地、潜移默化地渗透，才是儿童易于接受和乐于接受的。

总之，把审美性原则贯穿于幼儿园的音乐教育活动，不仅有利于把审美作为推动儿童与音乐相互作用、启发儿童的想象力和创造力，而且能使儿童在不断地体验美和创造美的过程中，增强和提高审美趣味，这也是音乐教育的目标之一。

### （四）整合性原则

整合性原则是指在音乐教育的活动设计中自然地将音乐领域的内容与其他学科领域的内容相互交融和渗透，同时也是将各种不同领域的音乐内容、不同的音乐学习方法等作为一个互相联系的完整体系来看待。

虽然在幼儿园的音乐教育活动中，儿童学习和吸收的主要是音乐方面的信息，但其他非音乐方面的信息也是不可缺少的。《幼儿园工作规程》早就提出幼儿园教育的任务之一是使"体、智、德、美各方面的教育相互渗透,有机结合",而且提出要"充分发挥各种教育手段的交互作用"等。可见,音乐教育活动不仅在于提高儿童的音乐素质和能力,更应融全面发展和完整人格的建构为一体,促使儿童得到整体、和谐的发展。

遵循整合性原则,主要体现在三个方面:(1)音乐教育活动内容的整合。这一方面是指把音乐教育各个领域的内容,如歌唱、韵律活动、打击乐演奏、音乐欣赏等,以一定的合理方式加以有机的整合。在每一个音乐活动的设计中不是仅仅反映某一单方面的音乐内容的要求,而是围绕着一个具体的音乐材料有机地结合各种不同音乐领域的特点落实内容和要求;另一方面,是指把各种不同教育领域的内容通过一个主题活动加以适当的整合。例如在"春天"的主题活动中,可以结合音乐欣赏曲——"大树和小鸟",通过边欣赏音乐边创造性地进行想象意愿画等形式,将音乐活动、语言活动和美术活动有机地整合在一起。(2)音乐教育活动形式的整合。这一方面是指将专门的音乐教育活动与渗透的音乐教育活动形式相互整合,将音乐教育渗透到各个不同发展领域中;另一方面是指在音乐活动的设计中,将集体活动与个别活动及相互合作的活动形式相整合。(3)音乐教育活动过程的整合。这一方面是指在每一个具体的音乐活动设计中,将认知、情感、行为、能力等的培养结合、统一在活动过程中;另一方面是指将欣赏、表演、创作等不同的音乐活动表现形式结合、统一在一个音乐活动的过程之中。

## 二、幼儿园音乐教育活动设计的具体环节

幼儿园音乐教育活动设计包括对活动目标、活动程序、活动方法、活动环境和材料的设计环节。

### (一)活动目标的设计

活动目标的设计是教育活动设计的第一步,也是最为关键的一步。它是教师依据音乐教育的总目标以及儿童的年龄发展特点并结合活动的具体内容而进行的设计。一般说来,活动目标既是对活动结果的预示,也是结合活动内容的特点对儿童提出的具体活动要求。在活动目标的设计中应注意以下几点:

1. 体现发展性

音乐活动目标的设计应着眼于儿童的发展。把儿童的原有基础与新活动提出的发展目标联系起来考虑,使活动目标既适应儿童的已有发展水平,又能促进儿童达到新的发展水平。同时,发展性还体现在目标设计不仅要考虑儿童经过努力能否掌握新的学习内容,更要考虑儿童在努力的过程中能否获得发展目标所期望的各种经验。从一个完整目标体系来看,发展性既体现在音乐感及音乐能力的发展目标上,也体现在学习能力、情感、个性和社会性等方面的发展目标上。如小班的韵律活动——"小鸟飞",在制订该活动的目标时,教师不仅考虑到在儿童已有的关于小鸟的知识经验的基础上提出"熟悉乐曲的旋律和 ABA 结构,听辨鸟飞(轻柔、连贯的 A 段)、鸟吃食(欢快跳跃的 B 段)的不同音乐,学习用小碎步和手的配合动作表现两段音乐的不同"这一音乐感和音乐能力发展方面的目标;而且还从怎样通过此活动来促进儿童在情感、个性以及社会性发展等方面获得有益经验的角度考虑,提出"在教师的启发引导下,探索用手臂不同方位的摆动表

现鸟飞,体验创造的乐趣"及"初步学习找空地方做动作,获得与同伴在一个共同的空间活动的初步观念和技能"的目标。显然,由此而设计出的目标比较全面而具体地落实了儿童的发展性。

2. 体现系统性

音乐活动目标的设计还应当包含认知目标、情感与态度目标和操作技能目标三个方面。在制订一个具体的音乐活动目标时,要综合、系统地体现以上三个方面的目标,既不能过分强化某一方面,也不能忽视遗忘另一方面。一般说来,认知方面的目标主要反映的是音乐知识、技能的获得及音乐感的发展;情感与态度方面的目标主要指的是情感智能与积极的个性、社会性的发展;操作技能方面的目标主要反映的是学习技能、策略的获得及学习能力的发展。

3. 体现系列化

系列化是指在具体音乐活动目标的设计中,必须把目标作为一个整体而有序的系列化结构来看待,使每一个活动的目标在总的方向上与其上一级目标(单元目标、年龄阶段目标、总目标)相一致。从音乐教育目标体系的四个层次来看,音乐教育活动目标的落实是整个音乐教育课程目标落实的基础和保证。每一个音乐教育活动目标的实现,都是向阶段目标和终极目标更迈进一步。因此,在制订具体的音乐活动目标时,有必要强调根据儿童的年龄和发展水平,由浅入深、循序渐进地提出目标,体现系列性、层次性。

目标设计中的系列化要求体现在两个方面:一是在能力目标上的系列化,即把同一种能力上的目标和要求循序渐进地安排在一个或若干个具体的活动设计中,体现递进性。如"跟着音乐有节奏地做动作"这一能力目标,就可以化解为"跟着音乐有节奏地拍手"、"跟着音乐有节奏地走步"、"跟着音乐有节奏地打鼓"、"跟着音乐有节奏地边打鼓边走步"等相互递进的能力目标系列。二是在材料目标上的系列化,即以同一材料在活动目标和要求上体现循序渐进。如小班律动——"敲锣打鼓放鞭炮",利用这一音乐材料在活动目标的设计中可以体现"跟着音乐有节奏地拍手"、"听辨音乐的快慢,学习用不同的动作表现"、"探索并学习敲锣的动作"、"探索将敲锣、打鼓、放鞭炮的动作'填'到音乐中"等一系列递进式的、由直接经验到间接经验的目标和要求。

4. 体现行为化

所谓行为化,是指在具体活动目标的制订中尽量使用行为目标的方法。行为目标是教师在确定某项重要的行为以后,以儿童或教师作为行为发出的主体来具体描述和叙写。一般目标所期望的教育成果基本上是可观察到或测量到的,是一种可由儿童具体的行为来评估的目标,即目标中表述的行为,教师可以观察、测量和评估到。因此,这样的目标无论对教师还是儿童,都是清楚而明确的。它可以一目了然地说明:通过音乐活动,儿童应能做什么、有什么行为、会产生什么结果等。

教师在运用行为化方法表述目标时,必须注意:(1)根据系统性的原则要完整地体现音乐知识、能力;情感能力和积极的个性、社会性品质;学习能力三方面的目标,不可偏废任一方面。(2)根据儿童的具体情况和发展趋向,可固定以儿童或教师作为行为发出的主体,但必须注意目标应是具体而落实的、可见的行为,要避免出现空泛而笼统的目标。如在一份大班的歌唱活动计划中,某教师将目标制订为"培养幼儿的音乐知识技能和音乐的记忆能力"、"启发幼儿有表情地唱歌,并创造性地表演"、"培养幼儿的社会性和合作交往的能力"三条。虽然此目标统一以教师作为行为发出的主体来表述,但目标中丝毫没有体现行为化的概念,因而无法使人了解教师通过何种具体的活动来体现和落实对儿童各种能力的培养。(3)目标表述的行为还应注意尽量反映出该行为发生的附加条件或表明行为水平的限定语。如某教师制订的中班韵律活动——"三只熊"的活动目标:①"熟悉音乐的旋律和结构,听辨熊走路(以平稳的四分音符节奏出现的 A 段)、熊跳舞(以附点八分音符节奏及跳音表现的 B 段)、熊骑自行车(以快速的十六分音符出现的 C 段)的音乐。"②"在教师的启发引导下,尝试探索性地学习用不同的动作表现三段音乐的不同,初步体验创造的快乐。"③"学习找空地方做动作,初步获得与同伴共享空间的观念和技能。"此目标表述中不仅清楚地以儿童作为行为发出的主体,且"在教师的启发引导下"、"尝试"、"初步"等词语都明确反映了儿童行为发生的前提条件以及儿童行为表现的水平。这样的行为化目标设计,使教师意识到儿童在活动中的行为和表现水平可以是缺乏自信心的、不熟练的;其在尝试、探索中出现的错误也是被允许的。

### (二) 活动程序的设计

活动程序是为实现教育活动的目标而对活动内容的具体展开和教育方式、方法的具体运用,它是整个音乐教育活动设计的核心。

1. 活动结构的设计

所谓活动结构的设计,就是对每一个教育活动的基本组成部分以及各部分间的顺序、分配和关系的具体处理。它不仅受活动目标、活动内容和活动方法等因素的制约,也受教师、儿童、材料和环境等多方面因素的影响。因此,活动结构的设计是一个比较复杂的过程。

在前述第六章中,我们已经知道幼儿园的音乐教育活动一般可以分为"三段式"和"单段式"两种组织结构。无论采用哪种组织结构,其关键是看组成活动的各部分、各环节能否充分地发挥内部的结构功能,而不是机械、单一地套用某种规范化、程式化的结构模式。因此,在设计和考虑活动的结构时,首先要从宏观上把握好音乐活动组织形式的结构功能。这种结构功能一般可以分为两类:一是适应性功能,即指顺应儿童生理、心理机能活动变化的规律,使一个相对独立的活动设计环节或片段能对儿童的生理、心理活动过程产生最佳的影响。如"三段式"结构中的"开始部分"和"结束部分",都能较好地发挥"唤醒"、"恢复"等适应性功能。二是发展性功能,即指顺应儿童学习的迁移规律和心理结构的建构规律,使新的学习活动能够建立在原有知识经验、技能和能力的基础上,使新经验在改造旧经验的过程中更加迅速而有效地形成。如"单段式"结构是围绕一个活动内容和材料而设计的多层次、多系列的活动过程,每一个层次和步骤都注意利用儿童已有的经验和刚刚形成的新经验,体现递进性功能,发挥发展性功能。所以,认识音乐活动形式其不同的内部结构功能,不仅能帮助我们正确地以此为立足点来设计具体的音乐活动结构,也能在设计中避免盲目性和模式化。

其次,在设计和考虑活动的结构时,还需从微观上对影响活动过程的诸因素作动态的调整:(1)从活动目标着手考虑活动的结构。根据认知、情感与态度、操作技能三方面的目标要求来具体地设计和安排活动的结构形式,可以对目标要求作适当的重点分析,将目标划分为主目标(可以且必须完成的目标)、副目标(通过一定的努力而实现的目标)和辅目标(与主目标有一定的内在整体联系,可具体对待的目标),从而在活动组织结构的设计与安排中突出和体现重点。(2)从活动的方法和模式着手设计活动的结构。在考虑一个音乐活动的具体形式和组织结构时,必然是和该活动采用的方法和模式联系在一起的。如果我们在活动中是以教师引导、儿童探索和创造的方法和模式实施活动的话,则与之相应的活动结构一定是一种相对以儿童的"动"为主的、教学层次和环节细致且"慢进度"的结构形式。而如果我们是以一种教师示范、儿童模仿和练习的方法和模式来设计活动的话,则在安排具体的活动结构时可能更多地从活动内容和材料本身出发,而较少地考虑儿童的需要。(3)从活动的具体执行进程着手调整活动的结构。一个教育活动的组织形式和结构,以其内部的结构功能来划分的话,可以分为具有"唤醒"和"恢复"作用的"适应性功能"及具有"迁移"和"推进"作用的"发展性功能";以活动内容本身的性质来划分的话,可以分为导入活动(或开始部分)、新授活动(或基本部分)和复习活动(或结束部分);以活动刺激的强度来划分的话,可以分为"动"的结构、"静"的结构和"动静交替"的结构;以活动进程的速度来划分的话,可以划分为"快进度"和"慢进度"的结构。在具体处理和对待一个音乐活动材料时,教师有必要综合各方面的影响因素,灵活而随机地加以调整。如在处理"动"和"静"的活动形式和结构时,一般可以视活动内容本身的情绪激发潜力,以"动静交替"的原则有节律地搭配进行;但在活动展开时,儿童的反映往往是富有变化的,这要求教师随时地观察,及时地调整。再如,在处理活动进程、设计活动步骤时,一般要求教师尽可能将活动的环节与环节、步骤与步骤之间的过渡安排和处理得细致一些,体现"小步递进",以便能够根据儿童的实际反应灵活地调整。

2. "系列层次活动"的设计

"系列层次活动"的设计程序是由南京师范大学许卓娅老师带领的一个幼儿音乐教育研究课题组总结和提出的。这种音乐活动组织结构具有一定的理论意义和实践价值。

所谓"系列层次活动",是指以一个音乐活动材料(可以是一首歌曲或乐曲、一种节奏、一种舞步、一个音乐游戏或一种音乐知识技能等)为基础而设计的层层递进、环环相扣,以促进儿童全面发展为目标的教学活动结构系列。这种系列活动设计的意义和价值在于:其一,可以最大限度地挖掘材料内容本身的教育潜力,以保证活动的每一个层次和步骤最大限度地促进儿童各个方面的发展;其二,可以更好地为儿童提供在递进式的活动中利用已有知识经验促进新经验形成的机会;其三,可以使儿童获得更多、更好的主动发展的机会。在"小步递进"的活动程序中,儿童既不会因为"新"而感到疲劳,也不会因为"旧"而感到"厌倦"。他们能在对音乐材料不同层次的"操作"中满足自身的成长需要,愉快而主动地学习。

下面,通过两个具体的"系列层次活动"设计实例作一下分析。

**实例1:小班活动《苹果》**[①]

第一层次活动:歌曲欣赏

1. 教师引导幼儿欣赏图画《美丽的苹果树》。

2. 教师指导幼儿创编和练习"摘苹果"的韵律动作(用歌曲音乐作伴奏)。

3. 教师引导幼儿自由地做"吃苹果"的韵律动作(用歌曲音乐作伴奏)。

---

① 唐淑主编:《幼儿园课程指导丛书》(艺术小班),第38页。

4. 教师让幼儿假装休息,听教师唱"摇篮曲"(教师范唱歌曲,用轻柔的音调)。

第二层次活动:学唱歌曲和创编新歌词

1. 教师请幼儿用整体听唱法初步学会唱这首歌曲。

2. 教师请幼儿提出其他水果的名称、颜色,然后带领幼儿用2—3种新编的歌词进行演唱。

在让幼儿进一步熟悉歌曲的旋律、节奏、结构的同时,初步体会到创造性表达的乐趣。

第三层次活动:创编歌表演

教师首先引导、帮助幼儿用讨论的方法或个人自由即兴表演的方法为该歌曲创编表演动作。然后,由教师组织、整理、归纳。最后,再由教师带领全体幼儿一起完整地边唱边做统一的动作表演。

附:歌曲《苹果》

苹　果

1=C 4/4

选自香港教材

5 5 3 6 | 5 5 3 - | 1 3 5 3 | 2 2 1 - |
树 上 许 多 红 苹 果, 一 个 一 个 摘 下 来。

5 5 3 6 | 5 5 3 - | 1 3 5 3 | 2 2 1 - ‖
我 们 喜 欢 吃 苹 果, 多 吃 苹 果 身 体 好。

## 实例2:中班活动《赶花会》[①]

第一层次活动:初步欣赏

教师用故事引导幼儿初步听出音乐共有三段。第一、三段相同,情绪轻松、活泼;第二段与第一、三段不同,比较舒展、优美。并引导幼儿自由地用赶路——看花——赶路的动作结构来体验和表现音乐的情绪性质和曲式结构。

第二层次活动:进一步欣赏

教师用增加故事细节的方法引导幼儿进一步听出音乐的第一、三段各有三个乐句,并用随乐动作练习的方法来帮助幼儿体验和表现;第一、二句,先走路,乐句结束时与同伴做打招呼的动作;第三句,做游泳过河的动作。音乐的第二段共有四个乐句,并用随乐动作练习的方法来帮助幼儿体验和表现;乐句过程中,做表现花儿开放过程的动作;乐句结束时,做不同枝叶的姿态造型。

第三层次活动:合作性韵律活动

教师重点指导幼儿学习在第二段音乐中,用自由的多人组合造型方式来构成合作关系

---

① 唐淑主编:《幼儿园课程指导丛书》(艺术中班),第74页。

（几个人组成一丛花），并引导幼儿体验合作的愉快。同时，教师还可进一步要求幼儿在动作表演中尽量跟随音乐的节奏，表现音乐的性质。

　　附：音乐欣赏曲《赶花会》

## 赶　花　会

选自中国经典民族音乐大全
《民族轻音乐专辑》

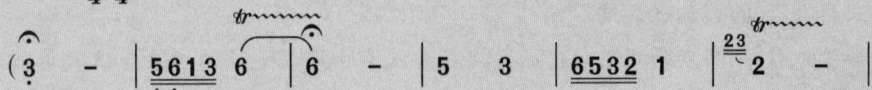

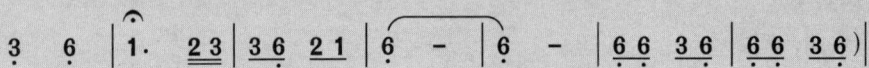

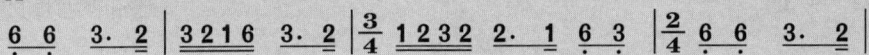

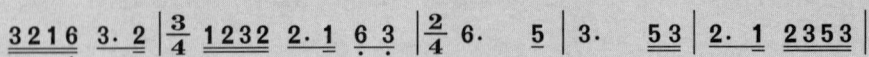

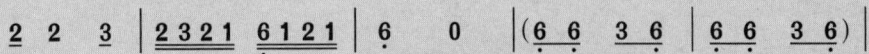

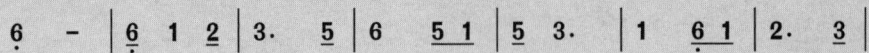

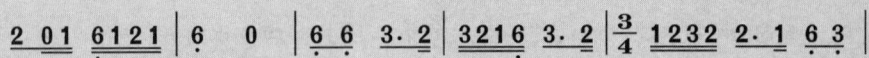

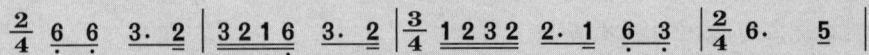

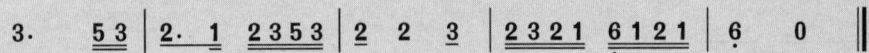

从以上两个活动设计的实例中,我们可以看出:"系列层次活动"是以多个层层递进的活动对材料进行反复的"操作",使儿童在反复的"操作"中不必承担太多的记忆和理解负担,从而主动地产生新的活动探索和表现。同时,每一个层次的活动又都是在前一个层次活动的基础上发展和提高的,且每一个层次都紧紧围绕着活动内容材料细致而深入地充分展开,能最大限度地发挥原教材的教育潜力。因而,儿童在递进式活动系列中不仅有助于对音乐作品的理解、把握和表现,更能从中获得认知、情感、个性和社会性等方面良好素质的培养。

在"系列层次活动"的设计中,教师必须注意以下几点:第一,应注意充分挖掘原有教材的教育潜力,尽量将活动的层次系列分细,从而使每一个活动的层次能够最大限度地促进儿童各方面能力和素质的发展。第二,应注意对一个音乐材料从不同的角度、用不同的方式让儿童感知和表现。通过不同的活动形式、不同的活动要求反复进行感受和探索,以满足儿童的参与、交往、游戏和创造等多方面的需要。第三,应注意以切合活动内容、材料多样化的导入方式进入各个系列层次的活动。活动的导入,其目的在于"导",引导出儿童的学习积极性,将儿童引入活动的主题之中。因此,恰当、合理的导入形式可以帮助儿童顺利地进入学习和探索活动。一般说来,在音乐活动的设计中,导入的方式有以下几种:(1)语言导入,即通过教师的谈话或某个与活动主题内容有关的故事、儿歌、谜语等材料作为导入的形式,以引出主题;(2)视觉导入,即教师预先设计一个与活动主题内容有关的场景,以让儿童欣赏情景表演或提供相关的教玩具、图片、投影、录像等形式进入活动;(3)动作导入,即通过让儿童做已经学会的且与当前的新学习内容有关的动作或游戏开始进入活动主题;(4)欣赏导入,即直接让儿童欣赏一个新的或与新的活动内容有关的作品开始进入音乐学习。总之,无论何种导入方式,关键在于要针对具体作品和材料,符合儿童的年龄特点和实际需要。最后,还应注意要紧密结合本班幼儿的实际水平。教师必须从本班幼儿的能力水平、学习习惯及行为和常规习惯等方面加以综合考虑。即使被充分证明是合理而有效的系列层次活动的方案,也不能不顾及幼儿的实际情况而盲目地模仿和照搬。

### (三) 活动方法的设计

在音乐教育活动中,方法的设计和具体运用也是十分重要的。一般说来,设计活动的方法遵循以下几条原则:(1)从活动的目标出发来考虑和设计方法。活动方法是为实现一定的活动目标而采取的具体形式和手段,方法是为目标服务的。因此,在不同的音乐教育活动中,必须根据具体的教育目标来设计与之相应的方法。如在以"发展儿童对音乐的主动探究和创造"为主的活动目标的引导下,活动方法的设计应尽量运用教师鼓励、退出,让儿童探索、合作,促进其自我学习和相互学习等方法。(2)从活动的具体内容为参考依据来确定方法。音乐教育活动的内容和具体材料是丰富而多样化的,有歌唱材料,有韵律动作,有打击乐演奏,还有音乐欣赏作品等;有表演的活动内容,有欣赏的活动内容,还有创作的活动内容等。因此,在设计具体的活动方法时,既可以对不同的活动内容选择相同的活动方法,也可以对相同的活动内容选择不同的活动方法。关键要从内容本身的特点考虑,选择与之相适应的活动方法。(3)从儿童的实际情况着手选择合适的活动方法。儿童是音乐活动的主体,儿童的年龄特点、个性特点及学习态度和习惯都是影响活动过程的重要因素。因此,在考虑和设计具体的活动方法时,教师一定要顾及儿童的实际情况。如对年龄小的幼儿,应多采用直观的示范或游戏的方法;对于年龄稍大、已有一定音乐经验的幼儿,则较多地采用鼓励、间接指导、儿童主动探索和创造等方法。再如对不同能力和个性的儿童,应在方法的选用上体现差异性。

总之,音乐教育活动程序的设计,它深含着一定的教育指导思想和理论观念,是音乐教育活动目标、内容和方法的综合体现。作为教师,应当在深入学习和钻研教育理论的基础上,认真分析、找寻每一个音乐教育活动展开的起点和终点以及与之相应的教育手段,设计细致而递进深入的教学系列层次,引发儿童主动学习的动机,以促使儿童的身心得到健康而全面的和谐发展。

### (四)活动环境及材料的设计

音乐活动的环境与材料也是影响和制约活动进程的因素之一,因此,教师有必要在活动设计中,对活动的场地、空间、时间安排,以及活动中的音乐材料和其他辅助性材料等作出合理的设计和安排。

#### 1. 活动空间与时间的设计

活动空间的设计和安排在幼儿园集体性的音乐活动中显得尤为重要。这是因为,在集体的音乐活动中,要求儿童必须懂得怎样与同伴合作相处,怎样共享一个空间,从而发挥出空间真正的教育效果。我国大多数幼儿园存在空间小、幼儿多的状况,不可能完全满足儿童自由身体活动的需要,因而教师有必要对活动的空间位置作一定的设计和安排。如可根据活动内容的具体要求,选择和采用合理的队形、儿童轮流进行活动或改变动作的幅度、表现形式等方法,以避免因空间狭小而引起不必要的矛盾和秩序混乱。再如,可以有针对性地对不同活动内容和领域作出不同的设计和考虑。在歌唱活动中,教师可以有意识地将音准、节奏能力较差的儿童安排在靠近教师和钢琴的空间位置上,将自控能力较差的儿童安排在自控能力较强的儿童旁边,将同一声部的儿童安排坐在一起等;在韵律活动、音乐游戏以及需要有动作参与的音乐欣赏活动中,教师要考虑为儿童提供最大的空间活动场地,同时引导儿童学着自己找空地方活动,学会通过改变动作姿态、幅度及方向等来避免相互干扰,加强配合,从而培养儿童从小养成良好的自我克制习惯和空间共享能力;在打击乐演奏活动中,教师在空间位置的设计中更要注意将持同种音色或相似音色乐器的儿童安排坐在一起,这样既保证儿童能够顺利地感知和表现多声部音乐的和谐感,也能够增强儿童对音乐整体美的感受力和创造力。

对活动时间的设计和安排,教师可采用灵活处理的方式。虽然一个音乐教育活动的时间对不同年龄阶段的儿童来说都有一定的明确规定,但教师在针对具体的活动内容以及活动的具体实施中可以灵活处理。首先,教师可以根据不同的活动内容设计不同的活动时间。如新授歌曲活动可以在一个音乐活动的进行中占据大部分的时间,但若是以创编新歌词为活动主要内容的话,则应注意时间不宜太长,以避免造成儿童的疲劳和对创编产生消极情绪。其次,教师还应视儿童活动的行为表现、参与状态等情况灵活调节和安排活动时间。当儿童活动兴趣浓厚、积极性高扬、"欲罢不能"的时候,可适当延长活动的时间;而当儿童的积极性开始转入下滑状态时,则应及时地结束活动或转入新的活动,从而使每一次音乐活动都给儿童留下美好的回味和余韵。

2. 活动材料的设计

音乐教育活动中的材料既包括音乐教材本身的音乐、动作、乐器等材料,也包括为完成一定的音乐活动而借用的其他教具学具、道具、音像等辅助性材料。

(1) 音乐材料的设计。首先是对音乐作品的选择和设计:①从儿童的年龄特点出发,选择题材广泛、形式多样、反映儿童生活、适应儿童情趣爱好和接受能力的音乐作品。教师在为儿童挑选和设计音乐作品时,不仅要从音乐本身的艺术性、审美性考虑,也要从儿童的具体实际水平出发,注意作品的难易程度。通常一般情况下,难度在中等水平的音乐作品,即略超出班级一般水平的活动难度,相对来说比较容易激起和较长时间地保持大多数儿童参与活动的兴趣和积极性。②选择和设计能与儿童已有的音乐知识和经验相联系的音乐作品。教师在活动内容材料的安排上,若注意使音乐的内容和形式对儿童来说既感到新鲜有趣但又不完全陌生,则儿童就可以有较多的机会利用已有的经验进行迁移性学习,从而保持儿童对活动的稳定而持久的兴趣。③恰当地处理和运用音乐作品,体现音乐的完整性。为儿童选择了合适的音乐作品以后,教师还必须对原始的音乐作品作出恰当的处理。如一首陌生的歌曲,如果速度偏快,容易让儿童感到困难而引起不必要的烦躁。教师在设计时就不宜用正常的录音速度,而改为由教师自己清唱,根据儿童的反应,随时、灵活地调整速度;又如在为儿童选择了一首优美而动听的欣赏名曲以后,教师也要考虑欣赏作品的旋律、结构、性质等是否适合儿童的欣赏水平,以及如何引导儿童进入欣赏的境界(教师既可以对原作品的感受形式作适当的调整设计,也可以对原作品的结构作一定的删编);再如在设计对打击乐作品的表现过程中,教师同样应注意音乐本身的多声部性质,从完整音乐的感受和表现入手,帮助儿童体验多声部音乐的完整、和谐之美。

其次是对动作作品的设计:①合理对待动作的难度和技巧。对于教师来说,动作的难度应视大部分儿童的一般发展水平而定,既能够保持儿童活动的兴趣,又能使儿童在原有的动作表现基础上有所提高。②灵活地调整动作的力度和幅度。在一个新的韵律活动的设计中,可以要求儿童用较小的动作力度和幅度;而在一个复习为主的韵律动作或音乐游戏的活动中,则可以要求儿童用正常的动作力度和幅度来表现。③加强动作与音乐的配合。教师在引导儿童动作表现的同时,必须注意随乐性。无论是在新授还是复习性质的韵律活动的设计中,都要紧紧地把动作的学习和表现与音乐结合在一起。

(2) 辅助材料的设计。首先是教具和学具的设计:①应考虑活动内容和进程是否必要。教具和学具必须为活动服务,为儿童更好地理解和表现音乐服务,要避免为求形式而使用教具学具。②不必过分追求新奇有趣。设计教具和学具还应考虑到其本身的特点,有时特别新奇的教学具反而会造成活动中的无关兴奋,分散儿童对主要学习对象的注意力,产生适得其反的效果。③应考虑学具的数量和便于操作。给儿童活动使用的学具最好能人手一份,若条件不允许,则应安排好儿童使用。另外,学具的操作应尽量简单、方便,不至于因操作失误而造成儿童情绪上的失控。④注意教学具与音乐的配合。教学具的演示和操作应跟随音乐进行,以帮助儿童更好地体验和表现音乐。

其次是有关道具材料的设计:①根据不同年龄班区别对待。对于年龄小的儿童,应当从引起儿童的活动兴趣、引发儿童的想象创造等方面考虑,在音乐活动进行中安排和设计一定的道具或装饰物。如小班进行歌舞活动——《小小鸡》,可以让儿童戴上小鸡的头饰,与"鸡妈妈"一起游戏、表演;对于年龄稍大的儿童,则更多地加强音乐本身的情感引导,启发儿童利用已有的知识经验和音乐经验进行想象,而不是过多地依赖于道具。②根据活动的性质区别对待。音乐活动有以欣赏为主的,有以表演为主的,还有以创作为主的。对于注重于表演性的音乐活动,如儿童自己组织和安排的"小小音乐会"、"小舞台"等,教师应考虑尽量为儿童设计和准备一些必要的道具,以增强表演效果。

最后是图片、音像等可视材料的选择和设计:①体现"视听合一"。在歌曲或音乐欣赏的活动中,教师可以根据歌曲或乐曲的性质、风格,设计并采用与音乐相关联的画面、图像,把音乐内容、情感充分地演绎和表现出来。特别是在音乐欣赏活动中,由于儿童的音乐修养水平较低,以单纯倾听的形式欣赏音乐,儿童往往缺乏主动的内心期待和体验,因而教学效果不佳。教师可采用一定的可视性辅助材料,通过"视听合一"的形式,把音乐作品的背景、内容、形象和情绪化为可视画面。这种直观的视觉画面易于儿童理解,从而提高学习的效果。②体现"可操作性"。图片、幻灯等电教设备和材料是为音乐活动服务的教学辅助手段。因此,在选择和使用这些材料时,必须考虑其操作的简便易行,避免在活动中由于花费太多的时间和精力用于操作而不能顾及儿童的活动反映,更不能因为操作的困难或生疏干扰儿童的学习。

## 第二节 学前儿童音乐教育的途径

学前儿童音乐教育的途径是指实施音乐教育的具体活动组织形式。对于学前儿童来说,音乐是他们发展的需要,是他们成长中不可缺少的部分。音乐与儿童的生活紧密相连。因此,幼儿园、家庭以及社会为儿童创设一个良好的音乐环境,能使儿童在生动、有益的音乐教育活动中发展音乐的潜能以及良好的心理品质。

### 一、幼儿园的音乐教育活动

幼儿园的音乐教育活动,是教师有目的、有计划地利用幼儿园的环境对儿童实施音乐启蒙教育的过程。它是实现学前儿童音乐教育的目标、组织和传递学前儿童音乐教育的内容、落实学前儿童音乐教育任务的具体手段和有效途径。

#### (一)幼儿园音乐教育活动的涵义

幼儿园的音乐教育活动是以儿童为主体,以适合儿童的音乐为客体,通过教师设计和组织的多种形式的音乐活动,使主、客体相互作用,以培养和发展儿童的音乐能力,促进儿童身心全面发展为过程的教育活动。

首先,幼儿园的音乐教育活动应是一种充分重视儿童主体性发展的活动。儿童作为一个独立的发展个体,其各种技能和能力的发展必须通过自身与周围环境的相互作用才能产生。音乐心理学和音乐教育学漫长的历史已经向我们证实：音乐是儿童最早的社会体验之一，是儿童生活的一部分。早期儿童的音乐教育也已经成为儿童发展与教育课程中不可缺少的一个组成部分。因此，在以音乐为对象的教育活动中，应引导儿童积极、主动地感受、体验音乐，让儿童获得大量而丰富的音乐语汇的经验和积累，享受到音乐活动过程的快乐；同时，音乐也是儿童个体发展的一种表现，每个儿童在音乐活动中的听觉感受和心理活动是各不相同的。在音乐教育活动过程中，儿童不应是一个被动的接受者，而应以一个主动的参与者进行音乐的感知、再现、想象和创作活动，那么，音乐内在的特性和艺术感染力必将唤醒儿童的主体意识，更好地促进儿童主体性的发展。

其次，在幼儿园的音乐教育活动中，教师应是联系活动主、客体之间的桥梁和中介。其中介作用表现在教师既是幼儿园音乐教育活动的设计者，也是活动的指导者。教师要善于综合利用幼儿园一日生活的各个活动和环节来渗透音乐教育的相关信息，为儿童创设音乐教育的有效环境。教师作为影响音乐活动的方向和进程的一个关键因素，其影响的性质和方式决定着儿童在活动中的地位和活动的质量。如果教师以示范和强化的形式体现其对活动的影响，则儿童在活动中势必会按照教师的"指挥棒"反复地进行动作或技能的机械模仿和练习，满足以记忆和获得有关的知识、技能的活动结果；教师若能够在活动中注意激发儿童主动地与音乐发生交互作用，并在儿童对音乐的主动探究和创造过程中给予适时、适度而合理的间接指导，及时的鼓励、反馈和评价，则儿童的活动主体意识能真正地被唤醒，儿童的音乐和非音乐能力以及良好的个性心理品质能逐步形成和发展。

### （二）幼儿园音乐教育活动的特点

#### 1. 以审美教育为核心的活动

我国几十年来的传统音乐教育观念十分强调音乐教育中知识、技能的培养和传授。确实，音乐是一门技术性很强的艺术，技能的训练势必在音乐教育中占据一定的地位，而技能的训练又必须以一定的知识为前提。儿童只有掌握有关音乐的基本知识，具备一定的演唱、演奏技能，才能比较顺利地进行音乐实践活动，并逐步地进入音乐的天地。因此，在幼儿园的音乐教育活动中，教授儿童掌握一些必要的知识和技能是必不可少的。但是，我们还必须认识到知识和技能仅仅是儿童审美能力结构中的两个方面，并不是全部内容。知识和技能的获得并不是学前儿童音乐教育的根本目的，音乐教育，其目的是充分挖掘音乐艺术中美的因素和力量，用音乐艺术的美激励儿童的内心情感，唤起儿童的情感共鸣，培养和发展儿童的音乐审美能力，从而发挥音乐审美教育的功能。由此，我们应当视审美教育、美育过程为幼儿园音乐教育活动的核心和精髓。如果缺少了这一点，音乐教育就会成为单纯的知识、规则的传授和音乐技能的模仿，音乐之独特的艺术魅力也就不复存在了。

审美是音乐艺术的特殊性质。幼儿园的音乐教育活动过程实质上也是一种审美实践的过程。它是以音乐为表现手段，以审美为教育过程，以促进儿童全面、和谐、整体的发展为最终目的的。幼儿园音乐教育活动的审美教育过程，具体地说，就是通过音乐艺术向学前儿童进行认识美、表现美和创造美的能力培养的启蒙教育。在实践活动中，可以从以下三个方面着手进行：

（1）把握音乐的审美特征，培养儿童的音乐审美感受能力。音乐艺术的美既包括音乐作品内容的美，也包括音乐艺术形式的美。在幼儿园的音乐教育活动中，首先必须帮助儿童对构成音乐美的诸多要素有充分的感受，如节奏、旋律、力度、速度、音色、和声、曲式结构等方面的表现力及演唱、演奏等方面的美。在具体的音乐作品中，音乐艺术的美是一个整体，是由各个具体的、局部的美共同构成的，有的作品会在某一方面有突出的美的表现，因此，教师在选择音乐活动的教材时，要尽量选择富有艺术美的感染力的原始作品，让儿童在欣赏、感受的过程中体验其中最明显、有最突出美的表现的部分。同时，音乐审美感受能力的获得还必须以一定的音乐听觉能力为基础和前提。音乐听觉能力是一切音乐活动所必需的基本能力，它包括两个方面：一是通过听觉辨别音的高低、长短、强弱、音色的能力；二是音乐听觉注意力、音乐听觉记忆力和音乐听觉表象能力。在此基础上，引导儿童在体验、欣赏和比较的过程中逐步发展起对音乐的审美感受能力。

（2）激发审美情感，培养儿童的音乐审美表现能力。审美情感始于审美感知。对"美"的形态的敏感，会被吸引而进入兴奋状态。审美情感强调的是审美主体的情感体验、情感共鸣、情感识别和情感转移的动态过程。虽然学前儿童尚不具备分化而成熟的审美情感，却已具有培养的基础。这是因为儿童对周围世界的好奇心，使得他们对美的客体也充满了积极的探索兴趣；此外，音乐本身就是情感性的艺术，动情是音乐的基本表现特征之一；再者，学前儿童的情绪、情感正处于迅速发展的时期，社会情感也在进一步分化，他们较容易接受节奏、旋律、色彩等形式的情感表现模式，并由此发现其中特殊的情感表达内容。因此，在音乐教育活动中选择富有审美趣味的音乐作品，利用音乐丰富、典型、集中、细腻的情感性特点，可以有效地培养和激发儿童的审美情感，使他们在感受、理解音乐审美特征的同时，能接纳、寻味音乐作品所表达的内容和情感，并借助于一定的声音或动作，以演唱或演奏等基本表达形式将音乐作品中的思想、内容和情感表现出来，产生一定的艺术感染力。

（3）强调主动性、创造性，培养儿童的音乐审美创造能力。学前儿童在充分感知音乐的内容和形式的审美过程中，不仅发展了初步的音乐审美感受能力，也获得了包括歌唱、舞蹈及打击乐演奏等方面的表现音乐美的基本技能。在幼儿园的音乐教育活动中，还应引导、启发儿童用自己特有的方式来表达对音乐美的感受和理解，这便是音乐审美创造的萌生。当然，这种创造不同于严格意义上的创造，我们也不能以成人化的审美趣味和评价标准来看待儿童的创造。如果儿童能够为一首熟悉的歌曲编上新的歌词，做出不同于别人的表演动作，用新的乐器音色或节奏型进行打击乐演奏，用自己的动作模式或言语表达来想象所听到的乐曲内容等，都可以认为是学前儿童的音乐创造。因此，无论在何种形式的音乐活动中，教师都应该鼓励儿童大胆地想象、积极地表达、主动地创造，最大限度地利用音乐本身的审美艺术氛围，提高儿童对音乐的敏感性和表现力，并充分地相信和尊重每一个儿童，在让他们体验创造的快乐和成功的满足的同时促进其创造意识和潜能的发展。

2. 强调儿童整体素质培养的活动

幼儿园的音乐教育活动是一种在教师设计、安排和组织的音乐活动环境中，通过听、唱、跳、奏等音乐实践活动，逐步培养和发展儿童的音乐能力和才能，获得音乐艺术内涵教益的专项教育活动。它是以指向和促进儿童在音乐领域的发展为目标的。但是，儿童在幼儿园这一环境中的活动,尤其是涉及促进其各领域发展的教育活动,又是在一定的综合课程体系的背景下展现的。非单科的课程模式决定了幼儿园的教育活动是以幼儿的生活经验为基础,将各领域内容统整于一定的主题之中的组织形式。再者,就学前儿童音乐教育的根本目的而言,也是促进儿童整体素养(包括音乐素养和非音乐素养)的熏陶和培养,而非纯音乐方面技术和技能的教育。即使我们承认音乐是一种技能性较强的实践活动,音乐专业人才的造就和培养离不开早期的音乐技能训练,然而,学前儿童音乐教育的根本目的并不是造就专业音乐人才。为此,我们应该坚持以整体素质的培养为根本,处理、协调好儿童的全面发展与音乐素质和能力培养的关系,在帮助儿童实现发展音乐能力目标的同时,注重为培养儿童成为个性和谐、心灵充实、人格健全、人性完美的人才而打下重要的基础。

## 二、家庭和社会的音乐教育

在儿童的早期教育中,音乐的启蒙还应渗透、深入在家庭和社会的环境之中。

### (一)家庭的音乐教育

家庭是构成社会的基本单位。作为一个施于儿童教育的场所,它与学校等机构是相并行的,同样担负着培养和教育后代的职能。对于学龄前儿童的教育,家庭具有其他教育机构所无法代替的重大使命和特殊价值。同样,家庭早期的音乐启蒙和教育对儿童今后的成长和发展有着特殊的意义。

1. 家庭音乐教育的意义

(1)家庭是儿童最早的音乐教育环境。家庭对儿童的影响早在儿童出生的瞬间就开始了。音乐教育更可以从孩子出生之日,甚至提前到胎教时进行。家庭为孩子的音乐启蒙教育提供了最早的环境和渠道。如给胎儿聆听优美的音乐旋律,一方面能用音乐愉悦妈妈的情绪,陶冶和美化妈妈的心灵来培育胎儿,另一方面能让胎儿直接聆听音乐。心理学的研究告诉我们,七八个月的胎儿就已经有了听觉能力,因此,优美动听的音乐可以刺激孩子的听觉器官,使孩子的情感受到潜移默化的感染和陶冶。早期的乐器弹奏活动,可以使儿童动手、动脑、动耳、动眼,调动听觉、视觉、动觉等多种感官的活动,刺激大脑的发育,同时促进儿童的注意、记忆、观察、想象、思维、理解等多种能力的发展。家庭音乐教育可以熏陶音乐幼苗,培养音乐人才。古今中外,许多音乐大师(巴赫、贝多芬、舒伯特、勃拉姆斯、柴可夫斯基等)无不是在学前期就接受了良好的家庭音乐教育,再经过坚持不懈、刻苦、系统的练习而成为举世闻名的音乐家。所以说,家庭音乐教育的早期性对儿童的成长和发展起着奠基的作用。

(2)家庭音乐教育有助于儿童身心健康成长。现代生理学、心理学、教育学的研究都充分地表明,音乐教育对儿童的身心健康发展具有积极的作用。科学家的研究发现,0—10岁左右是大脑发育的最旺盛阶段,也是最关键时期,更是语言能力和音乐能力最迅速发展的时期。父母给孩子多歌唱或播放旋律优美的音乐作品,孩子的大脑就容易产生神经回路和图形,进而促进其大脑的发育成长。丰富多彩的音乐能为儿童大脑网络的发达注入活力,有助于儿童的逻辑抽象思维、记忆力和创造力的开发。除此之外,早期的音乐教育还能对儿童性格、情操以及良好个性品质的形成产生积极的影响。

（3）家庭音乐教育是幼儿园音乐教育的基础和补充。孩子一般在3岁左右进入幼儿园接受教育。3岁前的儿童在家庭中接受来自父母的音乐启蒙教育，可以为他们入园后的音乐学习打下一定的基础。如接受过家庭早期音乐教育的儿童，在音乐的节奏感和音高辨别能力上比较敏感。当儿童进入幼儿园接受集体教育以后，家庭仍然担负着音乐教育的责任。如果在家庭中能坚持对儿童施以音乐教育，那么就不仅能使儿童复习和巩固在幼儿园学到的音乐知识和技能，提高学习效果，而且能进一步萌发对音乐的兴趣。

2. 家庭音乐教育的特点

（1）启蒙性。家庭的音乐教育可以从胎教音乐、摇篮曲、儿歌、童谣开始，它是人生最早的音乐启蒙教育。虽然儿童还不一定能够完全理解音乐的内容和情感，但优美的旋律、明快和谐的节奏可以给他们带来愉快和美的享受、体验。

（2）个别性。家庭音乐教育主要是个别化教育。相对于幼儿园的集体音乐教育形式而言，它更能体现一定的优势。这种优势首先表现在它能根据不同儿童的不同需要、不同发展水平及兴趣和个性特点来安排音乐学习的内容、形式，满足儿童的个别需要，体现因材施教；其次，它能更有利于对儿童进行启发和具体的观察、指导，帮助儿童在已有水平上获得提高和发展。

（3）随机性。家庭音乐教育还具有随机性和灵活性的特点。家庭为孩子提供的是一个宽松、自然而和谐的教育环境。对儿童的音乐启蒙教育，可以在家庭生活的任何时间、任何场合随时随地地进行，具有极大的灵活性。如茶余饭后，孩子和家长一起玩玩简单而有趣的音乐游戏或节奏游戏；进餐或临睡前，一起欣赏优美动听的轻音乐或中外名曲；节日聚会时，一起搞一场即兴式的音乐表演，鼓励孩子大胆地表现。此外，还可以利用电视、广播、音箱等现代音乐视听传播媒介来改变家庭音乐生活的环境。

（4）长期性。把幼儿园的音乐教育和家庭的音乐教育相比较来看，前者有时间上的限制，体现出阶段性教育的特点，而后者则体现出长期性教育的特点。家庭的音乐教育是和家庭生活紧密地联系在一起的，它潜移默化地蕴涵在家庭环境的诸多方面，伴随着儿童的成长过程。家庭的音乐教育形式是没有时间规定和限制的，它是一种长期教育，甚至是终身的教育。

3. 家庭音乐教育的方法

（1）优化家庭的音乐环境。喜爱音乐是儿童的天性。有些家长常常抱怨自己的孩子不喜欢唱歌，对乐器也没有兴趣。那么，如何来培养这些儿童对音乐的兴趣呢？从儿童的发展规律来看，人生的前六年是最富有可塑性和模仿性的阶段，其身心的发展大于以后任何一个发展时期。因此，培养儿童的音乐兴趣完全可以从为儿童提供一个良好的早期音乐环境入手。家庭是儿童最早接触的音乐环境。要给儿童一个优良的家庭音乐环境，首先家庭成员要喜欢音乐，以音乐为乐。父母如果喜欢听音乐，喜欢歌唱，喜欢听孩子唱歌，那么，在洋溢着音乐旋律和轻松愉快气氛的家庭生活环境中，孩子便会在不知不觉中受到感染，会不由自主地模仿成人而愉快地表现音乐。

（2）鼓励儿童多倾听和欣赏音乐。良好的听觉是音乐活动的基础。在家庭的音乐教育和启蒙中，家长可从培养儿童的倾听能力着手。家长要有意识地引导儿童倾听日常生活和自然界的各种音响,让孩子感受音色各异、节奏多样的声音。如:听听卧室里发出的不同声音——开门声、关窗声、拖鞋走路声、风扇转动声、擦席子声、爸爸打鼾声等;听听厨房中的切菜声、炒菜声、洗菜声、洗手声、锅碗瓢盆声等;听听家里的洗衣机、微波炉、电饭煲、电水壶等发出的不同声音等。在倾听的同时帮助孩子学会区分和比较,特别是相对接近音色的比较。在孩子有了一定的音色辨别经验的基础上,再逐渐进入音乐作品的欣赏。在家庭中给孩子欣赏音乐,既可以选择一些经典而优秀的古典音乐曲目作为平时生活的一种背景音乐,长时间地、反复地播放;也可以特意为儿童选择一些音乐形象鲜明、结构短小简单的儿童乐曲或歌曲,用生动的故事把被欣赏音乐的感人之处讲给孩子听,引起他们的兴趣。总之,家庭中的音乐欣赏应该从孩子出生之日,甚至更早就开始,让音乐始终伴随着孩子的生活,伴随着孩子的成长。

(3)培养和训练儿童的节奏感。节奏是音乐的生命,是构成音乐的第一要素。儿童对音乐节奏的接受和表现能力受其先天条件的制约,会表现出一定的差别。有些儿童在歌唱等一些音乐活动中跟不上音乐的节拍,把握不准节奏。实际上,节奏感完全可以通过儿童的日常生活加以培养和训练。作为家长,首先可以有意识地和孩子一起寻找和感受生活中各种各样的节奏,如小鸡、小鸟的叫声节奏:×× ××;汽车喇叭声的节奏:× × ·;小鸭、小猫的叫声节奏:×-|×-|;妈妈切菜的声音节奏:×××× ××××等。家长要把感受到的各种节奏进行比较和模仿,在模仿游戏中逐渐诱发出孩子潜在的节奏感。其次,家长还可以收集一些韵律匀整的儿歌,和孩子一起有节奏地念儿歌,这既有益又有趣。再次,通过动作也可以培养和促进儿童的节奏感。在家庭中,父母要多鼓励孩子参加体育锻炼和运动游戏,如经常参加跳绳、拍球、荡秋千等体育活动,儿童可以从中感知节奏,增强协调性。家长也可以和孩子一起边听音乐边从最自然的身体动作(拍手、点头、跺脚等)出发做简单的律动,或和孩子一起利用玻璃杯、碗、盆、易拉罐等材料制作一些简单的打击乐器,在敲敲打打的游戏中培养孩子对节奏活动的兴趣,增强音乐节奏的表现能力。

(4)正确对待儿童的乐器学习。在我国,越来越多的家长开始努力地为孩子创设条件进行早期的音乐学习,掀起了一股让学前儿童学习乐器的热潮。确实,儿童早期的乐器学习可以有效地促进儿童大脑的发育,提高学习其他事物的能力,还能丰富儿童的音乐经验、开阔儿童的音乐眼界等。但是,如果不顾儿童的兴趣和天赋条件,盲目地、一哄而上地要求孩子进行乐器的演奏学习,或用粗暴、命令的态度对待孩子的练琴,那么,这不仅会扼杀儿童对音乐的兴趣,压抑儿童的个性,甚至会产生严重的后果。因此,我们有必要呼吁:要正确地对待儿童的乐器学习。

在儿童的乐器演奏学习中,可采用一些合理而有效的方法:一是为孩子选择一个好的启蒙教师。好的教师应该既有音乐的素养和技能,更懂得孩子的心理。他(她)不仅要教孩子乐器演奏的技能,更要教孩子喜欢音乐,让孩子对音乐感兴趣。对幼小儿童来说,乐于亲近音乐、表现音乐比掌握音乐演奏的技巧更重要而有意义。二是增强孩子对乐器学习的兴趣。兴趣是孩子参加活动最原始、最基本的动力。孩子早期的乐器学习应十分注意兴趣的培养:家长可以和孩子一起练琴,消除小年龄孩子的孤独感,有条件的可以和孩子一起合奏,提高兴趣;可以适当记录孩子每天练琴的情况,及时表扬,肯定进步,增强其信心;可以根据孩子的意愿,鼓励孩子演奏教师作业以外的一些东西,让孩子体验学琴活动的丰富和快乐;还可以为孩子制作一盘练琴活动的录像带或音带,让孩子在自我欣赏、增强成就感的基础上提高学习的积极性和自觉性。三是给孩子更多的肯定和支持。作为家长,千万不能以粗暴、急躁的态度对待儿童。如果孩子练琴时注意力不能集中,可以用循序渐进、逐步增加练琴时间的办法来处理;如果孩子弹琴姿势或技巧有困难,可以用游戏或其他儿童感兴趣的形式来加以强化。此外,家长还须注意:不要在孩子疲倦不堪、有情绪的情况下强迫儿童练琴;不要在孩子弹到一半时命令他停下来改错(要等孩子完整弹完后,再纠错或重点练习);不要在别的孩子面前批评自己的孩子弹得不好;更不要把延长练琴时间作为对孩子的一种惩罚。

### (二) 社会的音乐教育

这是指除了幼儿园和家庭以外的社会其他机构和场所所提供的早期儿童音乐教育形式。它可以是由国家或社会团体举办的各种音乐训练班、儿童音乐表演团体、儿童音乐技能大赛、音乐定级考试等多种音乐教育形式,也可以有诸如广播、电视、电影等音乐节目及音乐录音带、音乐会等所带来的一定的音乐教育形式。作为对幼儿园和家庭早期音乐教育的一种补充,社会的音乐教育更能体现其在教学内容上的灵活性和教学形式上的多样性。这种社会的音乐教育机构和设施不仅能大大丰富儿童的音乐生活,而且能达到幼儿园和家庭的音乐教育所达不到的目的。幼儿园音乐教育限于材料、场地、设备等制约,有些活动和教学内容难以展开,比如欣赏音乐只能通过录音或借助于一些录像、图片等辅助材料来进行,而在社会的音乐教育环境中,儿童亲临音乐会,能感受到不同乐器合奏的音响效果,有利于开阔儿童的音乐视野。同时,儿童作为来自于不同文化背景的家庭、不同的幼儿园,以及在年龄、发展水平、个性等方面各有差异的一个个独立个体,在社会的音乐教育环境中能够进行共同的合作、表演以及相互交流、协商,这有助于儿童社会交往能力的培养和发展。

总之,学前儿童音乐教育的社会机构和设施、场所能够使全社会的所有儿童(包括正常儿童和障碍儿童)平等地享有接触音乐、亲近音乐和了解音乐的机会和权利,能够给所有儿童提供学习音乐的帮助,也能够更科学而合理地利用各种社会资源来培养儿童的音乐素质。

## 第三节　学前儿童音乐教育的组织策略

在学前儿童音乐教育活动中,教师的组织指导策略对于幼儿的学习情况有着直接的影响。蒙台梭利告诫我们:"教师应当经常对儿童的困境进行反思。"而我们更应该对造成儿童困境的原因进行反思,从中找出自身及其他可能的原因,积极采取适宜的指导策略,只有这样才能真正地促进儿童健康成长。

### 一、情境创设策略

幼儿处于学习的前运算阶段,他们凭借象征性格式在头脑中进行"表象性思维"。创设情境即是要通过创设趣味性较强、能吸引幼儿注意力的情境,将抽象的音乐元素转化为幼儿能理解的表象,从而使音乐活动更具趣味性。情境创设策略是基于幼儿的思维特点而产生的,它符合幼儿的认知特点和学习心理。生动有趣的情境创设不仅能唤起幼儿已有的经验,而且能够激发幼儿学习新经验的兴趣。研究发现,情境创设策略在导入部分使用能达到事半功倍的效果。[①] 情境创设的方法有多种,这里主要谈三种方式:

1. 模拟故事情境

通过模拟故事情境,让幼儿或者教师扮演故事中的角色,将能够在吸引幼儿倾听音乐的同时,萌发幼儿用动作、声音表现音乐的欲望。例如:大班音乐欣赏活动"猫和老鼠",执教教师与其他教师分别扮演猫和老鼠,有趣的形象从一开始就激发了幼儿参与活动的兴趣,这种以故事表演启发幼儿掌握音乐句式特点的形式,激发了幼儿用动作、表情表现音乐的兴趣。

---

**实例3:**大班活动《山狗和臭鼬》[②]

活动目标:

(1) 尝试用动作随乐表现《山狗和臭鼬》的故事——睡觉、伪装、寻宝、倾听和判断危险等基本情节。

(2) 尝试在蜜蜂、熊、臭鼬来了的不同情境中,做出相应的动作表现:迅速上位"躲避",迅速造型"假装石头"、逐一表现被臭气熏晕倒的过程。

(3) 锻炼克制和对不能预知的即兴"指令"做出快速反应的能力,并体验迅速做出正确反应的快乐。

活动准备:

(1) 音乐改编:主部——相同的两大句乐段共重复12次+尾声(内含三次强烈的双音重音)。

(2) 动作设计:睡觉、邀请和拒绝邀请(4段);和泥巴伪装自己(4段);寻宝路上走走看看(3段)停下等待(1段);警惕倾听和判断危险。

活动过程:

(1) 故事导入,引出活动。

师:臭鼬大王肚子饿了,命令山狗到山下的村子里抓些小动物来吃。山狗欺骗大家说:"跟我去跳舞吧!"小动物们谁都不想去!"那我们去寻宝吧?"小动物一听,"耶!"全都欢呼着要去。山狗又欺骗大家说:宝藏是有强盗看守的,我们要用泥巴把自己糊起来,不要让强盗发现我们。

(2) 师幼共同从故事情节中提炼动作。

师:我们来试试。("和泥巴,伪装自己!")

---

① 高菲、李孟贤、周瑾:《幼儿园音乐教学策略及其有效运用》,《教育导刊》,2009年第12期。

② 本教学活动设计方案由南京军区联勤部三八保育院陈静奋教师提供。

（3）在座位上用动作整体感知音乐

师：等我们把身上贴满泥巴以后啊，我们就能去寻宝啦！

师：寻宝之前，小动物们先美美地睡上一觉。

（在教师的带领下坐在座位上完整感知两遍音乐。

双音重音处教师带领幼儿做警惕倾听状。）

（4）加入游戏因素

师：（音乐结束问幼儿）哎，发生什么事情啦？

幼儿回答：（各种可能性）

师：你们说得都有可能，这次啊，我要请两个小动物跟我一起去探探路！

师：小动物们先好好休息，养足精神。

第三遍音乐起。（座位上）

中段去探险的时候请两名幼儿一起。

（音乐结束提醒幼儿）蜜蜂来啦！

师幼一起抱头跑回座位。

2. 创设图谱展示情境

教师通过创设图画情境将抽象的音乐转化为直观生动的音乐形象，将音乐直观形象化，同时也能帮助幼儿理解节奏和音乐所表现的内容等。在教授歌唱活动时，教师可以先出示根据歌词内容制作的图谱，让幼儿有形象直观的欣赏材料，便于在幼儿学习歌词时起到提示和记忆的作用。例如，有教师在歌唱活动《春雨沙沙》中，将歌唱内容设计成图谱①：

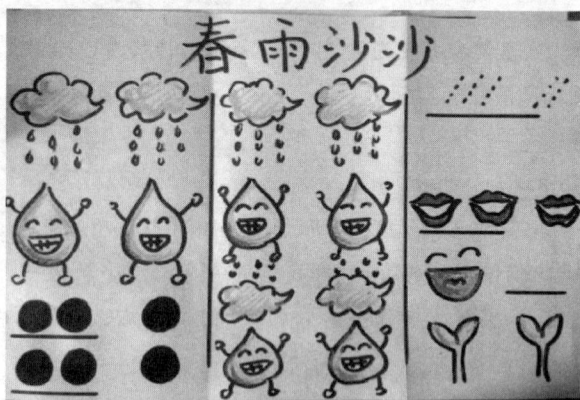

幼儿听着音乐看着图谱，便能明白图片中所代表的意思，很容易理解歌词内容，更易掌握节奏。图谱将抽象的内容变得具体形象，帮助幼儿清晰地感受音乐的内容和意境。

① 林静：《"看得见"的音乐——论图谱在音乐活动中的运用》，《福建基础教育研究》2012年第12期。

附歌曲：

### 春 雨 沙 沙

许 锐 词
王天荣 曲

$1=F$ $\frac{2}{4}$

（5 3 3 ｜ 5 3 3 3 ｜ 2 21 21 ｜ 1 1 1 ）｜ 5 3 ｜ 5 3 ｜

春 雨 春 雨
春 雨 春 雨

1 1 1 ｜ 1 1 1 ｜ 5 3 ｜ 5 3 ｜ 2 2 2 ｜ 2 2 2 ｜

沙 沙 沙 沙 沙 沙， 种 子 种 子 在 说 话， 在 说 话，
沙 沙 沙 沙 沙 沙， 种 子 种 子 在 说 话， 在 说 话，

5 3 3 ｜ 5 3 5 6 ｜ 5 — ｜ 5 3 3 ｜ 21 23 ｜ 1 — ‖

哎 哟 哟 雨 水 真 甜， 哎 哟 哟， 我 要 发 芽。
哎 哟 哟 我 要 出 土， 哎 哟 哟， 我 要 长 大。

3. 创设语言渲染情境

在音乐活动中，情境除了用角色表演模拟故事、用图谱支持展示故事两个策略来显现外，教师的语言引导和渲染也能创设出生动形象的情境。在音乐活动中，教师可以通过对语言的调控让歌曲内容更形象生动，也可以编故事导入欣赏音乐，从而让幼儿在有情节的构架中积极地参与活动。例如：有教师在大班歌唱活动"动物猜谜歌"中，运用湖南花鼓戏《刘海砍樵》为歌曲旋律，设计特色句式和幼儿一问一答，使幼儿兴趣大增，既掌握了歌词，又进行了猜谜游戏。又如，在开展音乐欣赏《赶花会》这一活动时，教师编出故事情节：在美丽的石台山脚下，有一群可爱的鸭子，鸭妈妈带着她的孩子们要去赶花会。他们游过小河——看，有漂亮的一串红、美丽的菊花——让我们一起去看看吧。通过教师绘声绘色的叙述，幼儿轻松愉快地进入角色，为音乐活动做了很好的铺垫。

---

**实例4：**中班活动《数高楼》[①]

活动目标：

(1) 掌握二分、四分、八分音符组成的节奏，感受说唱结合形式的歌曲结构。

(2) 初步学唱歌曲《数高楼》，体验理解与学唱歌曲的快乐。

活动准备：

多媒体课件、音乐伴奏等。

活动过程：

(1) 看看玩玩：弟弟妹妹来运动

---

① 本教学活动设计方案由上海黄浦区学前幼儿园严蕾老师提供。

重点:感受旋律,并能根据旋律的节奏做出各种运动的动作。

① 师:今天天气真好,看,草地上谁来了?

② 师:他们在干什么? 我们也来跟他们一起玩一玩吧!

(2) 说说唱唱:弟弟妹妹数高楼

A 重点:熟悉旋律,学唱歌曲旋律部分。

① 师:看看,这位小妹妹发现了什么?

② 师:请小弟弟和小妹妹和我一起来数高楼。(教师示范歌唱)

③ 带领幼儿一同歌唱

B 重点:在说唱变化中体验节奏型变化的不同韵律。

① 启发联想。总结:“一层楼,住着谁? 一只小猫喵。”(掌握节奏型:× × × | × × × | × × × × | × × |)

② 听听声音。总结:“二层楼,住着谁? 两只小狗汪! 汪!”

③ 看看图形。总结:“三层楼,住着谁? 三只老鼠,吱吱吱。”(掌握节奏型:× × × | × × × | × × × × | × × |)

④ 猜猜谜语。总结:“四层楼,住着谁? 四只青蛙,呱呱呱呱。”(掌握节奏型:× × × | × × × | × × × × | × × |)

⑤ 数数念念。总结:“五层楼,住着谁? 五只小鸡,叽叽叽叽叽。”(掌握节奏型:× × × | × × × | × × × × | × × × × × |)

⑥ 完整练习 A 歌唱与 B 说唱。

(3) 走走逛逛:弟弟妹妹看上海

重点:了解上海著名的建筑。

① 师:我们的上海也有很多有名的高楼,你们知道有哪些吗?

② 师:以后我们也来把这些高楼编到歌词里面去唱给小弟弟小妹妹听。

在这一教学活动方案中,教师用带节奏的语言引导幼儿感受数高楼的情境,既提高了幼儿的兴趣,又使他们熟悉掌握了特定的节奏型。

## 二、经验调动策略

经验引导策略是指引导幼儿在其已有经验的基础上通过学习而衍生新的经验或技能的教学策略。皮亚杰发生认识论认为,幼儿的学习过程总是嫁接在以前的认知格式之上。如果儿童不具备相应的能力和认识结构,就无法作出正确的反应。同样,在音乐活动中,幼儿原有的知识和经验也是音乐活动和学习的起点。

幼儿在生活中建构知识,生活经验对幼儿来说是极其重要的。在音乐活动中,我们可以从模拟儿童了解的生活情境入手,通过对幼儿已有的经验进行唤醒、迁移和累加的手段,发展幼儿原有的经验并引导幼儿建构新的经验。同样地,幼儿之前所拥有的音乐经验也是可以加以生成和发展的。

1. 进行经验唤醒

教师通过一系列问题逐渐唤醒孩子记忆中的一些认知经验,在这个唤醒经验的过程中,教师逐渐将音乐游戏的内容、玩法、角色模拟渗透其中。例如中班音乐游戏"洗衣机"。教师设计一系列循序渐进的问题:"小朋友们,洗衣机洗衣服是怎样运转的? 衣服在洗衣机里会怎么样? 听听这段音乐再告诉我洗衣机在干什么,洗衣机甩干衣服时会发出什么声音……"将幼儿自然地分成扮演"洗衣机"和"衣服"两种角色,并且结合录制的模仿洗衣机洗衣服的音乐,调动幼儿已有经验,轻松地让幼儿理解了该游戏的内容和玩法[①]。

**实例5:**小班活动《逛商店》[②]

### 逛 商 店

1=C 4/4

曹冰洁改编

5 5　5 5　5 5　6 ｜ 5 5　5 5　5 5　6 ｜
小 弟　弟 呀　小 妹　妹,　大 家　快 来　逛 商　店。

5 5　5 5　5 5　6 ｜ 5 5　5 5　5 5　6 ｜
大 皮　球 呀　小 花　狗,　仔 细　看 来　慢 慢　挑。

(阿姨)小朋友,你们要买什么?
(小朋友)我要买只大皮球,我要买艘大轮船。
(阿姨)小朋友,你们满意吗?
(小朋友)满意,满意!

5 5　5 5　5 5　6 ｜ 5 5　5 5　5 5　6 ｜ 5 5 5　- ‖
阿姨 阿姨 谢谢 您,　阿姨 阿姨 再见 了!　再 见 了!

活动目标:

能愉快演唱歌曲"逛商店",尝试有节奏地说话,并使用简单的量词,体验文明购物的乐趣。

活动准备:

(1)会唱歌曲《逛商店》。

(2)商店柜台的场景布置。

(3)与幼儿人数相同的玩具或物品(娃娃、皮球、小狗等)。

活动过程:

(一)歌曲复习《逛商店》

师:上次我们和好朋友一起逛了商店,买了什么呀? 阿姨是怎么招呼我们的? 我们是怎么回答的?

---

① 高菲,李孟贤,周瑾:《幼儿园音乐教学策略及其有效运用》,《教育导刊》2009 年第 12 期。
② 曹冰洁:《幼儿园音乐教学手册》,华东师范大学出版社 2011 年版,第 84—86 页。

（引导幼儿回忆歌词。）

师：和好朋友再去逛一次商店吧，做个文明的客人！

（引导幼儿完整演唱歌曲）

（二）购物

（1）讨论发现游戏规则

师：今天商店又来了很多新的货品，我们来看看是什么？

（出示柜台，上面摆放各种物品，例如娃娃、小汽车、书等。）

师：那么多新货物，你们想买吗？商店阿姨说请文明的客人来买，怎样才算是文明的客人呢？请你们看一看。

（老师示范文明的客人，边唱歌边小跑步在圈内活动，唱到第4小节时站到柜台前。）

师：客人是什么时候站到柜台前的？

（引导幼儿发现游戏规则）

师：谁愿意来试一试？

（请个别幼儿示范，再次强调游戏规则）

（2）分组游戏

师：先请一组朋友来逛商店，什么时候到柜台前？

（提示游戏规则，开始游戏，重点观察是否在第4小节时站到柜台前，以及是否能用量词说话，如果发现幼儿量词使用错误，及时给予引导纠正。）

师：买完东西，文明的客人会怎么做？

（向阿姨招手说再见）

（3）交换游戏

师：请文明的客人去邀请一个朋友逛商店！

（请前一组的幼儿邀请同伴交替进行游戏）

商店对于孩子来说是一个很熟悉和有吸引力的地方，而逛商店也是孩子们生活经验范围之内的事情。但是，孩子们对于如"只、个、辆、件、条"等量词的使用还缺乏经验，因此利用逛商店这个游戏背景，通过扮演角色，让幼儿在唱唱玩玩的过程中，音乐节奏和量词的准确使用能力都得到了发展。

游戏歌曲动作说明：

1—4小节：幼儿边唱边做小跑步在圈内活动，到第4小节时，幼儿站到商店的购物柜台前。

5—9小节：是教师与幼儿对话、问答，中间购物讲话的小节可扩展，每人说一小节。

10—13小节：第10小节，幼儿面向阿姨招手，11—13小节做小跑步。

（以上动作仅供参考，老师可根据自己幼儿的情况自己创编动作。）

2. 进行经验迁移

经验迁移是指通过类比,沟通新旧事物之间的联系,通过比较、分析、综合,衍生出新的经验。例如在韵律活动中所选的动作应该是熟悉和新颖相结合,并且贴近幼儿兴趣点和生活经验又可以生长出新的经验的,以此激发幼儿的积极情感体验。

**实例6:**大班活动《小星星》[①]

## 小 星 星

$1=C$ $\frac{4}{4}$                                                          法国童谣

1   1   5   5   | 6   6   5   -   | 4   4   3   3   | 2   2   1   -   |

5   5   4   4   | 3   3   2   -   | 5   5   4   4   | 3   3   2   -   |

1   1   5   5   | 6   6   5   -   | 4   4   3   3   | 2   2   1   -   |

4   4   3   3   | 2   -   2   -   | 1   -   -   -   ‖

活动过程:

(1) 二声部演唱《小星星》

① 齐唱《小星星》

② 分角色(大星星、小星星)演唱歌曲

③ 师:刚才我们用两种不同的演唱形式表演了《小星星》,你们听到的声音效果一样吗?

④ 两个声部演唱,声音更加丰富,变化也更加多,当然最终的效果也更好。

(2) 选择乐器

① 师:今天我们要用小乐器来表演《小星星》,你觉得用什么乐器分别来代表大星星和小星星好呢?

② 幼儿讨论(碰铃——大星星,串铃——小星星)

(3) 选择节奏型

① 出示两种节奏型(X X   X   | X X X   | 和 | X   -   | X   -   | )

② 幼儿讨论

(4) 幼儿尝试表演

① 幼儿自由选择声部,并选择相应的乐器。

---

① 迟琳文、徐蓓珍主编:《快乐音乐:主题背景下24组》,华东师范大学出版社2007年版,第229—230页。

②看指挥表演(教师演示两个声部的表演)。

师:大星星和小星星是怎么表演的?(有时候大星星先表演,小星星后表演;有时候是大小星星一起表演。)

③幼儿徒手看指挥尝试表演

④幼儿手持乐器尝试表演。难点:两个声部的合作——乐器音色,音量的控制。

在活动前先进行二声部合唱,让幼儿在体验中了解声部的变化与合作、声部与指挥之间的配合等。要授予幼儿关注声部所产生的声音效果,并在辨听中逐步调整和掌握声部表演的技巧。

小 星 星

法国童谣

注:● — 碰铃　★ — 串铃　○ — 休止

3. 进行经验累加

经验累加是指通过在音乐活动中逐步给幼儿增加信息量或活动难度,同时整合幼儿原有的经验(包括音乐经验和非音乐经验),使幼儿在充满自信与欢愉的状态中获得新的体验与经验。如在大班打击乐《切分的钟》活动中,教师唤醒幼儿对于钟摆和发条的认知经验,同时又启发幼儿将音乐与钟摆的节奏感觉相联系,使幼儿获得与以往不同的音乐与认知的愉快体验。

---

**实例7:**大班活动《吹泡泡》①

活动目标:

在初步会唱歌曲《吹泡泡》的基础上,鼓励幼儿创编泡泡破裂时的节奏,大胆与同伴分享自己的想法,体验自主创编节奏的快乐。

活动准备:

(1)会唱歌曲《吹泡泡》

(2)幼儿玩过吹泡泡的游戏

活动过程:

(一)歌曲复习《吹泡泡》

(1)第一次演唱歌曲

师:春光明媚,我们去小花园玩吹泡泡的游戏吧。

(2)再次复习歌曲

师:吹泡泡的时候,泡泡一点点变大。

(引导幼儿唱 1 1　2 2　|　3 3　5 5　|的时候用歌声的渐强表示泡泡渐渐变大。)

(二)创编节奏

(1)集体讨论

师:我们吹了那么多泡泡,泡泡破掉的时候发出了"啪——啪——"的声音,每个泡泡破掉时的声音都是不一样的,你的泡泡破裂的时候会发出什么声音呀?

(2)分组创编

师:找个朋友商量一下,你们的泡泡破掉时会有什么声音?

(鼓励幼儿和同伴商量创编不同的节奏型,观察幼儿创编的节奏。)

(3)集体分享

师:谁愿意来介绍你的泡泡破裂时发出什么声音?

(请个别幼儿编节奏,其余幼儿记住同伴编的节奏,例如 X X X　X X　X X　X 　‖: X　X

X X　X ：‖ ; X X X　X X X　X X　X | 等。)

师:我们来把他编的唱一唱。

(引导幼儿将同伴编的节奏装入歌曲最后一句,完成歌曲演唱。)

---

① 曹冰洁:《幼儿园音乐教学手册》,华东师范大学出版社2011年版,第113—114页。

附歌曲

## 吹 泡 泡

1=C 2/4

曹冰洁词曲

歌曲描写了孩子们最喜欢的活动——吹泡泡的有趣情景,旋律简洁,歌词简单。孩子很容易熟悉和演唱歌曲。在歌曲的最后有一个泡泡破裂的节奏型,这是歌曲的亮点。教师可利用这个节奏型,结合吹泡泡的场景,鼓励孩子创编不同的节奏型,挖掘孩子创编的积极性,累积更多的节奏经验。

### 三、多元感知策略

音乐感知心理和音乐教学心理研究表明:音乐学习不仅是一种听觉感知活动,而且是一种多通道参与学习的体验活动。这是因为儿童获得的概念是通过对环境中的事物和事件所进行的心理上和身体上的活动而逐步形成、建立、发展和壮大的,是每一个儿童独一无二地整理个人经验的过程,因此,概念是不能够被教授的,对于这种过程,成人的任务就是创造丰富的环境和活动来增加儿童的音乐经验,促进儿童音乐概念发展的进程。[1]

我国著名音乐教育家赵宋光先生认为:"艺术能力的培养,要靠四大器官综合运用所形成的心理结构来完成。听觉器官和视觉器官是接受信息的感觉器官,形体(体态活动)器官与言语器官是输出信息的运动器官,相辅相成。四者在每个人身上都具有建造人类本质、获得高度发展的潜在可能性。"[2]教师必须调动幼儿除听觉以外的多种感官协同参与音乐学习。如跟随音乐做动作、歌唱和演奏打击乐器的运动觉参与,在音乐伴奏下欣赏或创作美术作品的视觉参与,听音乐欣赏、表演或创作语言文学作品的言语知觉参与等。但并不是所有的音乐活动只需要各种方式的累加和堆砌就能达到最佳效果,而是需要教师根据活动目标内容和作品风格考虑选择不同的参与方法。[3]

在音乐综合研究领域中,杜卫提出的美育的立体化原则也认为,美育不同于其他专业性强的学科教育,应该表现出综合性的特点,并具体建议在音、美教学中试行音乐、美术、文学和影视四

① 许卓娅:《学前儿童音乐教育》,人民教育出版社 1996 年版,第 84 页。
② 郭桂建:《艺术教育论》,上海出版社 1999 年版,第 167 页。
③ 李晓虹:《浅论幼儿园音乐教学活动中有效策略的运用》,《当代学前教育》,2007 年第 2 期。

者结合的教学法,即在音乐教学中,借助音乐、美术、文学和影视手段。贝尼特·雷默也提出过"综合审美教育"这一概念,即在综合的基础上培养学生的综合艺术能力,提高其审美能力。

因此,在学前早期儿童音乐教育中,音乐应与美术、舞蹈、动作、语言等进行综合;音乐教学同其他领域学科互相交织在一起,可以互相增强活力。对于学前儿童音乐教育与其他学科领域整合的相关内容将在下一章中着重探讨。

### 四、启发想象策略

音乐是激发孩子想像力、创造力,促进个性发展的有效手段。几乎所有的孩子都喜欢动听的声音、美妙的音乐,喜欢随着音乐歌唱、舞蹈,音乐活动是孩子最喜欢的活动之一。但在音乐活动中,我们依然能看到幼儿被动地在教师的高控下唱歌、做动作和回应,鲜有愉快的感受、主动的表达与自由的想象。那么,这样的音乐活动肯定是不成功的。《幼儿园教育指导纲要(试行)》明确提出艺术活动的目标是培养幼儿对美的感受能力、丰富审美经验、体验自由表达和创造的快乐,而不是单纯的知识和技能技巧的传授。因此,在音乐活动中,教师应努力让幼儿有更多的体验,并激发幼儿积极表达与想象的愿望。教师有效地激起幼儿想象的愿望,不仅有助于培养和发展幼儿的想象力和创造力,也将有助于整个音乐活动的有效开展。教师可以通过提供幼儿表现机会、激发幼儿情感体验,以及赏识幼儿创作努力的途径激发幼儿的想象力。

1. 提供幼儿表现机会

音乐活动包括感受、想象、理解、创造等不同的思维阶段,对幼儿的创造意识及能力的培养具有独特的作用。在音乐活动中,教师要确立以幼儿为主体的思想,给幼儿留出一个适当的空间,给他们一个自我表现的机会,鼓励他们形成自己的思考方法和独立见解。教师不能只强调技能技巧的训练,应引导幼儿去表现美、创造美。教师应给幼儿自主感受音乐、表达情感的机会,而不应为保证活动的预期计划而代替孩子去体验和判断。① 例如,在欣赏活动中,教师要求幼儿按成人思维方式去感受,没有提供给幼儿自主感受和想象的机会,幼儿只能在教师的牵引下被动参与。有时,教师还会要求孩子明确说出音乐的内容,但许多音乐作品并不能与音乐情景建立一一对应关系。因此,合适的做法是让孩子自主地去感受、理解音乐,因为重要的是幼儿的学习体验。如在音乐欣赏时,鼓励幼儿根据音乐大胆想象,画出自己的感受和联想,然后给这一音乐片断配上自编的小故事,并用身体动作加以表现。在歌唱活动中,让幼儿在充分欣赏后,根据自己的感受和理解大胆学唱,而不是被动地听教师分析歌词,然后逐句模仿跟唱。在幼儿创编过程中,教师要为幼儿创设宽松的环境,并热情指导,帮助他们完成所要创作的内容,充分发挥幼儿主观能动作用,让幼儿充分感受音乐和表现音乐。在韵律活动中,活动的选择可以用来源于幼儿生活的内容。结合他们熟悉的知识和经验,能够增强她们的表达和想象创编的积极性,从而使得整个音乐活动变得更加生动和有益于幼儿的学习。例如:中班韵律活动《洗袜子》就是引用了幼儿生活经验,让幼儿知道动作可以表现生活中的事情,也可以表达情感,同时通过音乐表现手段提升艺术性。

---

① 周儿:《给孩子体验和想象的空间》,《幼儿教育》,2002 年第 6 期。

**实例8:**中班活动《洗袜子》①

活动目标:

尝试随着音乐节奏创编洗袜子的动作,在编编动动中体验自己的事自己做、自己在长大的骄傲感。

活动准备:

(1)洗袜子的生活经验。

(2)洗袜子的过程图片(擦肥皂——搓袜子——漂洗——拧干——晾袜子)。

(3)音乐(欢快的乐曲)。

活动过程:

(一)经验回忆

师:我们长大了,自己的事情自己做,你们洗过袜子吗?怎么洗的?

(引导幼儿说说洗袜子的过程,根据孩子说的出示相应的过程图。)

(二)洗袜子

(1)自由表现

师:自己会洗袜子真能干,为我们长大了感到高兴,听着音乐洗袜子,先干什么后干什么。

(鼓励幼儿听着音乐尝试动作表现)

(2)重点创编

师:有的朋友洗袜子的动作是不一样的,让我们看看他们是怎么洗的。

(请有节奏洗的孩子示范,下面幼儿模仿,例如:X    X  |X    X  |X X  X X  |X X

X X  |。)

师:我们也来试试和他们不一样的洗袜子的动作。

(3)集体表现

师:我们把自己的袜子洗了,现在把妈妈的袜子也洗洗,她肯定会夸我们是能干的孩子,长大了。用你们自己的动作洗。

(鼓励幼儿自己创编动作表现音乐)

2. 激发幼儿情感体验

爱因斯坦说过:"想象力比知识更重要,因为知识是有限的,而想象力概括着世界的一切,推动着进步,而且是知识进化的源泉。"幼儿对音乐的想象力,来自幼儿对音乐的理解、幼儿的阅历和经验、对自然景物和现象的感受。音乐作品的重要特点就在于表达人们内在的情感体验,抒发激励人的感情,不同的乐曲、歌曲的节奏、旋律、力度、速度的变化都表现出音乐作品各自的风格

---

① 曹冰洁、李婷:《幼儿园音乐教学手册》,华东师范大学出版社2011年版,第177—178页。

和不同的情感,只有抓住音乐作品的特点,才能启发幼儿去感受体会音乐的美,准确地理解音乐作品的内容。

在音乐活动中,教师可以用既精炼又富有启发性的语言有效地唤醒幼儿体验音乐的主动性。教师可以提问幼儿关于音乐情境的问题,引导幼儿多角度、多方面地展开联想,让其自主探索,产生强烈的好奇心。[①] 例如,在欣赏《摇篮曲》时,配合着摇篮曲的平缓均衡的节奏和略有起伏的旋律,教师可以用语言激起幼儿的音乐感受:"你感觉怎么样? 梦见什么了吗?"这样有助于幼儿体验音乐并展开想象。又如,在歌曲表演《迷路的小花鸭》的音乐活动中,几位幼儿用面部表情投入地表现了小花鸭迷路时伤心的样子,其他幼儿看见后,受同伴表演情绪感染,也立即积极投入到表演中。模仿同伴后,幼儿还尝试探索用肢体语言表演了小花鸭迷路时无助的样子。在音乐体验中,通过同伴引领法,能诱发幼儿自主体验、表演的内驱力。

此外,教师还可以借助外出参观、音乐欣赏、多媒体展示等各种途径,让幼儿接触周围的生活环境,了解一些贴近幼儿生活实际的优秀音乐作品。如,在欣赏音乐《火车》时,可以让幼儿回想乘坐火车的经历或是通过多媒体等手段帮助孩子丰富相关生活经验,同时通过欣赏了解一些音乐知识和舞蹈语汇,为幼儿进一步发挥想象,如自创节奏、自编歌词、自编舞蹈等储存表象,做好铺垫,并鼓励幼儿多想、大胆地想,留有一定的时间和空间给幼儿独自去感受乐曲、去想象、去判断,让幼儿受老师的影响发挥想象,自由地体会曲子所表达的意思以及描述的意境,以激发孩子主动表达自己的想象和意见,大胆地说出自己的想法。[②] 此外,教师也应重视和利用幼儿同伴间的体验引领,激发幼儿的情感体验。

---

**实例9:小班活动《快乐的小司机》[③]**

活动目标:

(1) 在游戏中感受音乐节奏的快慢变化,并乐意模仿小司机的动作。

(2) 体验测量给我们带来的方便。

活动准备:

(1) 歌曲《汽车开来了》和快慢音乐各一段。大的玩具汽车帐篷(幼儿可以进去活动的玩具汽车)若干。

(2) 去郊游和汽车开过的场景6幅。

活动过程:

一、汽车开来了

(1) 幼儿听着音乐,开着大玩具汽车进教室。

(2) 师:你们在干什么啊?(开汽车)

---

① 邵敏洁:《在音乐活动中教师如何有效引导》,《新课程学习(中)》2012年第12期。

② 同上注。

③ 李慰宜主编:《一课一案:幼儿园优质案例汇编》,华东师范大学出版社2011年版,第17页。

哦,原来你们是小司机啊,请小司机们把小汽车停下来,听着音乐再开一遍。

(玩具汽车停在原地,幼儿听音乐模仿小司机的一些动作。)

(3)师:小司机们,刚才你们是怎么开车的?

(幼儿交流不同的开车动作)

**二、快快开和慢慢开**

(1)师:现在我也当司机,也要听着音乐去开车,不过这次开得路可不一样哦,有时要开得快,有时要开得慢,音乐会告诉我们的,请你仔细听。(欣赏快慢交替的音乐)

(2)讨论:汽车什么时候开得快?什么时候开得慢?

(3)根据幼儿经验,配上快快或慢慢的音乐,并让幼儿随着不同速度的音乐做一做。

(4)师:让我们一起来开汽车。

(听着音乐来开车,引导幼儿注意音乐节奏的变化,并用相应的动作表现。)

**三、快乐的小司机**

(1)师:你们的本领真大,今天我们要一起开车去郊游!

看看我们郊游的时候会经过哪些地方?汽车是怎么开的?汽车开到什么地方可以快快地开?什么地方只能慢慢地开呢?

(播放快慢交替的背景音乐和车子经过的地方)

(2)师:刚才我们的车子开过什么地方是慢慢的,开过什么地方是快快的?为什么?

(3)师:让我们一起去郊游吧!一边看课件,一边跟着音乐开车,表现经过不同的地方时音乐节奏快慢的变化。

(4)结束:小司机们,让我们开上刚才的小汽车回家吧!

附歌曲:

### 汽车开来了

1=C 2/4

| 1 1 1 2 | 3 - | 3 3 | 3 - | 3 2 3 4 | 5 - |
汽车 开来 了, 笛 笛 笛。 汽车 开来 了,

| 5 5 | 5 - | 5 4 3 2 | 1 - | 1 1 | 1 - ‖
笛 笛 笛。 汽车 开来 了, 笛 笛 笛。

**3. 赏识幼儿创作努力**

人性最本质的需求就是渴望得到赏识、尊重、理解和爱。而赏识教育的根本目的就在于通过对孩子优点和长处的挖掘,使孩子获得内心情绪和情感的满足,从而让孩子的身心始终处于最佳的状态。因此,在音乐活动中,教师若能善于发现幼儿身上的闪光点,适时给予他们积极的鼓励,那么,

孩子将会从音乐教育中不断得到审美带来的"高峰体验"。[①] 而这种体验对幼儿的成长至关重要。

在《3—6 岁儿童学习与发展指南》艺术领域的教育建议中指出要"欣赏和回应幼儿的哼哼唱唱、模仿表演等自发的艺术活动,赞赏他们独特的表现方式。在幼儿自主表达创作过程中,不做过多干预或把自己的意愿强加给幼儿,在幼儿需要时候再给予具体的帮助。了解并倾听幼儿艺术表现的想法或感受,领会并尊重幼儿的创作意图,不简单用"像不像"、"好不好"等成人标准来评价。"[②]因此,及时的鼓励性评价,将有助于激发幼儿创造的积极性,培养幼儿的创造能力。教师要针对幼儿的年龄特点和本班幼儿的实际水平选择教材,在音乐活动中灵活、实际地采用合理有效的方法和手段,使幼儿增强学习的信心和勇气,激发幼儿的活动兴趣和创造性,增强音乐活动的有效性。

当幼儿富有个性的理解以及创造性的表现方式得到肯定时,他们体验到了被尊重的感觉,满足了自我表现的需要,这种正向情绪会激励他们更加热爱音乐。另外,虽然孩子自主学唱的结果也许会出错,也许不完整,但这种不断发现错误、纠正错误,努力达到目标的体验,是非常有价值的学习过程,它有益于孩子更好地认识自我,体验发现问题并解决问题的乐趣。[③] 总之,教师应从幼儿的年龄特点和实际能力出发,评价幼儿的创造性表现,从而不断挖掘幼儿的创造潜能。

## 五、范例演示策略

范例演示策略即是直观演示的策略方法。在第四章第二节中,我们已经对直观演示的方法进行了讨论。直观演示的方法是优化学习效果的一种方法。它借助于教师的演唱、演奏、动作表演或一定的图片、实物以及幻灯、投影、录像等直观性手段,使儿童获得清晰的音乐表象,提高学习兴趣。在幼儿园各领域活动中,范例和演示是较为常用的方法,因为它不仅符合直观性教学的原则,同时也符合幼儿思维的特点。在幼儿园音乐活动中,这种方法的运用则有助于提升活动的有效性。

教师在运用范例演示策略时,儿童不仅能够获得倾听音响产生的联想与想象所得到的情感体验,而且还能看到教师的面部表情和形体动作,感受到教师的精神状态和情绪感染,从而加深对音乐作品的理解。在音乐艺术的表演和欣赏过程中,表演者和欣赏者之间直接的情感交流是一个不可或缺的重要环节。因此,我们在音乐教学中应多运用范例演示的策略激发幼儿的音乐情感,使他们获得更为丰富的审美体验,从而实现音乐教育的审美价值。在运用范例演示策略时,不仅要关注这一策略运用的合理性、适时性和灵活性,也应关注这一策略的运用对儿童情感体验的作用。此外,教师在运用范例演示策略同时,配合运用语言的策略,将会更有效地帮助儿童获得感知、表达和创造美的音乐经验。

**实例 10**:小班活动《小小鸡》

活动目标:

(1)在唱唱玩玩的游戏活动中学习歌曲《小小鸡》。

---

① 马斯洛等著:《人的潜能和价值》,华夏出版社 1987 年版,第 368 页。
② 教育部:《3—6 岁儿童学习与发展指南》,2012 年第 41 页。
③ 周儿:《给孩子体验和想象的空间》,《幼儿教育》,2002 年第 6 期。

（2）乐意用动作、表情、歌曲来表达对小小鸡和鸡妈妈的喜爱之情。

（3）初步学习并懂得与同伴在一个共同的空间中活动时不相互碰撞。

活动准备：

（1）小小鸡一群，供幼儿观看。

（2）"鸡妈妈"头饰一个、录音机及音带。

（3）事先已听赏过歌曲的旋律。

活动过程：

（一）导入活动

教师以实物小小鸡引起幼儿的观赏兴趣。

（二）听赏活动

（1）教师边播放《小小鸡》的旋律，边让幼儿观赏小小鸡。

（2）教师边播放《小小鸡》的旋律，边让幼儿欣赏教师模仿表演的小小鸡。

（3）教师根据《小小鸡》的旋律，表演唱完整的歌曲。

（三）表现活动

（1）幼儿听着歌曲旋律，用动作模仿小小鸡。

（2）教师与幼儿一起根据歌曲中的歌词，模仿做小小鸡"背小包"、"戴小帽"等动作，提醒幼儿注意做动作时找空地方，不与别人碰撞。

（3）在教师的带领下跟着录音一起学唱歌曲。

（四）游戏活动

以一个简单的游戏形式，让幼儿边唱边做游戏，进一步激发幼儿爱小鸡的情感，并体验活动和游戏的快乐。

附：歌曲《小小鸡》

小 小 鸡

**实例11**：小班活动《鼓儿响咚咚》[①]

活动目标：

听听找找已知道的小乐器，并初步认识鼓，体验听辨游戏的快乐。

活动准备：

小乐器若干（各种鼓、碰铃、响板）、歌曲《小鸡小鸭》等。

活动过程：

一、游戏叮当屋

（1）幼儿人手一只小篮子（内含响板、碰铃、双响筒等），教师出示叮当屋，在屋里敲击小乐器，幼儿听辨并找出相应的小乐器。"听听，叮当屋里谁在唱歌？"——巩固听辨碰铃、响板等。

幼儿找出小乐器后，师生共同奏乐《小小鸡》《小乌龟背糖果》等。

（2）启发幼儿在游戏中对鼓的声音感兴趣。

师：这又是谁在唱歌，你的小乐器篮里有吗？

二、玩玩找找：小鼓响咚咚

（1）"瞧，叮当屋里来了位新客人，会是谁呢？我让小朋友来找一找、猜一猜。"幼儿上前摸口袋并讲述其外形。

（2）出示鼓，知道名称。

（3）听一听："鼓的声音像谁在唱歌？"大胆想象。（鼓励幼儿结合生活里的经验大胆讲述）知道鼓儿的声音是咚咚响。

（4）"圆圆胖胖，肚里空空，敲敲听听，咚咚咚咚。""这个新朋友就是鼓，找一找教室里还有鼓吗？"幼儿四散找鼓。

三、游戏：狐狸来了

游戏方法：幼儿扮演小鸡小鸭，在音乐声中游戏（歌表演）。教师拿不同的乐器代表不同的角色。幼儿歌舞后，听到碰铃的声音就是鸡妈妈来找小鸡了，响板则是鸭妈妈找小鸭的信号。大鼓的声音代表狐狸重重的脚步声，幼儿辨别后逃走。

游戏可重复进行。

**实例12**：大班活动《狮王进行曲》

活动目标：

（1）通过故事和音像图片等辅助手段感受并了解乐曲的结构、音乐形象及内容。

（2）探索用嗓音和身体动作创造性地表现音乐。

（3）积极参与欣赏活动，大胆地交流和表现，体验集体欣赏活动的乐趣。

活动准备：

（1）自编故事一个。

---

① 此活动设计由上海市音乐幼儿园孙敏提供。

（2）有关《狮子王》的 VCD 一盘、录音机及音带。

活动过程：

（一）初步欣赏音乐

（1）教师播放有关《狮子王》的 VCD,并配上《狮王进行曲》的音乐,引导儿童完整倾听并欣赏,初步感受乐曲的形象。

（2）教师讲述自编的故事(清晨,阳光照进了寂静的森林,和煦的春风吹拂着树梢上的小鸟,小动物们渐渐地醒来了。远处隐约传来了狮王的吼叫声,小猴子第一个听到,机灵地从树枝上"哧溜"一下滑下来,报告说:"狮王驾到!")引导儿童边欣赏音乐边听故事,初步感受音乐的结构。

（3）引导儿童分段欣赏音乐,进一步感受不同乐段表现的不同音乐形象。

（二）用动作表现音乐

（1）教师引导儿童回忆音乐作品中的主要形象:吹号、狮王行进、狮王吼叫、小动物奏乐等。

（2）启发儿童边听音乐,边用自己的动作模式来表现吹号、狮王行进、狮王吼叫、小动物奏乐等动作。

（3）教师对儿童的动作稍加整理和指导,并带领儿童跟随音乐用创造性的动作进行表演,加深儿童对乐曲形象、内容以及结构的理解和表达。

（三）音乐游戏表演

（1）教师与儿童共同商量,以游戏的形式来表现音乐。

（2）分角色表演:由教师担任狮王,全体儿童各自担任自己喜欢的小动物,跟随音乐进行游戏。(角色可根据儿童的意愿进行交换,游戏可重复进行)

附:欣赏作品《狮王进行曲》

欣赏作品:

狮王进行曲

## 思考题

1. 什么是幼儿园的音乐教育活动？它有哪些特点？

2. 学前儿童的家庭音乐教育有些什么特点？如何正确对待家庭的音乐教育启蒙？

3. 幼儿园音乐教育活动的设计应遵循哪些原则？如何理解和贯彻这些原则？

4. 在音乐教育活动设计中如何注意音乐材料的选择和设计？

5. 如何贯彻音乐教育活动设计的"审美性原则"？

6. 幼儿园音乐教育活动设计有哪些具体环节？

7. 什么是"系列层次活动"？试以一音乐教育具体教材内容为例，设计一份"系列层次活动"计划。

8. 学前儿童音乐教育的组织策略有哪些？

## 第八章

# 学前儿童音乐教育的整合与渗透

## 第一节　幼儿园课程中的音乐教育整合

音乐对于幼儿具有特殊的意义,在幼儿园中音乐教育是重要的五大领域之一。喜欢音乐是孩子的天性,而音乐又是一种与多种文化联系紧密的艺术门类。因此,在学前儿童音乐教育中,音乐应与美术、舞蹈、动作、语言等进行综合,音乐教学同其他领域学科互相交织在一起,可以互相增强活力。

### 一、音乐领域各基本内容的整合

分科(领域)课程中,作为独立的学科,幼儿园音乐教育有着独立的目标、内容和方法体系,通常先根据幼儿音乐能力发展规律和音乐学科性质确定音乐教育目标。以此为基础,结合幼儿音乐学习特点和音乐学科内容体系,将音乐教育内容相对划分为歌唱、韵律活动、打击乐器演奏和音乐欣赏等板块。每个板块均独立设计和组织教学活动,共同促进幼儿音乐情感、知识和技能等方面的发展。活动之间由于保持了较强的内在逻辑结构,能使幼儿按照音乐学科逻辑系统地把握音乐知识和技能,循序渐进地学习。发起方式上,除了集体音乐教学外,在游戏、进餐、自由活动等环节中也有教师组织的音乐教育活动和幼儿自发的音乐活动。

分科(领域)课程中,音乐教育活动的结构化程度较高,每一个具体的音乐教育活动都根据幼儿音乐学习的基础提出了明确的活动目标,在活动设计思路中,对幼儿学习的重点和难点加以分析,并提出教师教学的策略和方法。因此,音乐教育活动的操作性较强。同时,由于其他各学科课中都需要让幼儿运用语言、游戏、身体活动、舞步、结构造型等多种表现方式作为表达与表现自己的情感、认识与理解的手段,因此音乐游戏、身体表达和歌唱等音乐表达手段备受青睐,为其他学科(领域)广泛运用。[1]

---

[1] 许卓娅主编:《幼儿园音乐教育与活动设计》,高等教育出版社,2009 年版第 109 页。

**实例1**：小班活动《我爱我的幼儿园》（歌唱、打击乐）[①]

活动目标：

（1）学习用自然的声音演唱歌曲。在教师的提示下，演唱学习听前奏整齐地开始演唱。

（2）尝试按歌曲的节奏用乐器一拍一下地敲打。在为教师和自己的演唱伴奏中，感受均匀的节奏。

（3）乐意参与集体演唱和打击乐器演奏活动，体验与同伴共同活动的快乐。

活动准备：

（1）人手一件小乐器，如串铃等（如果无条件，可用自制的打击乐器）。

（2）座位排成半圆。

（3）幼儿用书：《我爱我的幼儿园》（或桌面教具、积木布置的幼儿园场景、玩具小人等）。

活动过程：

（1）幼儿听进行曲，按音乐节奏走步或做拍手动作。

（2）幼儿欣赏教师演唱歌曲，理解歌词的内容。

＊ 幼儿一边观看教师演示桌面教具或投影放大的《我爱我的幼儿园》画面，一边倾听教师示范演唱歌曲。

师：这么多小朋友在一起做什么？听听他们是怎么唱的。

师：我的好朋友是××，你的好朋友是谁？说说看。

＊ 教师再次示范演唱歌曲，引导幼儿尝试用动作表现"大家一起真快乐"，如抱抱、亲亲、拉拉手等。

师：和朋友在一起，快乐的时候可以做什么动作？

＊ 在歌曲情境的感染下，幼儿听教师唱歌，边有节奏地做表现快乐的动作（一拍一下）。

（3）幼儿尝试学唱歌曲。

＊ 教师提示幼儿听前奏整齐地开始演唱。幼儿听音乐，练习唱歌词。后一句边唱边做表现快乐的动作。

（4）幼儿学习用乐器为演唱伴奏。

＊ 教师示范：打击乐器的正确拿法和演奏方法。

＊ 幼儿练习按规范要求拿取小乐器，并尝试小乐器的演奏。

＊ 幼儿尝试用乐器为教师的演唱伴奏。教师边唱歌，边用乐器的演奏动作指挥幼儿一拍一下地敲打乐器。教师为幼儿的演奏鼓掌，让幼儿感受大家一起演奏的快乐。

＊ 幼儿尝试用乐器为自己的演唱伴奏，边唱歌边打击小乐器，感受节奏的均匀。教师引导幼儿为自己的演奏鼓掌，进一步感受体验与同伴共同活动的快乐。

---

[①] 《幼儿园渗透式领域课程》编委会编：《幼儿园渗透式领域课程——科学·艺术教师用书（小班上）》，南京师范大学出版社2009年版，第93—94页。

## 我爱我的幼儿园

1＝C 2/4

中速

| 1 2 | 3 4 | 5 5 5 | 5 5 3 1 | 2 3 2 |
| 我 爱 | 我 的 | 幼 儿 园， | 幼 儿 园 里 | 朋 友 多， |

| 1 2 | 3 4 | 5 5 5 | 5 5 3 1 | 2 3 1 |
| 又 唱 | 歌 来 | 又 跳 舞， | 大 家 一 起 | 多 快 乐。 |

**实例2**：大班活动《中国人民解放军进行曲》（欣赏、打击乐）[①]

活动目标：

（1）在做身体动作的基础上，学习用乐器演奏《中国人民解放军进行曲》。

（2）拍出身体动作的节奏，探索欢呼动作的配器方案。

（3）欣赏乐曲，向解放军学习，能以饱满的精神参加活动。

活动准备：

（1）《中国人民解放军进行曲》音乐磁带，录音机。

（2）铃鼓、小鼓或三角铁、圆舞板与幼儿人数相等（放在幼儿座位下），军鼓一面。

活动过程：

（1）幼儿倾听（欣赏）音乐旋律，并学习用身体动作随音乐进行表演。

＊教师讲述解放军的故事，帮助幼儿了解音乐结构。

师：解放军叔叔们正在进行军事训练，鼓号队为他们吹起了喇叭助威，观众们看到他们走得这么整齐，都为他们鼓起了掌，高兴地欢呼起来！小朋友，你们想看解放军叔叔的表演吗？

＊教师随音乐示范身体动作，幼儿认真观看。

师：现在老师做解放军，你们仔细看，解放军做了哪些动作，待会儿告诉大家。

＊幼儿跟随教师学习用身体动作随音乐进行表演。

师：刚才解放军都做了哪些动作？你们想当解放军吗？好！请大家一起来随音乐做。

（2）幼儿探索将身体动作转换成节奏型。

＊教师进行动作表演，幼儿尝试将身体动作完整地转化为拍手的节奏型。

师：我来做表演动作，你们拍手来为我伴奏。我的动作快，你们就拍得快，我的动作慢，你们就拍得慢，我们的节奏相同。请大家来试一试。

＊教师和幼儿一起倾听音乐，用拍手的方法来演奏节奏型。

---

① 《幼儿园渗透式领域课程》编委会编：《幼儿园渗透式领域课程——科学·艺术教师用书（小班上）》，南京师范大学出版社，2009年版，第179—180页。

师：刚才你们为我伴奏得很好，现在老师和你们一起来做拍手的动作好吗？

＊教师指挥，幼儿尝试看指挥分声部拍手演奏节奏型，欢呼部分的动作不变。

师：现在老师来指挥，我的手指到哪里，就请哪边的小朋友拍手，欢呼动作不变。

（3）幼儿倾听音乐，学习使用乐器进行演奏。

＊教师和幼儿共同探索欢呼动作的配器方案。

师：你们觉得在做欢呼动作的时候，用什么乐器伴奏比较合适？

＊幼儿倾听音乐，看指挥使用乐器进行演奏。

师：现在，请你们把座位下的小乐器都拿出来，看老师的指挥，听好音乐演奏。

＊教师请个别幼儿担任小指挥，大家看指挥演奏。（开始时教师可适当提示小指挥）

＊教师出示军鼓，请个别幼儿演奏军鼓为打击乐伴奏。

师：你们看这是什么？ 你想上来用它和大家一起演奏吗？ 可以怎么做？

## 中国人民解放军进行曲

1 = C 2/4

郑律成 曲

进行曲速度

(i. i ii ii | i i. | 5 3. 2 ii ii | i7 6ii | 5 5 |

5 3. 2 ii ii | i7 6ii | 2 5 | 5.5 66 | 5 55 ii |

2 3 i | 2.2 22 | 3 2. | i.5 67 | 2 i. | 1 55 55 |

1 55 55) i. i ii ii | i i. | 1 3 | 5 56 | i. 6 5. 0 |

1 1 3 | 6 5.3 | 2 — | 2. 0 | 1 1 3 | 5 56 | i. 6 |

5. 0 | 113 55 | 66 533 | 2 — | 1. 0 | 2 2 3 |

5 5 i | 6. 2 | 5. 0 | 2 2 3 | 5 5 i | 6. 53 |

2. 0 | 1.3 55 | 3.5 ii | 5.7 22 | 3. 21 | 5.5 5 |

6.i 2 | 2 5 | 3.3 31 | 5 5 | 6.i 72 | i 0 |

```
i 0 | 1 7 6 7 | i.  i 5 0 | 3 0 5 5 | 6 6  6 i |

2 - | 2.  0 5 | 3.2 i i  i i | i 7 6 i i | 5  5 |

5  3.2 i i  i i | i 7 6 i i | 2  5 | 5.5 6 6 | 5 5 5 i i |

2 3 i | 2.2 2 2 | 3 2. | i 5 6 7 | 2 i  i | i i i i ‖
```

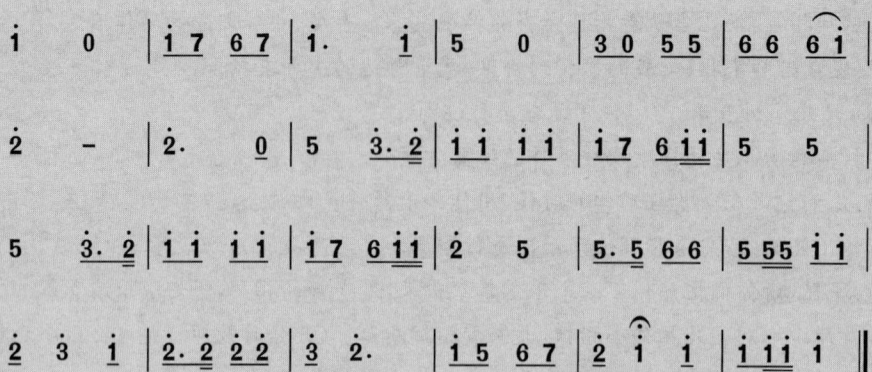

## 二、音乐领域与其他学科领域间的整合

### 1. 音乐与美术间的整合

音乐与美术是艺术领域中重要的门类,尽管两者在材质与表现上有差异,但在表现人的思想感情和让人的内心产生共鸣上是一致的。俄罗斯画家康定斯基曾说过,"绘画是视觉的音乐"。由于音乐与美术在意义、色彩、旋律、节奏等方面存在诸多的内在联系,因此,画与音是可以互相融合的。

音乐教育与美术教育的整合不是把美术和音乐简单相加,而是融合音乐与美术在审美感情上的共鸣,支持幼儿的艺术学习。[①] 美国心理学家霍夫曼把情感对认知的作用进行了概括,认为情感不仅可以组织回忆,情感体验还可以赋予这些事件以相应类别的情感。美术与音乐都是借助于情感对儿童进行教学、教育的,它们的共同点都是在一定的艺术氛围感染下,调动幼儿积极向上的情感,培养他们健康、丰富的精神世界,感受真、善、美的艺术真谛。

实践也证明美术和音乐融合可以更好地拓展艺术空间,增强艺术趣味,培养儿童的艺术想象力与创造力。在音乐教学中,选择相应的实施策略,利用美术手段辅助音乐教学,对培养幼儿的审美能力、创造性思维能力,辅助实现音乐教学的目标和任务有着积极的意义。[②]

**实例3:**小班活动《这就是我呀》[③]

活动目标:

(1) 在"逛动物园"的情境中感受歌曲的旋律,愉快地学唱歌曲《这就是我呀》。

---

① 许卓娅主编:《幼儿园音乐教育与活动设计》,高等教育出版社 2009 年版,第 127—128 页。
② 同上注。
③ 本活动设计由上海荷花池幼儿园张雯老师提供。

（2）进一步了解动物的外形特征,体验与同伴一起歌唱的快乐。

活动准备:

（1）多媒体课件。

（2）《这就是我呀》的音乐伴奏带。

（3）河马拼图。

（4）幼儿照片墙。

活动过程:

一、来到动物园,初步感受音乐旋律。

（引导幼儿跟着音乐,快乐地走走、玩玩,初步感知音乐旋律）

（1）去动物园,感受歌曲旋律。

（2）提问:

① 今天天气怎么样? 老师带你们一起出去玩了,快来,出发。

② 路上有什么呀? 有大树,有小鸟,还有什么?

③ 看一看,我们走到哪里了呢?

二、逛逛动物园,学唱歌曲《这就是我呀》。

（通过出现的不同动物形象,帮助幼儿熟悉歌词、尝试跟唱、快乐学唱。）

（1）看看拼拼,感受歌词。

师提问:

① 动物园里住着谁呢?（仔细观察）我们一起进去看一看。（PPT 出现路）这会是谁的家?

② 拼图游戏

出示操作板

师:看,是不是这只大河马呀。可是他没有什么呀?（没有嘴）谁来帮帮他。

师:这么多的嘴巴,到底哪一个会是大河马的嘴巴。

小结:河马的脸大大的,他的嘴也大大的。哦,找对了,找对了,谢谢你。

③ 歌词念白

（音乐）这是我的嘴巴大大的,这是我的嘴巴（怎么样）大大的,这是我的嘴巴（声音响一点,告诉我）大大的,这就是我呀,（我是谁?）我是大河马。

小结:你们的声音真好听,你看,大河马真的出来了。

（河马）我听到了你们的声音了,谢谢小朋友们帮我找到了大嘴巴,再见。

过渡:孩子们,我们再去看看动物园其他的小动物吧。（音乐起）高兴吗? 一起拍拍手。（拍拍,拍一拍,走走,走一走,找找,找一找,看一看,这是谁呀?）到了到了,坐下来看一看。

（2）玩玩演演,哼唱歌曲。

① 猜大大的动物。

师:这回我们又到哪里了呢? 有没有发现,这个家比刚才的那个家(要大一点),这个家这么大,可能住着谁?(引导幼儿迁移经验,大胆地表述)

② 模仿大大的动物。

(鼓励幼儿大胆地用肢体动作,表现各种大大的动物)

幼儿模仿,教师适时互动

师:我看到了大大的大象,看到了大大的大熊,我看到了大大的大胖猪,是吗? 你们都是大大的动物走来了。(音乐起,走一走)

师:这些大大的动物,他们哪里特别大?

③ 教师范唱。

师:这是我的身体大大的……这就是我呀,我是大胖猪。

④ 幼儿学唱。

(鼓励幼儿自然地发声,大胆地哼唱)

师:这么多的小猪,你们想变成他们吗?

师:猪爸爸很神气的,猪妈妈也很有精神的。准备开始。(音乐起,幼儿唱,第一句教师帮唱,大胖猪声音响亮)

过渡:跟小猪一家再见,我们又要出发咯。走,宝宝们,我们是在动物园哦,把你们看到的动物用动作告诉大家。哎呀,我看到了小猪,我看到了小青蛙。走走走走,跳跳跳跳,请跟着音乐的节拍哦。到了到了。

(3) 变变猜猜,完整歌唱。

① 按门铃,变小兔。

唉,这个门好奇怪啊,有个圆圆的(门铃),音效叮咚,(PPT 出现圆脸,红眼睛。幼儿猜)

师:这是什么,红红的? 红红的可能是小兔的红眼睛,红红的可能是……?(PPT 出现长耳朵)这又是什么啊? 是小兔的长耳朵。这是谁呢?

播放动画媒体,教师范唱:

(音效,教师带领幼儿边看媒体边唱)这是我的眼睛红红的,这是我的耳朵长长的,这是我的尾巴短短的,这就是我呀,我是小白兔。

② 幼儿尝试唱一唱。

师:原来这是一个有魔法的门铃。它会变出小白兔,你们想来变一变小白兔吗? 那我们一起再来变一变。(音乐)

幼儿歌唱

③ 实物小兔,做游戏。

师:小一班的宝宝真厉害,把小白兔都变出来了。看,小白兔真的来了。(出示实物小白兔,扭起来)他在干吗呀? 我们跟他一起跳一跳。好高兴哦,扭一扭,跳一跳。

过渡:小兔说,我还不认识你们呢,你们是谁呀?(我是××)

三、介绍自己,简单创编歌词。

(从关注动物的特征歌唱,迁移经验,鼓励幼儿关注自己的特征,尝试编唱)

(1) 说说自己的特征。

师:快告诉小兔,你长得和别人什么地方不一样?

小结:原来我们每个宝宝都长得不一样。有很可爱,很特别的地方。

(2) 照片墙,自由歌唱。

师:(出示照片墙)瞧,这是谁呀? 哪个是你自己呀? 找一找,妹妹小朋友先来,弟弟小朋友后来。

师:好,都找到自己了吗? 现在我们就把自己最可爱的地方唱出来,让小兔认识你好吗?(播放音乐)(你唱得真好,抱抱你,亲亲你)

师:我们把自己介绍给了小兔,动物园还有好多小动物呢,让更多的动物朋友认识我们吧!

**实例4:**大班活动《母鸡萝丝去散步》①

活动目标:

(1) 模拟故事里的各种声音,用不同的乐器(或相同的乐器)及不同的方法进行演奏。

(2) 尝试运用回旋曲式按场景以小组轮换的方式表演,体验合作表演的快乐。

活动准备:

(1) 各种乐器,母鸡散步经过的故事场景图片

(2) 幼儿已听过故事,并探索过部分情节的声音

(3) 乐曲《稻草中的火鸡》

活动过程:

一、引出故事主题。

(1) 今天天气真好,母鸡萝丝准备出门去散步了!

(2) 幼儿听音乐用肢体动作学母鸡萝丝散步,思考怎么表现母鸡萝丝悠闲散步的样子。

二、简述故事,组织讨论。

(1) 回忆故事

① 母鸡萝丝去散步时经过哪些地方? 它先去哪里再去哪里?

② 在散步时发生了一些什么事情?

③ 狐狸的坏主意得逞了吗?

(2) 共同探讨

① 选择其中一个情节,分辨其中的声音,如:你最喜欢哪段故事? 在这段故事里能听到什么声音? 这些声音是怎样的? 什么声音在前,什么声音在后?

② 思考用什么乐器可以表现这些声音?

---

① 李慰宜主编:《一课一案:幼儿园优质案例汇编》,华东师范大学出版社2011年版,第209—210页。

③ 尝试用乐器表演,共同分辨选用哪种乐器比较合适。

④ 部分幼儿表演。

三、小组练习,共同表现。

(1)幼儿自由结伴,分别选择一个场景,共同商议选用的乐器。

(2)小组内进行分工,按声音出现的先后进行练习。

(3)交流各组的表现,看看说说每个小组用了什么好方法。

(4)共同表演

① 由一个幼儿扮演母鸡萝丝,用肢体动作表现散步的情景,其余各组幼儿表现不同的场景。

② 母鸡萝丝按故事顺序分别经过各组,到达某一组时,该组幼儿立即起立用乐器表演故事场景,直至故事结束。

**稻草中的火鸡**

2. 音乐与文学间的整合

音乐与语言密不可分。一首活泼欢快的歌曲往往就是一首朗朗上口的儿歌、诗歌,一首优美动听的乐曲就好像描述着一个有趣的故事,一篇优美的散文则像是一首轻快的抒情曲。语言和音乐有许多相通之处,它们都有重音、节拍、节奏,有声调的轻重、快慢、高低的变化。将音乐教育与文学教育有机结合,通过与音乐教学内容相贴切的文学意境的辅助,不仅能够提高幼儿音乐学习的兴趣,还能带给幼儿更多的审美感动,达到事半功倍的效果。①

**实例 5**:小班活动《大狼喝粥》②

活动目标:

(1)认识铃鼓,了解使用不同的演奏方式可以得到不同的节奏和音色。

(2)根据故事《大狼喝粥》的情节变化,探索铃鼓演奏的不同方式。

(3)在教师眼神和动作的提示下,在不演奏时能克制自己的乐器不发出声音。

---

① 许卓娅主编:《幼儿园音乐教育与活动设计》,高等教育出版社 2009 年版,第 133 页。

② 赵寄石、唐淑:《幼儿园渗透式领域课程——科学、艺术(小班上)》,南京师范大学出版社 2005 年版,第 113—114 页。

活动准备：

（1）每人一只铃鼓（最好是小号铃鼓）

（2）将座位排成一个圈圈

（3）幼儿用书《大狼喝粥》（投影图）

活动过程：

（1）幼儿观察《大狼喝粥》的投影图

＊师：这是谁？它在干什么？

幼儿观察投影图，知道大狼在喝粥。

＊教师引导幼儿猜想大狼是如何喝粥的。

＊师：大狼是怎么喝粥的呢，是快快地喝还是慢慢地喝，是一小勺一小勺地喝还是大口大口地喝？

反馈幼儿的发言，并引导幼儿用声音和手部动作来表现。

（2）幼儿欣赏教师讲述《大狼喝粥》的故事。

＊教师讲述《大狼喝粥》的故事。引起幼儿对故事的兴趣。

＊师：大狼在姥姥家是怎样喝粥的呢？（哗啦啦）

大狼在自己家是怎样喝粥的呢？（舀一勺，咽三下。）

大狼在幼儿园里是怎样喝粥的呢？（舀一勺，喝一口。）

＊教师再次讲述故事，幼儿模仿教师做大狼三次喝粥的不同动作。

（3）教师出示铃鼓，与幼儿讨论如何用铃鼓表现大狼三次不同方式的喝粥。

＊师：这是什么？今天我们就用铃鼓做大狼喝粥的碗。

＊师：大狼快快地喝粥，怎样让铃鼓发出"哗啦啦"的声音呢？

幼儿讲述一种方式，教师就带领幼儿一起空手练习这种动作。

＊师：大狼舀一勺，咽三下，怎样用铃鼓发出这种声音呢？

幼儿讲述几种方式后，教师和幼儿共同讨论，选择最适合的方式并带领幼儿集体空手练习。

＊师：大狼舀一勺，喝一口，可以怎样让铃鼓发出这种声音呢？

教师引导幼儿迁移"舀一勺，咽三下"的演奏方式并加以改编。

（4）教师边讲故事，边示范演奏铃鼓。

（5）幼儿学习用铃鼓表现三种不同的喝粥方式。

＊教师带领动儿用铃鼓逐一练习三种不同的演奏方式。

（6）幼儿和教师一起用乐器——铃鼓讲述大狼喝粥的故事。

＊教师在演奏前提出要求：不演奏时，每个人的铃鼓都不能发出声音。在演奏过程中，教师注意用眼神加动作提示幼儿遵守这一规则。

附故事：

## 大狼喝粥

大狼最喜欢喝甜粥啦！大狼在姥姥家喝甜粥，甜粥太好喝啦！大狼啊呜啊呜快快地喝，太烫太烫啦！大狼伤心地大哭起来。(大哭声)大狼在自己家喝甜粥,甜粥太烫啦!大狼舀一勺咽三下,妈妈说大狼你吃得太慢了!大狼委屈地小声哭起来。(小声哭)大狼在幼儿园喝甜粥,老师说:轻轻舀上面一勺,轻轻吹,慢慢喝一口,啊,真甜呀!大狼照着老师的话试了试,又试了试……啊,真的很甜很好吃!嘻嘻!嘻嘻!大狼开心地笑起来。

这里有领域渗透:结合语言活动,引导幼儿一边看幼儿用书《大狼喝粥》连环画,一边讲述这个故事,并用动作表演故事,也可以进行童话剧表演。

这一活动巧妙地支持幼儿用噪音和乐器表现故事内容,使幼儿愉快地体验到了用音乐符号讲述故事这种新办法的乐趣。活动过程中,幼儿既获得了"不同演奏方式可以得到不同节奏和音乐"的经验,又获得了看图谱学习的方法,对音乐与语言的关联有了进一步的认识。

### 3. 音乐教育与社会教育间的整合

幼儿社会领域的学习与发展过程是幼儿社会性不断完善并奠定健全人格基础的过程,主要包括人际交往与社会适应。幼儿阶段是社会性发展的关键时期,良好的人际关系和社会适应能力对幼儿身心健康发展以及知识、能力和智慧作用的发挥具有重要影响。

音乐是表现情绪情感的最好方式。音乐教育强调对人灵魂的塑造,它要把真、善、美的种子种进幼儿的心田,使之生根发芽,唤醒幼儿心中沉睡的艺术感觉、审美意识、人文素养和创造力,学会做人,这才是音乐教育的最高追求。愉快的音乐学习过程不仅影响着幼儿对音乐学习的兴趣和态度,更是影响着幼儿对学习、对生活、对自己的认识和态度。在社会教育中融入音乐教育,能让儿童体验并表达自己的情感,这不仅有益于儿童认知的发展,其本身也是音乐教育的目标之一。同其他艺术教育相比较,音乐教育更易于激发人的情感。让艺术背后的情感世界进入学习主体从而激励学习主体去想象、创造更美好的世界,是艺术教育的真正任务,也是音乐教育与社会教育整合的深层理由。在幼儿在音乐学习过程中,应注意挖掘作品所蕴涵的情感,创设情境,利用移情等方法引导幼儿体验作品情感,对幼儿实施真善美的社会教育。

**实例6**:大班活动《小看戏》①

活动目标:

(1)欣赏民间乐曲《小看戏》,感受乐曲中欢快、热闹的情绪。

(2)想象音乐情节变化,并乐意尝试用动作进行表现。

活动准备:

(1)幼儿经验准备:了解东北农村人的生活,对看戏有所了解。

(2)教学材料准备:剪辑小看戏乐曲(ABA)、手绢花若干。

---

① 本活动设计由上海大昌幼儿园张莉萍老师提供。

活动过程：

一、谈话导入，分享经验。

（1）师：你们对看戏了解吗？印象最深的是什么？看戏会给人们带来怎样的心情呢？

（2）教师根据幼儿回答小结梳理。

二、欣赏乐曲，初步感受。

（1）第一遍欣赏：听听这首曲子有没有把你们刚才说的对看戏的感觉表现出来？

小结：这首《小看戏》的乐曲听上去很欢快、很有趣也很热闹，而且有三段。

（2）第二遍欣赏：有三段能听出来吗？这三段分别好像在说看戏的什么事情呢？

小结：这段乐曲有三段，第一段表现了去看戏路上的快乐、兴奋的心情，中间的音乐表现了看戏过程中人们的心情变化，结尾的音乐表现了看完戏后人们回家时的情景。

三、发挥想象，创造表现。

过渡语：今天要请你们动脑筋了，把你们想到的《小看戏》的样子用动作表现出来。

（1）幼儿想象表现第一段乐曲，"去看戏"：去看戏的时候会是什么样的心情呢？可能会怎么走，怎么做呢？（重点引导幼儿表现心情）

（2）幼儿想象表现第二段乐曲，"看戏"：看戏这段音乐中你听出了他们好像看到了什么，有哪些心情变化呢？（重点引导幼儿根据音乐的变化来表现）

（3）幼儿想象表现第三段乐曲，"回家"：戏结束了，要回家了，会是怎样的心情呢？试试用动作表现出来，好吗？（重点引导幼儿有个人不一样的表现方式）

四、完整表现，激发兴趣。

（1）师：小看戏的音乐结束了，我们把音乐也都听懂了，还能用动作来表现，我们把它连起来表演，行吗？

（2）师：感觉怎么样？像不像一个舞蹈？东北人跳舞时手里喜欢拿什么？我们下次也拿着手绢花再去试试，看看会不会更精彩。

## 小 看 戏

1=G 2/4

东北民歌

**实例7**：大班活动《你是我的朋友吗？》①

活动目标：

在熟悉故事《你是我的朋友吗？》的基础上，幼儿尝试用跳邀请舞的方式结交朋友，体验用舞蹈方式交朋友所带来的快乐。

活动准备：

（1）课件 PPT 和舞蹈视频；

（2）幼儿前期经验——已了解故事《你是我的朋友吗？》；学过歌曲《请你和我跳个舞》。

活动准备：

一、回忆故事，情感激发。

（1）出示图片：回忆故事《你是我的朋友吗？》

师：这是谁？你知道丁丁为什么事情不开心吗？丁丁的感受怎么样？

小结：丁丁因为娜娜与冰冰成了朋友，感到孤独而伤心难过，两个朋友也因此闹起了矛盾而互不理睬。

（2）师：如果是你和你的朋友发生了这件事，你会怎么做呢？

二、欣赏舞蹈《请你和我跳个舞》，寻找结交新朋友的方法。

（1）幼儿欣赏视频舞蹈《请你和我跳个舞》。

师：他们用了什么游戏？（跳舞）

（2）幼儿欣赏第二遍：

师：他们是怎么找朋友的？找朋友时做了哪些动作？（幼儿一边说，教师一边出示相应的图谱）

（3）幼儿看着视频学跳动作。

师：① 朋友面对面跳舞的时候，你们发现有不一样的地方吗？

（都是先出右脚，但方向不一样）

② 有什么好办法记住先出右脚吗？

③ 丁丁和娜娜也学会了这个舞蹈，可是娜娜还是没有和丁丁和好做朋友，你有什么好办法让她们通过跳舞和好又能找到很多的朋友？

三、学跳邀请舞，体验结交朋友的快乐。

（1）幼儿欣赏换舞伴视频第一遍。

师：他们是怎么交换舞伴的？

小结：找朋友前要围成两个圆圈，要交换位置，换位置后找到新朋友。

（2）丁丁和娜娜能和好吗？

师（出示 PPT 课件验证）：这个舞蹈能找更多的朋友，一直交换舞伴能找到更多的朋友。

---

① 本活动设计由上海月浦四村幼儿园魏岭老师提供。

丁丁知道了这个道理她的心情就会好起来的,先让我们学会了再来告诉她。

(3) 幼儿第一次跳邀请舞:跳邀请舞之前要怎么样?(围两个圆圈)

师:①有问题吗? 什么时候交换舞伴?

②哪一句找到新朋友的呢? 往哪边找朋友? 让我们再来看一看。

小结:听到间奏的音乐要马上找到新舞伴,里圈的小朋友要朝一个方向换舞伴。

(4) 幼儿第二次:交换了舞伴,你有什么新发现?

(5) 幼儿第三次(音乐连续几遍增加难度):

师:你找到了几个朋友? 是谁? 心情怎么样?

小结:看,有了新朋友,没有忘记老朋友,你可以成为很多人的朋友,心情也会变得很快乐。

(6) 出示丁丁和娜娜的胸饰:丁丁和娜娜也来跳舞了。(幼儿带胸饰跳舞)你们的心情怎么样?

(点击课件:娜娜和丁丁开心的图片)娜娜和丁丁和好了,因为她们明白其实朋友间的友谊是很珍贵的,可以与朋友友善地谈话,互相聆听,互相玩耍,牵手拥抱,是件很幸福的事。

4. 音乐教育与科学教育间的整合

音乐与科学有着极其密切的关系,有着一种不解之缘。人类自从创造了音乐和科学之后,人生就有了乐趣,也有了征服自然的新武器。它们源于人类活动最高尚的部分,都追求着普遍性、深刻性、永恒与和谐。

科学与艺术通过不同的方式揭示与把握实质相同的东西,即秩序、和谐、节奏、周期等,是人类创造性地把握世界的两种方式。"如果通过逻辑语言来描绘我们对事物的观察和体验,这就是科学;如果通过直觉感受来表达我们的观察和体验,这就是艺术"。科学与艺术之间是一种互动、互利、互惠的关系,科学需要想象,想象能够使科学思维在一定程度上超越现实的规定性,赋予科学思维以灵活性和超越性;而在艺术活动中,想象、情感、理性等诸多要素彼此渗透,情感通过与理性的对话变得更加深刻。具有理性色彩的科学教育与具有感性色彩的艺术教育两者殊途同归,最终实现了融合。[①]

**实例8:** 大班活动《快乐的小雪花》[②]

活动目标:

(1) 复习律动《快乐的小雪花》,引导幼儿创编各种雪花旋转的动作。

(2) 发展幼儿的空间方位知觉,体会感受整体动作和谐的美感。

---

① 许卓娅主编:《幼儿园音乐教育与活动设计》,高等教育出版社 2009 年版,第 106—107 页。

② 李慰宜主编:《一课一案·幼儿园优质案例汇编》,华东师范大学出版社 2011 年版,第 207—208 页。

活动准备：

看过了下雪场景，感受过雪花的轻柔。

活动过程：

一、观雪——碎步律动"快乐的小雪花"

（1）跟随老师听着音乐小碎步进活动室，想象变成一朵洁白的雪花，跟着雪花妈妈漫天飞舞。

（2）看看我的哪个宝宝飘得最美，碎步要做到轻柔，两腿夹紧。双手臂伸直上举至头上方，手腕交叉，五指张开。

二、飘雪——单个雪花碎步飘动

（1）交流：怎样使雪花飘得轻轻松松，又很美丽？（幼儿：脚要踮得高，五个手指要张开，头要抬起来等）

（2）幼儿集体尝试飘动雪花。

（3）单个飘雪，每朵雪花就是一个雪花精灵。

① 教师示范：听着音乐飘，也听着音乐停下来，最后飘在一片空地上，定格成一朵想象中的雪花造型。

② 幼儿一次做一朵雪花从座位上飘到场地，每一个乐句幼儿飘到中间做定格动作，最后全班形成一个雪花自由创编的整体造型。在一朵朵雪花飘出的过程中，幼儿不仅观摩了其他幼儿"雪花"舞动的动作，而且还能够自由地穿梭于其他"雪花"之间，形成了一种流动的美感。

三、舞雪——会旋转的小雪花

（1）个别幼儿交流演示一个人飘动的动作。

（2）部分幼儿创编各种雪花旋转的动作。

（3）讨论并做归纳旋转舞动的姿态，如：滑步旋转、单腿旋转、跳步旋转等。在相互学习中达到自我的迁移。

（4）集体尝试跟着音乐伴奏舞出各种旋转的动作。

（5）个别幼儿示范新的旋转动作，再次听音乐集体舞雪。

四、戏雪——和雪花妈妈玩玩游戏

（1）了解游戏规则

① 雪花妈妈在哪里，向小雪花招招手时，小雪花就飘到妈妈身边。

② 当雪花妈妈轻轻吹口气，小雪花们马上旋转着离开妈妈，找到自己飘落的地方。

（2）游戏中雪花妈妈不断变化飘落的位置，幼儿迅速做出反应，感受到不同的集合点会构成不同的集体造型，发现大家共同合作的和谐之美。

（3）运用碎步、旋转等动作不推也不挤，从分散的方向集中。

附歌曲：

## 小 雪 花

1 = F  $\frac{4}{4}$

5̇ 1 3  4̲4̲ 3 | 2̲2̲ 2̲3̲ 1  — | 1̲4̲ 4̲5̲ 6̲6̲ 5̲4̲ |
小雪 花， 小雪 花， 找呀 找妈 妈， 　　　　飘呀 飘呀 飘呀 飘呀

3. 3̲4̲ 5  — | 1̲4̲ 4̲5̲ 6̲6̲ 5̲4̲ | 3. 4̲ 5̲4̲ 3 |
找 不 到 家。 妈妈 妈妈 你在 哪里？ 在 哪 里 呀？

4̲4̲4̲ 4̲4̲4̲ 4̲4̲ 3̲2̲ | 5  —  —  — | 1̲4̲ 4̲5̲ 6̲6̲ 5̲4̲ |
难道 你真 的不 要我 啦！ 　　　　 妈妈 妈妈 你在 哪里？

5. 5̲4̲ 3  — | 4̲4̲ 4̲4̲4̲ 4̲4̲3̲2̲ | 1  —  —  — |
在 哪 里？ 看不 见你 我真 的好 害 怕。

5  —  5. 5̲ | 4̲3̲ 4̲5̲ 5  — | 6̲6̲ 6̲6̲ 5̲4̲ 5̲4̲ |
回 家 我 听你 的话， 再也 不敢 离开 你

3  —  —  — | 5  —  5. 5̲ | 4̲3̲ 4̲5̲ 5  — |
啦。 回 家 我 听你 的话，

6̲6̲ 6̲6̲ 6̲ 4̲6̲ | 5  —  —  — | 5  —  5. 5̲ |
再也 不敢 离 开你 啦！ 妈 妈 你

4̲3̲ 4̲5̲ 5  — | 4̲4̲ 4̲4̲ 4̲4̲ 3̲2̲ | 1  —  —  — ‖
带我 回 家， 我会 做个 懂事 的娃 娃。

**实例9：**小班活动《好听的声音》①

活动目标：

(1) 体验探索声音的乐趣，乐于表达自己的经验和感受。

(2) 能辨别生活中不同的声音。

---

① 本活动设计方案引自 http://www.06abc.com。

（3）在为乐曲伴奏中,感受声音的轻响。

活动准备:

（1）宝宝生活中声音的 flash。

（2）录音带:大鼓和小鼓的音乐。

（3）每人塑料小瓶一只,小盆四个,黄豆若干,软硬不同的糖果三瓶,大鼓小鼓各一个(图片)。

指导要点:

（1）鼓励幼儿依据生活经验大胆表达自己的想法。

（2）在听听、玩玩、尝尝中感受声音,激发幼儿对探索声音轻响的兴趣。

活动过程:

一、生活中的声音。

听声音:(以宝宝早晨的生活背景)笑声——鸡鸣——盥洗——汽车——问候(老师好)。引导幼儿说出笑声、动物的叫声、马路上的汽车声等,并听水声进行猜想。

二、让小瓶发出声音,为大鼓小鼓伴奏。

（1）让空瓶子发出声音

师:宝宝来到幼儿园,老师要和宝宝一起玩啦。这里有一个瓶子,你能让它发出声音吗? (幼儿每人取一小瓶子,探索用各种办法让它发出声音)。

（2）用瓶子装豆让它发出声音

师:这里有许多豆子,小豆和瓶子在一块能发出声音吗?

（3）(放录音)引导幼儿跟着音乐摇瓶子:用儿歌"你的小瓶子,有声音吗? 有有有"有节奏地引导幼儿感受音乐。

（4）出示大鼓和小鼓图片,引导幼儿用瓶子摇出大鼓和小鼓的声音,感受用力大小影响发出声音的轻响;装的多少也影响瓶子发出的声响(太少声音小,装满没声音,感受事物的相对性)。

三、幼儿通过尝一尝,咬一咬,区别糖果的软硬,知道装硬糖果的瓶子摇起来会发出大鼓的声音,装软糖果的会发出小鼓的声音。

四、为"大鼓小鼓"唱歌,边摇瓶子配乐曲边唱歌。

五、活动延伸。

师:棉花糖与软糖发出的声音,谁更像大鼓、谁像小鼓? 请大家到教室去吃吃看就知道了。(出示装棉花糖的瓶子)

**实例10:中班活动《变化的天气》①**

活动目标:

（1）充分感受不同音乐的性质所表达的天气情况,尝试听辨 B 段刮风时的四个乐句,愿意用动作表现音乐,体验其中的快乐。

---

① 此活动设计由上海市星光幼儿园曹丛岭老师提供。

(2)进一步萌发了解天气变化与生活关系的愿望。

活动准备:

(1)多媒体课件。

(2)音带、录音机。

活动过程:

一、复习歌曲:听

(1)师:(出示多媒体课件)秋天是个怎样的季节,把我们听到的事情用歌声告诉大家。

(2)仿编歌曲:看一看。

简单讨论:这首歌中能编几件事情——4件。

二、听赏音乐

(一)听赏A段

(1)师:平时你们是怎样知道今天的天气情况的?

(2)师:今天请大家听一段音乐,让音乐来告诉我们今天的天气情况。(听赏A段)

◆ 师:你从音乐中听出来今天的天气怎样?(结合音乐性质)

◆ 师:究竟是不是这样呢?(出示太阳的多媒体课件)

小结:音乐很欢快、轻松,告诉我们今天是个好天气。

(3)师:想不想出来晒晒太阳,做做运动?(多晒太阳能补充身体中的钙质,能让我们长得更高,更健康!)

① 幼儿随A段音乐运动。

◆ 师:你从音乐中听出可能会有谁出来和太阳做朋友?

② 师:让我们扮演你从音乐中听出的朋友,听着音乐一起晒晒太阳,与太阳做游戏。(请教师扮演太阳)

◆ 小结:太阳能给大家带来热量,能让我们生长得更健康。

(二)听赏B段

(1)师:当大家在休息的时候发生了一件事情,请音乐来告诉我们。(听赏B段)

◆ 师:你们从音乐里听到发生了什么事情?(边听边放风声:是呀,秋风刮起来)

师:音乐中是怎样的风? 为什么?(音乐性质)

(2)师:秋风吹到了谁的身上,会发生什么事情?(再次听赏)

◆ 师:秋风吹到了谁的身上,会发生什么事情?

◆ 师:请大家一起用动作把从音乐中听到秋风吹起后发生的事情表演出来,边表演边听音乐中共刮了几次风。

(3)幼儿仔细地听赏B段音乐。

◆ 师:音乐中刮了几次风? 你们怎么知道的?

(4)边看多媒体课件flash,边证实刮了几次风。

◆ 小结:刮了四次风,吹走了树叶,这段音乐有4句话。

三、游戏：大风吹走树叶

听到音乐里刮风了，就飘走一些"树叶"。

提醒幼儿想好自己是被第几次风吹走的树叶。

## 三、主题背景下的音乐教育整合

主题背景下音乐活动的目的不在于让幼儿学会唱多少首歌曲、能够把乐器演奏得多么好，而在于让他们获得更多的艺术体验，大胆地进行表达、表现。喜欢音乐是幼儿的天性，音乐能使他们拥有灵敏的耳朵、快乐的心灵、富有创意的头脑。当前，在主题活动背景下，音乐元素越来越多地作为一种手段和媒介整合在幼儿的集体活动中，教师应运用有效的教育机制，创设丰富有趣的音乐故事情境，激活幼儿参与音乐活动的兴趣，让幼儿快乐地唱唱跳跳。

1. 在生活中寻找音乐活动素材

主题活动是围绕某一主题展开，通过活动展示主题、传递作者的思想感情的活动。它不仅具有生动形象的外表特征，而且通过活动能表达深刻的思想，让孩子在潜移默化中受到教育。

主题背景下的音乐活动就是借助于音乐的形式，表达和传递主题思想的活动。音乐活动的内容要源于幼儿的生活，又要高于幼儿的生活。在我们的生活中，音乐是无处不在的，如优美的歌曲、动听的节奏……例如在主题活动"好听的声音"中，教师创设了以声音为主题脉络的游戏情境，开展了"声音在哪里"、"厨房里的声音"、"铃儿响叮当"等活动，在听一听、找一找中，幼儿发现自己的身体会发出奇妙的声音，发现妈妈炒菜会发出"嗞啦"的声音，发现娃娃家里的小电话会发出"叮铃铃"的声音……感受了不同声音的音乐节奏之后，幼儿开始尝试用各种打击乐器、锅碗瓢盆、自制物品等表现、创造不同的音乐节奏。

**实例 11：**中班活动《办家家》①

活动目标：

(1) 喜欢模仿爸爸妈妈炒菜、喂娃娃的动作，萌发表演的愿望。

(2) 进一步感受爸爸妈妈对自己的关爱。

活动准备：

(1) 镜框、围裙、娃娃、菜铲、小推车等。

(2) 音乐磁带。

活动过程：

一、爱的摇篮

(1) （男孩女孩结对扮演爸爸妈妈）表演摇篮曲，（引导幼儿在音乐的伴奏下，有节奏地表演哄娃娃睡觉的动作。）

---

① 迟琳文、徐蓓珍主编：《快乐音乐：主题背景下 24 组幼儿音乐活动》，华东师范大学出版社 2007 年版，第 106—107 页。

师:爸爸妈妈陪宝宝睡觉,宝宝的心里是什么感觉? 除此之外,爸爸妈妈还会在家里做些什么事情?

二、爱的家庭

(1) 介绍歌曲名称。

师:老师带来了一首歌曲,歌曲中唱的是小朋友扮演爸爸妈妈的事情,名字就叫《办家家》,你们知道"办家家"是什么意思吗?

(2) 欣赏歌曲。

师:歌曲里的小朋友在做什么?(扮演爸爸妈妈)他们学着爸爸妈妈在做什么事情?(炒小菜)

(3) 再次欣赏,重点学说"炒小菜"那段。

(4) 幼儿尝试演唱歌曲。

三、相亲相爱的一家人

(1) 扮演爸爸和妈妈。

师:大家一起把两个小朋友打扮成爸爸妈妈,好吗?

你从哪里看出他们是爸爸妈妈?

我们也来装扮爸爸妈妈好吗?

(2) 模仿炒小菜的动作。

师:你看到爸爸妈妈是怎样炒菜的? 你能学一学吗?(幼儿自由表现,个别与集体尝试。)

(3) 幼儿听音乐尝试表演,重点介绍歌曲演唱部分的动作。

(4) 分角色两两结伴进行表演。

附歌曲:

## 办 家 家

刘德伦 曲
佚 名 词

1=E 2/4

生动、活泼地

| 3 3 6 3 | 2 2 3 | 5 5 5 6 | 1 - | 3 3 6 3 | 2 2 3 |
| 我 来 学 爸 爸 呀, | 我 来 学 妈 妈, | 我们 一起 来 呀, |

| 5 5 5 6 | 1 - | X X X | X X X | X X X X X X | X X X |
| 来玩 办家 家, | 炒小 菜 炒小 菜, | 炒好 小菜 开饭 啦, |

| 3 3 5 3 | 2 2 | 3 3 6 3 | 1 1 | 3 3 5 3 | 2 2 3 |
| 小菜 烧得 好 呀, | 味道 好极 了 呀, | 客人 肚子 饿 呀, |

| 5 5 5 6 | 1 - X X | X X X X | X X X | X X X X | X - |
| 我们 开饭 吧, | 请 请, | 谢谢 谢谢, | 喷喷喷! | 味道 好极 啦! |

**实例12:**小班活动《敲锣打鼓放鞭炮》

活动目标:

(1) 学习跟着音乐的不同节奏做与之相应的敲锣、打鼓、放鞭炮的动作。

(2) 尝试学习用自己的动作进行表现和创编。

(3) 初步体验自我学习和探索学习的乐趣。

活动准备:

(1) 具有其他音乐活动的创编体验。

(2) 录音机及音带。

活动过程:

(一) 导入活动

教师以情景谈话的方式引导儿童回忆生活场景,唤起生活中有关放鞭炮、打鼓等方面的知识经验。

(二) 迁移活动

(1) 教师引导儿童将原有的关于放鞭炮、打鼓的经验提取出来,用自己的动作方式试着表现"放鞭炮"和"打鼓"的动作。

(2) 教师出示一面实物锣,引导儿童观察,学习掌握"锣"的名称以及"敲锣"的动作。

(三) 探索和创编活动

(1) 教师播放律动音乐,启发儿童学着分辨音乐的快慢。

(2) 教师提问儿童:"音乐哪里像是在慢慢地敲锣;哪里像是在快快地打鼓;哪里又像是在一下高一下低地放鞭炮?"

(3) 在儿童回答的基础上,引导儿童自己探索将已掌握和了解的"敲锣"、"打鼓"和"放鞭炮"的动作"填"到音乐中去。

(4) 在教师的整理归纳和带领下,将儿童创编的律动动作跟着音乐整体地进行表现,让儿童进一步体验自我学习和创造的乐趣。

附:律动曲《敲锣打鼓放鞭炮》

## 敲锣打鼓放鞭炮

1=C $\frac{4}{4}$ 　　　　　　　　　　　　　汪爱丽　曲

```
5  -  5  -  | 5  3  5  6  | i  3  21 6 | 5  -  5  -  |
(敲锣)
```

```
i i i 12 i. 6 | 55 56 5. 3 | 2  5  65 32 | 1  0  i  0 ‖
(打鼓)              (点炮仗)              "嘭 啪"
```

2. 根据主题内容引发音乐活动线索

在主题活动中,有时需要根据主题活动的内容延伸出音乐活动的素材,以此帮助幼儿感受主题活动的内容,体验并发现在主题背景下进行音乐活动的快乐。

"整合"是构建课程内容时的一种思路,而教师如果能根据幼儿的年龄特点、各领域的阶段目标进行整合设计活动,那么这样的活动不仅能将各领域内容统整起来,而且也能将各种学习方法综合起来,从而使孩子们在还原生活情景中感受、体验并发现音乐活动中的快乐,进而提升音乐活动的内涵。如在小班"上幼儿园"主题活动中,教师通过媒体再现一名幼儿的典型外貌特征,让幼儿调动自己的已有经验,猜猜、说说媒体里出现的是哪位小朋友,同时让幼儿自由地说说他们的好朋友是谁,由此激活了他们对好朋友的记忆。不仅如此,教师还利用媒体播放班级幼儿用各种方式与邻班幼儿交朋友的热闹场景,鼓励幼儿大胆讲述自己交朋友的经历,并自然地引出"找朋友"的音乐活动线索,从而促进了幼儿体验找到朋友的快乐。

> **实例13**:大班活动《蔬菜汤》[1]
>
> 此活动设计是围绕着"蔬菜"这一主题而展开的,它将音乐、语言、科学等领域的内容有机而自然地整合在了一起。活动中,既有幼儿的自主表现、大胆探索,也有教师的启发引导、即时鼓励。
>
> 活动目标:
>
> (1) 区分音乐的不同性质,感知作品中特有的音乐形象,丰富对蔬菜的了解。
>
> (2) 尝试用肢体表演、编唱等多种方式表现蔬菜的特征。
>
> 活动准备:
>
> (1) 幼儿对蔬菜种类、生长等方面的知识已有初步的了解。
>
> (2) 已学会歌曲《买菜》。
>
> (3) 代表不同特征蔬菜形象的音乐四段和"煮"蔬菜汤的音乐。
>
> (4) 各类蔬菜图片、自制蔬菜汤匙一把、厨房服一件。
>
> 活动过程:
>
> 一、讲讲说说:我喜欢的蔬菜
>
> 师:每一种蔬菜宝宝都有自己漂亮的颜色和形状,你最喜欢哪种蔬菜宝宝呢? 为什么?
>
> (尽可能鼓励幼儿用多种方法介绍自己喜欢的蔬菜,如:顺口溜、谜语、图画……在同伴的交流中,丰富幼儿对蔬菜特征的把握。)
>
> 二、做做变变:蔬菜长长长
>
> 师:每一种蔬菜宝宝有不同的生长过程,你知道它们是怎么生长出来的吗?
>
> (引导幼儿在用语言表达的基础上,尝试用肢体动作展现不同蔬菜的生长过程,并让同伴根据其动作的变化进行猜测讨论:这可能是哪种蔬菜?)

---

[1] 本活动设计由上海市荷花池幼儿园黄颖岚老师提供。

三、编编唱唱:蔬菜拼盆

师:瞧! 猜猜我是谁? 我这棵蔬菜长得怎样?

(教师在与幼儿的互动中引出语言节奏,如:刀豆 细又 长 呀;苦瓜 苦又 爽 呀……)

师:每一种蔬菜都有丰富的营养和不同的味道,如果我们把几种蔬菜宝宝合在一起做个蔬菜拼盆,一定会更美味更有营养。谁愿意一起来做蔬菜拼盆呢?

(幼儿自由结伴,一边用肢体动作合作展现蔬菜造型,一边随《买菜》的背景音乐进行编唱。如:"蔬菜宝宝真呀真正多,我们一起来做蔬菜拼盆。辣椒辣又辣呀,萝卜水分多呀……哎呀呀,哎呀呀,味道真正好!")

四、听听玩玩:蔬菜汤

● 完整听赏:听听猜猜它们是谁?

师:蔬菜除了可以做拼盆,还能做什么呢?

师:妈妈今天买了许多蔬菜,准备煮一锅蔬菜汤,请你听听妈妈煮的汤里可能有哪些蔬菜呢?

● 分段听赏:我是一棵蔬菜宝宝

第一段:轻柔舒缓——青菜、菠菜、香菜、荠菜、芹菜……

第二段:低沉缓慢——土豆、冬瓜、南瓜、芋艿、洋葱……

第三段:跳跃轻快——黄豆、绿豆、毛豆、豌豆、蚕豆……

(幼儿根据不同乐段所表现的音乐形象,与蔬菜的外形特征相结合展开类比联想,并大胆想象不同的蔬菜形象随音乐进入汤锅时的动作姿态。)

● 游戏:蔬菜汤

玩法:幼儿选择自己喜爱的蔬菜形象随不同乐段依次进入"汤锅"(能容纳全体幼儿的空间)。教师扮"妈妈"拿着大汤勺随"煮汤"音乐的变化:注水——加热——升温——沸腾——小火慢煮——加调料——熄火,进行"煮汤"。幼儿想象表现"蔬菜"在"煮汤"过程中的各种动作姿态:下沉、漂浮、旋转、翻滚……

**实例14:小班活动《快快慢慢》**①

此活动是在"马路上"这一主题背景下生成的活动,通过让幼儿体验马路上各种不同的车辆,引导幼儿用动作表现快慢的变化,启发幼儿在具备生活经验的基础上大胆地参与表达和表现。

活动目标:

(1) 体验物体运动的快慢。

(2) 尝试用不同速度的声音、肢体动作表现快慢。

活动准备:

(1) VCD:马路上的车。

---

① 本活动设计由上海市荷花池幼儿园黄颖岚老师提供。

（2）音乐楼梯：do—si。

（3）指偶：小熊、小兔、小老鼠。

活动过程：

一、经验交流：车的快慢

（1）回忆经验

师：爸爸妈妈带你们到很远的地方去玩，走路的话又会很累，那我们要坐什么去？

老师用摄像机拍了很多的车，你们看看到底有些什么车？

（2）观看VCD

（3）集体交流

师：你看到了哪些车？

哪些车开得慢慢的？

哪些车开得快快的？

（4）奏乐曲（快、慢两种速度交替）

师：你们喜欢开车吗？那我要请小朋友来做小司机，来跟着音乐开车。小司机找个空地准备好。

你们可要注意我的音乐是会变的，当你们听到音乐快快的时候，是什么车开来了？当你们听到音乐慢慢的时候，又是什么车开来了？

（5）音乐游戏：小司机

师：小司机下班了，把你们的车开回停车场吧！

二、经验迁移：生活中的快慢

师：在我们的生活中，不但车子有开得快的和慢的，还有很多事也有快、慢，请你想一想，小朋友们做什么事情的时候是快快的，做什么事情的时候是慢慢的？

三、感受音乐中的快慢

（1）出示玩具，引发讨论

师：人跑的时候是快快的，走路的时候是慢慢的，那小动物做事情的时候有快有慢吗？

老师今天就请来了一位小动物，你们看，这是谁啊？（出示小老鼠）

小老鼠做什么事情的时候是快快的，做什么事情的时候是慢慢的？

（2）情景表演，幼儿感受

师：有一只小老鼠，在黑黑的老鼠洞里，它可寂寞了。它快快地钻出了老鼠洞，来到了大森林里。走啊走，小老鼠发现了一幢漂亮的小木屋。小老鼠轻轻地推开门，哇！小木屋里有一座金光闪闪的楼梯，小老鼠轻轻地踩上去，楼梯发出美妙的声音"do"，小老鼠继续往上走，楼梯不停地发出神奇的声音"re、mi、fa、sol、la、si"，小老鼠感觉有趣极了，它又转身爬下楼梯，楼梯又发出好听的声音"si、la、sol、fa、mi、re、do"。这些美妙的声音把小老鼠逗乐了，它一个劲不停地爬上爬下，而且越来越快，"do……si……"一边爬，小老鼠还高兴地唱了起来。（教师示范唱）

（3）感受小老鼠的音乐

师：小老鼠玩得开心吗？你们想不想做这只快乐的老鼠呢？那我们一起和小老鼠来走这个有趣的音乐楼梯。

（4）感受慢的音乐

师：小老鼠爬累了，它觉得一个人好孤单，它想请森林里的动物们来它的小木屋玩。它会请谁来呢？请你听一听音乐楼梯发出的声音再来猜一猜。（弹奏慢而低沉的音阶）

师：你感觉是谁来了？为什么？

出示大熊，与幼儿一起创编大熊的歌曲。

师：小熊走音乐楼梯发出了什么声音？它也高兴地唱了起来。（教师示范唱）

师：小熊要请它的熊弟弟和熊妹妹们一起来玩这个音乐楼梯，我们小朋友来做它的弟弟妹妹好吗？

（5）感受快的音乐

师：小老鼠还想请其他小动物来，你听这次音乐楼梯告诉我们是谁来了？

你觉得这回又是谁来了呢？为什么？

出示小兔，师幼共同创编小兔的歌曲。

师：你们觉得小白兔走楼梯的声音和小熊走楼梯的声音有什么不一样？小白兔是这样走的……小白兔也要唱歌了，小朋友们来帮帮它一起唱好吗？

（6）根据音乐的快慢，幼儿选择不同的角色，随音乐愉快演唱。

师：小动物们都来玩音乐楼梯了，我们和小动物一起玩音乐楼梯好吗？你们希望谁先来走这个音乐楼梯？它是快快的还是慢慢的？

3. 创设活动情境促进经验整合

音乐是一门艺术，幼儿无论是学唱歌曲、学跳律动，还是弹奏小乐器，都需要充满艺术性、趣味性、开放性的审美环境来激活幼儿的音乐情趣，使幼儿在音乐活动中发现音乐的美、获得丰富的情感体验，从而表现音乐、创造音乐。

要使幼儿在主题背景中学习音乐，教师应充分调动幼儿感官，不断创设问题情景，以激发幼儿探索音乐世界的欲望。同时，教师也可以借助媒体动画等方式创设出不同主题的情境，让幼儿能够调动起他们生活中的各种经验，整合迁移后形成新的经验。

**实例 15：**大班活动《春姑娘的歌》①

此活动是在"春天"这一主题系列下进行的。"春天来了，春天在哪儿呢？"孩子们带着这个疑问和爸爸妈妈、奶奶一起，在大自然中又看、又摸、又闻，发现了许多春天的显著季节特征，

---

① 本活动设计由上海市荷花池幼儿园黄颖岚老师提供。

拥有了一定的知识经验。"春姑娘的歌"把优美的音乐与抒情的诗歌整合起来,把音乐活动与探索活动整合起来,在体验和感受美的意境中,让孩子们自由地想象,自由地表达和表述自己对音乐的看法,从而在分段欣赏的过程中进一步感受和理解音乐的内涵。

活动目标:

在感受音乐的基础上,尝试用不同的材料为诗歌配乐,感受春天的美。

活动准备:

(1) 音乐音带和诗歌一首。

(2) 马甲袋、雨披、筷子等发出响声的废旧材料及沙球、钹、手铃等乐器。

活动过程:

一、教师用柔美舒缓的声音朗诵诗歌(听,春姑娘唱着歌来了。……)

师:听了诗歌有什么感觉?

二、完整欣赏音乐(诗歌真美呀,让我们走进更美的音乐听一听。)

师:你好像听见了什么,看见了什么?

三、分段欣赏(音乐里究竟讲了什么事情,我们来仔细听听。)

(1) 欣赏第一段:

① 师:这段音乐告诉了我们什么?

② 用肢体动作表现春风吹拂的感受。

(2) 欣赏第二段:

① 师:这是什么声音?

② 试一试让身体不同地方发出打雷的声音。

(3) 欣赏第三段:

① 师:春雷响了,发生了什么事?

② 用语言节奏表现下春雨了。

四、完整配乐朗诵诗歌

师:这么美的音乐,就是春姑娘唱的歌呀!

五、操作材料为诗歌配乐(今天我们来做小小配乐师,为春姑娘唱的歌伴奏。)

(1) 孩子探索各种材料发出的声音,教师倾听与指导。

(2) 个别交流:

师:你刚才用了什么材料? 听上去像什么声音?

(3) 选取一种材料为诗歌配乐:

教师朗诵诗歌,孩子配乐,然后教师引导他们辨别个别材料的性质,再进行第二次配乐。

附诗歌:

### 春姑娘的歌

春姑娘来了,她带着风儿,
轻轻地轻轻地唱着:

"呼呼呼,呼呼呼"
吹绿了柳条,吹红了桃花。

春姑娘来了,她带着响雷,
重重地重重地唱着:
"轰隆隆,轰隆隆"
唤醒了种子,唤醒了青蛙。

春姑娘来了,她带着雨点儿,
细细地细细地唱着:
"沙沙沙,滴滴答"
洗绿了大树,洗青了小草。


春姑娘唱的歌多美呀!

**实例16:**中班活动《青蛙唱歌》①

此活动设计是关于"春天"这一主题背景而引申出的音乐活动。活动中,教师利用幼儿熟悉、感兴趣的物体——荷叶,引发幼儿根据音乐的变化进行联想和游戏。使幼儿的已有经验与音乐知识相整合,既获得强弱、快慢这一特有的音乐语汇,体验音乐变化与肢体动作之间的联系,更在表达表现中获得并加深对轻和响概念的理解。

活动目标:

(1) 区分音乐强弱、高低的不同,感受音乐变化与身体动作之间的联系。

(2) 尝试用不同的声音表现小青蛙和老青蛙的叫声,初步体验同声合唱的乐趣。

活动准备:

(1) 大荷叶一张(能容纳进行活动的幼儿)。

(2) 指偶:小青蛙和老青蛙。

(3) 幼儿自画害虫若干条。

活动过程:

一、感受音乐的强弱变化,尝试合作游戏:荷叶和风。

(1) 引出荷叶:

师:小朋友,你们看,这会是什么? 我们一起把它打开吧!

师:荷叶长在什么地方? 如果一阵风吹来,荷叶会怎么样?

(2) 倾听轻柔缓慢的音乐——游戏:小风和荷叶

---

① 本活动设计由上海市荷花池幼儿园黄颖岚老师提供。

师：听！风来了，你觉得这是一阵怎样的风呢？

师：当轻轻的风吹来，荷叶会怎么样呢？

（3）倾听强烈快速的音乐——游戏：大风和荷叶

师：又有一阵风吹来了，听！这又是一阵怎样的风呢？

师：当大风吹来时，荷叶又会怎么样呢？

（4）强弱不同的音乐交替进行——游戏：会变的风和荷叶

师：风会变吗？仔细听音乐里的风是怎么变的？

师：风停了，荷叶怎么样了？

二、感受音乐的高低变化，学唱小青蛙和老青蛙的歌。

（1）引出荷叶上的青蛙

师：谁最喜欢荷叶？（青蛙）

师：小青蛙们，我们一起跳到荷叶上吧！（轻轻跳）

（2）想象青蛙的各种叫声

师：青蛙在荷叶上喜欢干什么？它是怎么叫的呢？（不同节奏的叫声）

交流讨论：原来青蛙有那么多不同的叫声，它就像我们人一样，不一样的叫声就好像在说不一样的话。

"呱呱！呱呱！"（你好！你好！）

"呱呱 呱呱 呱呱 呱！"（今天我呀真高兴！）

"呱呱 呱！呱呱 呱！"（真热啊！真热啊！）

（3）倾听两段高、低变化的音乐，感受小青蛙和老青蛙不同的声音

师：有一只老青蛙和一只小青蛙正在荷叶上唱着歌，听！哪段音乐是老青蛙在唱歌？哪段音乐是小青蛙在唱歌？（鼓励个别幼儿用高低不同的声音模仿小青蛙和老青蛙叫）

（4）情景表演："青蛙唱歌"，欣赏范唱

师：原来老青蛙和小青蛙的叫声是不一样的，那它们究竟在唱些什么呢？

指偶表演："在平静的湖面上，有一片绿绿的荷叶，一只小青蛙和一只老青蛙跳上了这片大大的荷叶。小青蛙见了老青蛙赶忙热情地打招呼：'呱呱！'老青蛙见了小青蛙连忙说：'呱呱！'小青蛙很想和老青蛙交朋友，就用它那清脆的声音介绍自己：'我是一只小青蛙！'老青蛙觉得一个人很孤单，也很想和小青蛙做伴，它就用那低沉的声音介绍自己：'我是一只老青蛙！'说着说着，它们就高兴地唱了起来……"

（5）学习用清脆、低沉的声音分别表现小青蛙和老青蛙的歌

师：小青蛙是怎么唱的？老青蛙是怎么唱的呢？

（6）初步尝试同声合唱

师：你喜欢小青蛙还是老青蛙的歌声呢？为什么？（幼儿自由选择演唱）

师：虽然小青蛙和老青蛙的声音不同，一个尖，一个粗，但它们很喜欢在一起唱，因为它们觉得那样很快乐，你们想试试吗？（幼儿选择自己喜欢的角色尝试同声合唱）

师：老青蛙和小青蛙们，你们快乐吗？

三、音乐游戏:青蛙捉害虫

(1)引出青蛙捉害虫,用动作交流表现

师:青蛙除了喜欢唱歌还喜欢干什么? 它是怎么捉害虫的?(鼓励个别幼儿大胆表现捉害虫的动作)

(2)倾听高低变化的音乐,探索青蛙捉害虫的方法

师:青蛙们,你们捉到害虫了吗? 有些青蛙捉到了,可有些青蛙捉得很辛苦,因为,这些害虫非常狡猾,它们拼命地跳上跳下,请你们听听它们是怎么跳的?

师:害虫一会儿跳得高,一会儿跳得低,那我们青蛙怎么样才能抓住它们呢?

(3)随音乐的变化进行游戏

师:你们真是捉虫能手,想的办法真棒! 青蛙们,抓害虫了!

师:青蛙们,来来来! 捉到几条害虫? 你们吃饱了吗? 我们回到荷叶上去休息喽!

# 第二节　幼儿园音乐教育的多渠道渗透

在学前儿童音乐教育中,以审美教育为核心的音乐教育是幼儿全面发展教育中的一项重要内容。所谓渗透的音乐教育活动,是指除专门的音乐教育活动以外,随机、灵活地蕴涵、渗透在儿童一日生活及其他教育活动之中的丰富而多样的、"隐性"的音乐教育活动。

## 一、日常生活中的音乐教育渗透

音乐活动所要达成的目标不是简单地让孩子们学会几支歌,跳几个舞,或做几个音乐游戏,应该将活动的目标指向幼儿的日常生活。而这种生活是真实的,能够提高孩子们在生活中对美的事物的敏感度,提高孩子们的审美能力与对美的表现力。[①]

日常生活中的音乐教育活动主要指教师在各种活动的转换间隙,以及散步、游览等活动中安排组织的音乐活动。这种活动有教师事先计划的,有临时安排的,也有幼儿发起的而后再由教师参与的。在日常生活的各个环节和活动中,时时可以随机而灵活地组织和安排一些与音乐有关的内容。如在用餐、睡觉、散步、阅读、游戏时穿插播放一些优美动听的音乐让儿童欣赏;在儿童自由活动、散步等时间中由教师或儿童发起、组织自愿参与的音乐活动等。

将音乐渗透在幼儿一日活动之中,在日常生活中恰当地、不断地提供音乐刺激,能激起幼儿愉快的情感和参与活动的兴趣,使幼儿的音乐天赋得到很好的发挥。同时,留心大自然和社会生活中富含音乐韵味的场景、事物以及幼儿能够体验到的情感,将其记录下来,从音乐、舞蹈、戏剧

---

① 王莉:《将幼儿音乐智能的培养渗透于日常生活之中》,《好家长》,2013年第1期。

等角度对记录的事物、生活场景、情感进行联想，寻找相应的音乐教育主题。在组织活动时，要充分利用孩子们喜欢的音乐，引导他们通过美的创造进一步加深对音乐情感的体验，增强其音乐表现力，引导其逐渐走向一种用音乐装点的生活。

## 二、游戏活动中的音乐教育渗透

游戏是儿童的主导活动，是幼儿园教育最主要的活动形式之一。在幼儿园形式丰富多样的各类游戏活动中，可以有机地渗透音乐教育的有关内容。游戏活动中的音乐渗透主要有两种较为突出的形式，即"音乐角"游戏活动和"小剧场"游戏活动。

### 1."音乐角"

区角活动是孩子体验、建构、发展的媒介，随着不同主题的生成和更换，区角活动也要顺应主题的变化而发展。"音乐角"是目前一般幼儿园都可能设置的、幼儿可能做自主选择的游戏区域。音乐区角是幼儿参加各类音乐艺术活动的地方，能够给幼儿一种愉快、美好、轻松、快乐的感觉。音乐区角的创建有助于丰富幼儿的音乐经验，同时也有助于达成教育目标。

在"音乐角"中，教师提供给幼儿的丰富材料，如录音机、录制好的不同性质的音乐磁带、空白带、节奏带、自制麦克风、铃鼓、小沙锤、串铃等，将有助于幼儿进行自发的、探索式的音乐活动。在这类游戏活动中，教师可以以一个参与者、合作者的身份加入，对儿童给予一定的间接式引导，儿童之间可以很自由地、平等地充分享受与同伴间的合作和交流；再如在其他表演游戏、建筑游戏及玩沙玩水等娱乐性游戏过程中，由游戏的器具、情境或其他偶发因素而引起的歌唱、韵律动作、声音探索等音乐表演活动也是极为普遍的。

放置在"音乐角"内直观、形象而富有趣味性的材料，能使幼儿在愉悦中获得音乐的体验。因此，教师可以有计划地根据教育目标，把教育内容分解到具体的音乐区角活动中，将音乐角活动预设为音乐集体活动的铺垫与延伸，适时地为幼儿提供学习机会，从而提高音乐教育的有效性。并且，音乐角活动大大增加了教师与每个幼儿交往的机会，因此，有利于教师细致地观察了解孩子，为教师因人施教提供了良好的条件。

**图例1:**音乐角《跳舞毯》[①]

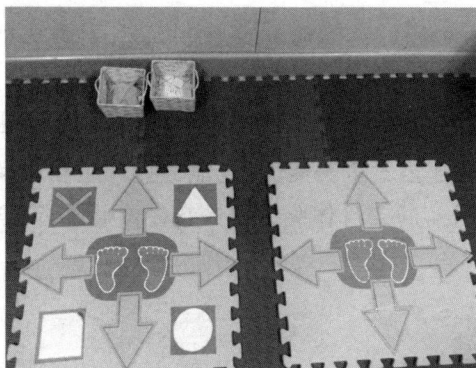

---

[①] 本音乐角资料由上海市荷花池幼儿园黄颖岚老师提供。

**图例2:**音乐角《大吊车》①

2. "小剧场"

"小剧场"游戏属于角色游戏的范畴。儿童在这类游戏中的表演既有对平时音乐教育内容的复习,也有儿童自我的、即兴的音乐创造表演。目前,各幼儿园根据各自园所实际的情况和特点开展的小社团活动则可谓是"小剧场"游戏活动的升级版。小社团艺术活动打破了原有的学科界限,从以前注重本体、技术取向的艺术教育功能转向了激发儿童潜能、促进儿童个性化表现和交往等综合能力发展的艺术教育功能。

小社团是一个以儿童的兴趣为基本前提,通过儿童自主选择和结伴而自发形成的组织,儿童的自由结合、自主探索、自我表达就是小社团活动的基本特质。② 幼儿园小社团是以儿童兴趣为基础、儿童艺术体验为手段、儿童综合能力培养为取向的,融整合艺术、主题艺术、兴趣艺术为一体的幼儿园艺术活动创新模式。

《3—6岁儿童学习与发展指南》指出,每个孩子心里都有一颗美的种子,幼儿艺术领域学习的关键在于充分创造条件和机会,让幼儿在大自然和社会文化生活中萌发对美的感受和体验,丰富其想象力和创造力,引导幼儿学会用心灵去感受和发现美,用自己的方式去表现和创造美。小社团艺术活动为儿童提供了充分地感知美、表现美和创造美的环境、气氛和材料。

小社团艺术活动实现了关注幼儿学习与发展的整体性,并尊重幼儿发展的个体差异的教育原则。小社团的活动形式既是一种整合、自主的课程拓展形式,也是集中体现了做中学、玩中学、生活中学的课程理念。通过小社团的活动形式,不仅能让儿童接触各种富有艺术情趣的艺术作品,大胆想象,在欣赏、模仿、创造中提升艺术审美能力,也能够让儿童在主动参与探讨社团活动的主题内容、尝试策划组织社团活动的亲身体验中提升交往沟通、协商合作等能力。

---

① 本音乐角资料由上海市荷花池幼儿园黄颖岚老师提供。
② 宋青、黄颖岚主编:《幼儿园小社团艺术课程的创新与发展研究》,上海科学普及出版社2013年版,第1—2页。

**实例17**：艺术月"舞林大会"小社团活动计划——冬天的节日①

活动目标

（1）幼儿自由结伴，用自己的肢体动作和服装道具分组表现圣诞节、感恩节、万圣节、春节的特色和氛围。

（2）尝试与其他社团合作，共同感受新年的快乐气氛，体验团员与团员之间、社团与社团之间的快乐合作。

具体安排

9月、10月：

活动内容：《火红中国年》

活动时间：1—2次活动。

活动形式：

（1）幼儿自主选择鞭炮、手绢花、小灯笼进行探索，摆出各种好看的姿势相互拍照。

（2）共同围坐在指导老师的周围欣赏关于新年的不同音乐，从中选择一首大家一致喜欢的曲子作为舞会的伴奏。

（3）在好听的音乐伴奏下，创编不一样的拜年动作，手持各种小道具进行表演。

（4）指导老师和孩子们一起舞蹈。

指导：

（1）创编不一样的拜年的动作，体验节日的快乐。

（2）学会在地面上运用丰富的地面动作，鼓励孩子在舞蹈的空间概念上有所拓展。

11月：

活动内容：《万圣节的假面舞会》

活动形式：

（1）简单了解和交流万圣节的来历和背景，观看影片，看看国外的孩子是怎样庆祝万圣节、开狂欢派对的。

（2）与"巧手DIY"小社团合作，制作完成各种各样的面具，从家里收集自己喜欢的材料，如羽毛、珠片、项链等。

（3）观摩、欣赏和佩戴自己制作的各种头饰或面具，听着音乐欢快舞蹈。

（4）鼓励孩子和家长进行亲子合作，用布料等东西制作各种新颖的服装和道具，待来园展示交流。

指导：

（1）在分享与交流中，通过录像以及照片回忆等多种形式，了解万圣节的背景和文化。

（2）鼓励孩子大胆创新，打扮自己，用各种奇思妙想把大家逗乐。

① 宋青、黄颖岚主编：《幼儿园小社团艺术课程的创新与发展研究》，上海科学普及出版社2013年版，第131—133页。

12月：

活动内容：《雪中圣诞节》

活动形式：

(1) 孩子带来自己的溜冰鞋，和同伴一起听着美妙的音乐溜冰舞蹈，开一场盛大的冰上芭蕾。

(2) 欣赏影片，了解圣诞舞会的场景和王子公主的双人舞。

(3) 自由结伴，探索各种双人舞的动作，伴随着好听的音乐，试试跳跳。

(4) 召开圣诞舞会，幼儿打扮成王子公主的样子翩翩起舞。

指导：

(1) 指导孩子安全地溜冰，完成各种优美的动作，提升幼儿的舞蹈姿态。

(2) 引导孩子自由结伴，和同伴一起快乐的双人舞蹈。

(3) 邀请别的社团孩子来欣赏我们的圣诞舞会，幼儿自发印制邀请函分发给各位老师和同伴。

1月：

活动内容：《鲜花感恩节》

活动形式：

(1) 自发收集各种有关感恩节的资料，相互分组交流。

(2) 教师收集各种有关感恩的歌曲，幼儿听听，聊聊，理解感恩的意义。

(3) "浪漫花艺"小社团和"舞林大会"小社团进行交流见面会。我们欣赏花艺和手工制作成品，教她们跳舞，她们观看我们的舞蹈，赠送给我们亲手制作的康乃馨花朵作为我们的表演道具。

指导：

(1) 收集和制作各种花朵，相互学习。

(2) 和孩子一起舞蹈"亲亲宝贝"。梳理一些简单的手持鲜花的舞蹈组合。

### 三、节日活动中的音乐教育渗透

节日活动中的音乐活动通常特指为庆祝节日而组织安排的各类音乐表演和娱乐性活动。在这类音乐活动中，由儿童自愿地担任表演的主持人，安排、确定表演的节目，鼓动全体儿童都来参与音乐的表演。在这种氛围的活动中，容易使儿童充分地体验到音乐活动的快乐，从而培养起对音乐稳定而持久的兴趣。节日活动中的音乐活动，应体现出平等性，让每个儿童都能体验到音乐活动中不同角色给儿童带来的快乐。[①]

此外，不同性质的节日能促进幼儿相应的社会性发展。例如民俗性传统节日活动，如春节、端午节、中秋节等，可以增进幼儿对热烈、喜庆、欢快的节日氛围的感知和体验，也有助于幼儿了

---

① 陈宝久、刘纪秋：《论幼儿音乐教育活动的组织》，《大众文艺》，2011年第3期。

解健康的民俗习惯和社交礼仪规范,培养幼儿积极健康的情感、态度和人际交往能力。如在喜庆的春节节日活动中,可以通过"民间歌舞"方面的素材进行音乐教育的渗透,像节日秧歌、欢庆腰鼓、赛龙舟等艺术活动形式中,都有幼儿熟悉的、感兴趣的音乐元素和表现形式,学习和欣赏这些音乐歌舞,可以加强对幼儿的民族文化艺术教育,使得幼儿艺术教育充满浓郁的文化气息。而现代文化性节日,如环境日、交通日、粮食日、植树节等,是随着当代人类社会的不断发展而出现的。这些节日一般都与人类发展过程中遇到的共同问题相联系,如环境、交通、能源问题,都是现代社会向人们提出的挑战。在这些节日中进行音乐教育的渗透,将更有助于幼儿了解节日的来历和有关的知识,使幼儿树立全新的社会观念和现代意识,从小培养幼儿对社会的责任感、使命感和时代感。

**实例18:中班活动《爷爷为我打月饼》**

活动目标:听赏感知歌曲性质、内容、节拍。

活动准备:音乐,中秋背景。

活动过程:

(1)看图引发幼儿话题。

(2)听赏歌曲,在多次听赏的基础上根据节奏打节拍。

(3)理解歌曲内容,听到了什么。教师讲老红军的故事,激发幼儿的情感。

(4)初步跟着学唱歌曲。

**实例19:中班活动《爱护小树苗》**

活动目标:

(1)教育幼儿从小爱护小树苗。体验表现自己情感的快乐。

(2)在情境表演过程中,理解歌曲的性质、内容与情感,并用不同的方式来演唱。

活动准备:

(1)小朋友的情境表演、表演词。

(2)歌曲的录音磁带、录音机。

活动过程:

(1)激发情感

出示未绿化的新马路图,激发幼儿对绿化的愿望。

(2)感受音乐

听歌曲音乐旋律,幼儿做"栽树、浇水、拔草、卷袖、擦汗"等动作。

(3)学习歌曲

① 配音观赏:大班小朋友的情境表演:"爱护小树苗"。

② 欣赏老师演唱歌曲:谈谈歌曲里唱了什么?

③ 感受音乐的节奏:幼儿听音乐按节奏自编律动动作。

④ 学习歌词:随音乐节奏用前后接句的形式朗诵。

⑤ 跟录音唱歌曲:教师与幼儿一起跟唱。(注意第一、二遍幼儿轻唱)

(4) 音乐表现

① 以集体、分组、个人的形式齐唱、领唱、对唱来表现。

② 即兴创编:幼儿根据歌曲内容边唱边做不同的动作来表现。

## 爱护小树苗

1=F 2/4

潘振声词曲

| 1 1 2 | 3 5 3 2 | 1 2 1 6 | 5 - |

1. 路 旁 的 小 树 刚 刚 栽 好,
2. 路 旁 的 小 树 挺 起 了 腰,

| 1 1 2 | 3 5 3 2 | 1 2 1 6 | 5 - |

来 了 个 小 朋 友 把 树 摇。
快 乐 地 对 着 我 们 微 微 笑。

| 0 0 | 5 6 5 6 | 5 3 2 | 5 | 6 1 | 2 - |

(喊)哎 - 别摇 别摇 快别 摇, 快 别 摇,
(喊)喂 - ‖: 小朋 友们 快快 来, 快 快 来,

| 5 3 2 3 | 5 3 2 1 | 6 5 3 2 | 1 - ‖

好 孩 子 要 爱 护 小 树 苗。
我 们 来 给 小 树 苗 把 水 浇。:‖

**实例20**:大班活动《共同的节日》①

活动目标:

(1) 引导幼儿以热情、欢快的歌声赞美幸福的生活,激发幼儿对节日的喜爱之情。

(2) 尝试扮演各国不同肤色的儿童,以组为单位边唱边创编舞蹈动作,体验集体成功给自己带来的快乐。

活动过程:

(一) 情景导入

(1) 导入。

师:你们最喜欢过什么节日?回忆过节的心情,同大家说一说。

---

① 本节日活动方案由上海市小红帆幼儿园金晶老师提供。

（2）聆听范唱，思考。

师：从音乐中向我们走来了怎样的孩子？（活泼、快乐、幸福）再聆听，可根据自己的喜好随乐打击节奏或律动。

（二）学唱歌曲《共同的节日》

（1）朗读歌词，体会词义。（刻画了儿童们天真烂漫的性格特征，表现了孩子们在节日里喜悦和幸福的心情。）

（2）要求声音柔和、抒情，有感情地演唱。

（三）舞蹈创编

（1）师：这么美的词，咱们编几个动作演一演。

（2）幼儿随乐自由组合编排。随乐展示、评价。

## 思考题

1. 幼儿园音乐教育活动的整合途径有哪些？
2. 试谈音乐活动中音乐与美术间整合的方式。
3. 试谈如何在社会教育中渗透音乐教育。
4. 请思考音乐活动中音乐领域与科学领域整合的切入点。
5. 幼儿园音乐教育的多渠道渗透有哪几种？它们之间的联系点在哪里？
6. 请为一个音乐集体活动设计相应的音乐区角活动。
7. 请谈谈小社团艺术活动对于幼儿音乐能力发展的影响与作用。
8. 请以民俗性的节日设计一个音乐活动方案。

# 学前儿童音乐教育课程教学（考试）大纲

学前儿童音乐教育是一门研究学前儿童音乐心理发展、音乐学习的特点、规律，以及如何对学前儿童实施音乐教育的学科。它是从音乐领域来研究儿童的教育问题，其研究的范围具体包括：学前儿童音乐能力的发展；学前儿童音乐教育的作用；学前儿童音乐教育的特点；学前儿童音乐教育的目标、内容、方法、途径；怎样为儿童的音乐学习提供、创设一定的环境和材料以及如何评价学前儿童的音乐教育等一系列问题。因此，从其研究的对象可以看出，学前儿童音乐教育是一门理论与实践相结合的应用学科。

学前儿童音乐教育与学前儿童教育的其他学科有着密切的联系，特别是学前教育学、儿童心理学、美学等学科。可以说，学前教育学、儿童心理学及美学的有关理论和原则，是研究学前儿童音乐教育的一般理论基础，它为研究学前儿童音乐教育的实践提供了一定的依据；而学习学前儿童音乐教育这门学科也能有助于对学前教育学、儿童心理学等学科知识的进一步理解、巩固和运用。

学前儿童音乐教育是学前教育专业的一门专业理论课程，也是幼儿园教师进修高等师范专科学前教育专业的一门选修课程。通过本课程的学习，旨在帮助学员提高对学前儿童音乐教育领域的理论和实践问题的认识，全面掌握与学前儿童音乐教育有关的专业知识，从而提高从事学前儿童音乐教育实践工作的能力和素养。

## 一、教学要求

### （一）知识体系

1. 音乐是以有组织的、在时间上流动的音响为物质手段来塑造艺术形象，表达思想情感的一种社会性艺术。音乐是离不开一定的社会生活的，它是一种社会审美生活的主观反映。儿童音乐与成人音乐有着不同的涵义，对儿童而言，音乐首先是儿童个体发展的一种自我表现方式。通过音乐活动，儿童能够愉悦身心、肯定自我、陶冶情趣并发展能力。

2. 学前儿童的音乐教育是人类社会进步所特有的一种社会活动，也是儿童自身发展的需要。它对于促进社会的文明程度以及儿童个体的发展和完善都具有重要的价值和功能。对于学前儿童音乐教育的价值取向和定位，应在体现音乐本体功能、内在价值的基础上突出和强调音乐的教育功能，使二者有机地统一和综合，以促进儿童整体、和谐的发展。

3. 对于儿童音乐教育，世界各国的专家学者提出了各自不同的理论及教育体系。其中比较重要的理论流派和教育体系有奥尔夫的"元素性"音乐教育、达尔克罗兹的"体态律动"、柯达伊的唱歌教学及铃木的"母语教学"等。在这些自成体系的音乐教育思想的带动和影响下，同时产生了儿童音乐教育中的几种不同的课程模式，如目标模式，过程模式以及注重音乐学科内在结构、系统的螺旋型模式等，它为我们思考并建构适合我国国情的学前儿童音乐教育体系带来了一定的参考和借鉴作用。

4. 学前儿童音乐教育的目标是学前儿童音乐教育实践的出发点和最终归宿。学前儿童音乐教育目标的结构由纵向的层次结构和横向的分类结构构成。按层次结构可以把学前儿童音乐教育的目标分解为总目标、年龄阶段目标、单元目标和音乐教育活动目标四个层次；按分类结构则一般可以概括为认知目标、情感与态度目标、操作技能目标等。

5. 学前儿童音乐教育的内容一般包括歌唱、韵律活动、打击乐演奏和音乐欣赏四大领域。学前儿童音乐教育内容的选择既要考虑到儿童的已有经验、水平及年龄发展特点，同时也要体现内容和音乐本身的艺术审美性。

6. 学前儿童音乐教育的途径是综合而多样的。幼儿园的音乐教育活动是托幼机构实施儿童音乐教育的主要途径，它包括专门的音乐教育活动和渗透的音乐教育活动两种形式；而家庭和社会的音乐教育也是对儿童音乐教育启蒙的一种良好途径和手段。

7. 学前儿童音乐教育的方法包括两层含义：一是指教师在组织儿童的音乐教育活动中引导儿童与音乐产生相互作用的具体方法；二是指儿童在音乐教育活动中自己探索和学习音乐的方法。

8. 学前儿童音乐教育评价是通过收集和分析儿童音乐教育活动各方面的信息，科学地检测和判断音乐教育价值和效益的过程。其评价内容包括学前儿童音乐能力发展的评价、学前儿童音乐教育活动的评价以及幼儿园音乐教育工作的整体评价三方面；评价的方法一般有观察法、谈话法、问卷法、测验法和综合等级评定法等。

9. 学前儿童音乐教育活动的设计是教师根据音乐教育的目标要求，围绕音乐教育的材料内容而展开的对幼儿园音乐教育活动的全面而具体的构思。学前儿童音乐教育活动设计的原则既是某种教育理论观点的反映，也是儿童音乐教育客观规律的体现。其应遵循的基本准则是：发展性原则、互动性原则、审美性原则、整合性原则及差异性原则。学前儿童音乐教育活动的设计包括活动目标的设计、活动程序的设计及与活动相关的环境和材料的设计。

### （二）能力结构

1. 能够记住并理解教材中各种主要的概念、理论及观点。

2. 能够运用学前儿童音乐教育的一般理论原理和规律，分析和解决学前儿童音乐教育实践中的实际问题。

3. 能够综合运用学前儿童音乐教育学科的知识点解释学前儿童音乐发展及音乐教育的问题，既能从理论上进行描述和分析，又能从实践上对幼儿园的音乐教育活动进行设计、分析和评价。

### （三）课时安排

| 进修类型章次 | 二年制离职进修 | 三年制业余进修 | 四年制函授 | | |
|---|---|---|---|---|---|
| | | | 总数 | 面授 | 自学 |
| 第一章 | 4 | 4 | 8 | 3 | 5 |
| 第二章 | 4 | 4 | 8 | 3 | 5 |
| 第三章 | 6 | 6 | 12 | 4 | 8 |
| 第四章 | 4 | 4 | 8 | 3 | 5 |
| 第五章 | 16 | 16 | 32 | 12 | 20 |
| 第六章 | 6 | 6 | 12 | 4 | 8 |
| 第七章 | 6 | 6 | 12 | 4 | 8 |
| 第八章 | 6 | 6 | 12 | 4 | 8 |
| 总复习 | 2 | 2 | 4 | 2 | 2 |
| 总　计 | 54 | 54 | 108 | 39 | 69 |

### （四）教与学的方法

1. 教学方法

以讲述为主,在讲述的基础上组织学员开展联系实际的讨论,并辅之以一定的实践活动,如活动设计、活动评析等。以下讲述方法可供参考：

（1）描述性讲述：可以根据教材编排顺序系统描述教材内容,理清线索,阐明各知识点之间的逻辑关系,帮助学员排除对教材中有关问题理解上的障碍,展示各章节的知识框架结构。

（2）要点抽象式讲述：对有关章节的内容可先作简明提要,抽象出其知识点,然后逐一对知识点所表达的涵义进行阐释。

（3）实例分析式讲解：有些内容可联系实际,从实际中有代表性和典型性的案例入手,启发学员分析、思考,从中推断出一般的理论依据,引出知识点。

（4）观点演绎式讲解：有时可直接提出某种观点,显示某种理论、原理,在正确理解的基础上,引导学员以实例将其具体化,举一反三、灵活应用。

2. 自学方法

以阅读教材为主,以下学习方法可供参考：

（1）通读教材：按教材内容的编排逻辑,通过自己的阅读理解,理出各章节的知识脉络,划出概念,圈出重点和难点。

（2）做读书笔记：结合面授听课,在正确理解的基础上,将教材内容转化为知识要点,做出相应的笔记,并进一步以问题的形式对知识点进行思考和练习。

（3）查参考资料：根据大纲的要求和内容,寻找教材以外的其他参考资料作为辅助学习的内容,以帮助理解、扩展思路。

（4）联系幼儿园实际：结合自身的幼儿园音乐教育实际工作经历，运用学前儿童音乐教育学科的有关知识，设计并引导儿童的音乐学习过程，并从中更进一步解释和论证有关的理论观点和内容。

## 二、教学内容与目标分类

### （一）有关内容与目标分类的说明

本大纲所列的各章、节、目的全部内容均为教学内容，其中大部分为考核内容。

教学内容各条目后括号内的提法是学员对所学内容掌握的不同目标层次，也是本学科的考核要求。

目标分类各层次间的关系是累积性的，即一方面较高层次的行为建立在较低层次行为的基础之上；另一方面较低层次的行为又是较高层次行为的必要组成部分。它们的关系可以表述为，第一层次：记忆；第二层次：在记忆的基础上正确理解；第三层次：在记忆和理解的基础上学会应用。

目标分类中相关提法的具体含义：

（1）记忆：仅从文字上掌握所学的知识。考试时，在与教材情境、文字基本相同的情况下，通过适当的再认、回忆或自动反应完成作业。

（2）理解：从知识的内涵、外延及其相互联系上掌握所学的知识。考试时，在所学内容相同，文字不同或表达方式不同的情况下，通过一定的思考，组织完成作业。通常表现为对所学知识能作出相应水平的解释，对其意义能作出简单的直接归纳或演绎性推断。

（3）应用：从本质上或某种抽象水平上掌握所学的知识。考试时，能运用所学的知识在相同水平、相同难度的新问题或新情境中完成作业。

### （二）教学内容、教学要求及目标定位

#### 第一章　音乐与儿童音乐

教学目的：了解音乐与儿童音乐的本质及其特点，理解两者之间的共同点及区别；了解并掌握学前儿童音乐能力发展的一般过程和特点。

教学重点：音乐的本质与基本特征；儿童音乐的一般特点和审美特性。

教学难点：音乐与儿童音乐的区别及其两者的关系。

教学的具体内容和目标定位：

第一节　音乐

一、音乐的起源与发展（记忆）

二、音乐的本质（理解）

三、音乐的基本特征（理解）

四、音乐的功能（记忆）

第二节　儿童音乐

一、儿童音乐的基本特点（理解）

二、儿童音乐的审美特性（理解）

三、儿童音乐的类型特征（理解）

教学建议：

1. 把握儿童音乐的本质，关键是要理解其区别于一般成人音乐的不同特点。

2. 对于学前儿童音乐特征的理解和把握，可以结合儿童音乐活动的具体实例和表现来加以分析和理解。

## 第二章 学前儿童音乐教育的基本理论问题

教学目的：全面而辩证地把握学前儿童音乐教育对社会以及儿童个体发展的作用和价值；概括地了解学前儿童音乐教育的内涵，从而使学员从思辨的、历史的角度来认识学前儿童的音乐教育。

教学重点：学前儿童音乐教育的涵义。

教学难点：对学前儿童音乐教育涵义的思辨。

教学的具体内容和目标定位：

第一节 学前儿童音乐教育的作用

一、学前儿童音乐教育与社会发展（理解）

二、学前儿童音乐教育与儿童个体发展（理解）

第二节 学前儿童音乐教育的价值取向

一、以音乐本位的学前儿童音乐教育价值观（记忆）

二、以教育本位的学前儿童音乐教育价值观（记忆）

第三节 学前儿童音乐教育的涵义

一、如何理解学前儿童音乐教育（理解）

二、学前儿童音乐教育的特点（记忆）

教学建议：

1. 把握和理解学前儿童音乐教育对儿童个体发展的价值和作用，应强调和突出其价值不仅仅体现在现在，更体现在对儿童一生的成长和发展的价值上。

2. 理解学前儿童音乐教育的特点，可以结合儿童音乐学习过程的具体表现展开实例的分析。

## 第三章 儿童音乐教育的流派及课程模式

教学目的：学习和了解有关儿童音乐教育的几种基本理论和流派，掌握各种儿童音乐教育体系的基本特点；从各种不同的儿童音乐教育体系和课程模式的学习中进行比较、分析和借鉴。

教学重点：奥尔夫的"元素性"音乐教育、达尔克罗兹的"体态律动"、柯达伊的唱歌教学、铃木的"母语教学"等。

教学难点：各种不同的儿童音乐教育课程模式的价值和优势。

教学的具体内容和目标定位：

第一节 儿童音乐教育的几种理论流派

一、达尔克罗兹音乐教育体系（理解）

二、柯达伊音乐教育体系（理解）

三、奥尔夫音乐教育体系（应用）

四、铃木音乐教育体系（理解）

五、卡巴列夫斯基音乐教育体系（记忆）

六、综合音乐感教育体系（应用）

第二节　儿童音乐教育的几种课程模式

一、儿童音乐教育的目标模式（理解）

二、儿童音乐教育的过程模式（理解）

三、儿童音乐教育的螺旋型模式（理解）

第三节　儿童音乐教育理论及模式评述

一、从儿童出发的音乐教育原则（理解）

二、均衡而全面的音乐教育内容（理解）

三、注重儿童主体感受和体验的音乐教育过程（理解）

四、具有一定音乐素养的启蒙者（理解）

教学建议：

1. 要使学员在理解各种不同的儿童音乐教育理论流派及其主要观点的基础上，分析和思考每种理论的倡导者是站在何种立场上来论述儿童音乐教育问题的。

2. 在帮助学员理解和把握各种理论流派及课程模式的基本观点的教学中，启发学员结合自身体会展开一定的讨论和分析。

## 第四章　学前儿童音乐教育的设计原理

教学目的：了解和熟悉学前儿童音乐教育的目标结构、制定的依据和基本过程；了解并把握幼儿园音乐教育目标的内容范围、选择、组织形式及特点；掌握学前儿童音乐教育的几种基本方法及各种方法的理论依据和实践意义。

教学重点：学前儿童音乐教育的目标制定和内容组织。

教学难点："模仿学习"与"预知学习"方法的认识与比较。

教学的具体内容和目标定位：

第一节　学前儿童音乐教育的目标

一、学前儿童音乐教育活动的目标概述（记忆）

二、学前儿童音乐教育活动的目标设置（理解）

第二节　学前儿童音乐教育活动的内容与组织

一、学前儿童音乐教育活动内容概述（记忆）

二、学前儿童音乐教育活动内容的选择和组织（理解、应用）

教学建议：

1. 要帮助学员理清学前儿童音乐教育目标结构体系中各层次、各领域、各年龄目标之间的辩证和统一的关系，明确各目标虽有其在音乐教育中独特的作用和意义，但它们同时又是相互联系、相互作用的。

2. 可以结合幼儿园的音乐教育活动实践，启发学员讨论、分析不同的音乐教育目标表述方式的意义和作用。

3. 必须使学员理解学前儿童音乐教育的方法既是教师为达到音乐教育的目标所采用的教学方法，也是儿童在教师引导下的音乐学习的方法，两者应是辩证而统一的。

## 第五章　学前儿童音乐教育的基本内容

教学目的：了解并掌握学前儿童音乐能力发展的一般特点和年龄特征；掌握幼儿园音乐活动所涉及的一些基本概念、知识和技能；了解如何在幼儿园音乐活动中培养儿童的基本素质和能力；掌握有关幼儿园音乐活动内容选择的依据和注意点。

教学重点：幼儿园音乐活动中的基本类型及特征。

教学难点：如何在音乐活动中培养和促进幼儿的基本素质和能力。

教学的具体内容和目标定位：

第一节　歌唱

一、学前儿童歌唱能力的发展（理解）

二、幼儿园歌唱活动的要素和实例分析（记忆、应用）

第二节　韵律活动

一、学前儿童韵律能力的发展（理解）

二、幼儿园韵律活动的要素和实例分析（记忆、应用）

第三节　打击乐演奏

一、学前儿童打击乐演奏能力的发展（理解）

二、幼儿园打击乐演奏活动的要素和实例分析（记忆、应用）

第四节　音乐欣赏

一、学前儿童音乐欣赏能力的发展（理解）

二、幼儿园音乐欣赏活动的要素和实例分析（记忆、应用）

教学建议：

1. 帮助学员理清儿童在不同年龄发展阶段的音乐能力发展特点以及趋势，有针对性地展开对音乐活动中相关能力和素质的培养。

2. 可以结合幼儿园的音乐教育活动实践，启发学员讨论、设计或分析不同的音乐活动案例，并尝试将歌曲、律动等改编成音乐游戏。

## 第六章　学前儿童音乐教育的评价

教学目的：了解学前儿童音乐教育评价的作用、意义、原则、内容和基本方法；初步学习设计学前儿童音乐教育评价的方案。

教学重点：学前儿童音乐教育评价的内容和标准。

教学难点：学前儿童音乐教育活动的评价。

教学的具体内容和目标定位：

第一节　学前儿童音乐教育评价的作用和原则

一、学前儿童音乐教育评价的作用(记忆)

二、学前儿童音乐教育评价的原则(理解)

第二节　学前儿童音乐教育评价的内容和标准

一、学前儿童音乐能力发展的评价(理解)

二、幼儿园音乐教育活动的评价(应用)

三、幼儿园音乐教育工作的整体评价(理解)

第三节　学前儿童音乐教育评价的方法

一、观察法(理解)

二、谈话法(记忆)

三、问卷法(记忆)

四、测试法(理解)

五、综合等级评定法(理解)

教学建议：

1. 对本章第二节"学前儿童音乐教育评价的内容和标准"的学习,可与前面有关音乐教育活动的内容联系起来进行更深入的讨论和理解。

2. 重点帮助学员把握和明确学前儿童音乐教育评价的内容和标准主要体现在对音乐教育活动本身的评价,并引导学员在分析和理解的基础上,尝试学习设计一份具体的音乐教育活动评价方案。

## 第七章　学前儿童音乐教育的有效实施

教学目的：了解和熟知学前儿童音乐教育的基本途径;理解并掌握幼儿园音乐教育活动设计的原则和环节;了解并把握幼儿园音乐教育活动有效实施的设计要点和组织策略。

教学重点：幼儿园音乐教育活动的设计原则和具体环节。

教学难点：如何综合运用活动组织策略有效开展幼儿园音乐教育活动。

教学的具体内容和目标定位：

第一节　幼儿园音乐教育活动的设计

一、幼儿园音乐教育活动设计的基本原则(理解)

二、幼儿园音乐教育活动设计的具体环节(理解、应用)

第二节　学前儿童音乐教育的途径

一、幼儿园的音乐教育活动(理解)

二、家庭和社会的音乐教育(理解)

第三节　学前儿童音乐教育的组织策略

一、情境创设策略(理解、应用)

二、经验调动策略(理解、应用)

三、多元感知策略(理解、应用)

四、范例演示策略（理解、应用）

五、启发想象策略（理解、应用）

教学建议：

1. 在帮助学员了解并领会幼儿园音乐教育活动的设计原则和具体环节的同时，让学员把握有效实施幼儿园音乐教育活动的组织策略。

2. 在帮助学员总体把握学前儿童音乐教育活动设计的要求、方法及技术的基础上，引导学员尝试制订或评析一个具体的活动设计方案所运用的组织策略。

## 第八章　学前儿童音乐教育的整合与渗透

教学目的：了解学前儿童音乐教育与各领域间整合的总体思路；理解并掌握幼儿园音乐教育活动中整合与渗透的方法与途径。

教学重点：了解音乐教育与幼儿园其他领域教育间的联系，初步形成音乐教育与各领域间整合的理念。

教学难点：如何综合运用整合思路，有效开展幼儿园音乐教育活动。

教学的具体内容和目标定位：

第一节　幼儿园课程中的音乐教育整合

一、音乐领域各基本内容的整合（理解、应用）

二、音乐领域与其他学科领域间的整合（理解、应用）

三、主题背景下的音乐教育整合（理解、应用）

第二节　幼儿园音乐教育的多渠道渗透

一、日常生活中的音乐教育渗透（理解、应用）

二、游戏活动中的音乐教育渗透（理解、应用）

三、节日活动中的音乐教育渗透（理解、应用）

教学建议：

1. 帮助学员形成幼儿园的音乐教育活动与幼儿园各领域间的整合观，以及幼儿园音乐教育不应只局限于集体音乐活动的意识。

2. 在帮助学员总体把握学前儿童音乐教育活动整合设计的要求、方法及技术的基础上，引导学员尝试制订或评析一个具体的活动设计方案。

## 三、考查

1. 考查依据及有关说明

考查以本大纲为依据。考查的目的在于了解考生对学前儿童音乐教育的基本概念、基本原理的理解以及对各基本理论和原理之间区别和关系的把握程度。尤其是考查学员是否能运用学前儿童音乐教育的有关理论来设计、评析幼儿园的音乐教育实践活动，是否具有将有关理论转化为教育实践的能力。

因此，考生应对大纲中所列的有关概念、观点、原理有明确而清晰的理解和认识，把握它们之间的内在逻辑关系。除对要求记忆的有关内容作提示性的再认、再现外，更多的是要求对一些重要的理论、概念等作进一步的分析，并能联系音乐教育的实践，以示对所学知识的综合理解和应用。

2. 考查时间：120 分钟

3. 考查方式、评分制与分数解释

采用闭卷笔试的形式，以百分制评分，60 分以上为合格。

4. 内容比例

本大纲各章节都作为考查范围，考题所占比例根据各章的内容量及重要性来安排。具体出题范围比例大约为：第一章—第三章，25％；第四章—第六章，50％；第七章—第八章，25％。

5. 难度比例

容易：10％；较容易：15％；适中：50％；较难：15％；难：10％。

6. 题型比例

填空题：20％；选择题：10％；概念题：20％；简答题：30％；分析、设计题：20％。

7. 样题及目标定位示例

(1) 填空题(每空 1 分)。例：幼儿园音乐教育活动的组织形式可以分为＿＿＿＿和＿＿＿＿两种。

(2) 选择题(每选 1 分)。例：在儿童身体动作的发展过程中，最先发展的是＿＿＿＿。

A. 下肢动作　　　B. 单纯动作　　　C. 复合动作　　　D. 躯干动作

(3) 概念题(每题 4 分)。例：韵律活动。

(4) 简答题(每题 6 分)。例：学前儿童音乐教育活动设计应遵循哪些原则？

(5) 分析设计题。例：以中班的歌唱活动——《大鞋与小鞋》的活动目标、活动基本过程的设计为例，运用"预知学习"的方法来分析并修改活动方案。

# 主要参考文献

1. 许卓娅主编:《学前儿童音乐教育》,人民教育出版社 1996 年版。

2. 曹理主编:《普通学校音乐教育学》,上海教育出版社 1993 年版。

3. 李晋瑗:《幼儿音乐教育》,北京师范大学出版社 1998 年版。

4. [英]约翰·阿·斯罗伯达著,罗小平、黄虹编译:《最新音乐心理学荟萃》,中国文联出版公司 1995 年版。

5. [美]伦纳德·迈尔著,何乾三译:《音乐的情感与意义》,北京大学出版社 1991 年版。

6. [美]鲁·阿恩海姆著,郭小平、翟灿译:《艺术心理学新论》,商务印书馆 1996 年版。

7. 李璞珉主编:《心理学与艺术》,首都师范大学出版社 1996 年版。

8. 彭吉象:《艺术学概论》,北京大学出版社 1994 年版。

9. 李姐娜主编:《世界音乐教育集萃》,漓江出版社 1991 年版。

10. 杨立梅编著:《柯达伊音乐教育思想与实践》,中国人民大学出版社 1994 年版。

11. 魏煌、侯锦虹编著:《苏联音乐教育》,上海教育出版社 1999 年版。

12. 刘沛编著:《美国音乐教育概况》,上海教育出版社 1998 年版。

13. 尹爱青、曹理、缪力编著:《外国儿童音乐教育》,上海教育出版社 1999 年版。

14. 黄人颂主编:《学前教育学》,人民教育出版社 1989 年版。

15. 陈帼眉、刘焱:《学前教育新论》,北京师范大学出版社 1996 年版。

16. 刘晓东:《儿童教育新论》,江苏教育出版社 1998 年版。

17. 许卓娅、孔起英主编:《幼儿园课程实施指导丛书·艺术》,南京师范大学出版社 1997 年版。

18. 张志华编写:《幼儿园音乐教学法》,北京师范大学出版社 1988 年版。

19. 程英:《审美与快乐——学前儿童音乐教育的理论与实践》,福建教育出版社 2008 年版。

20. 潘庆戎、李凤杰主编:《幼儿园教育活动设计与指导(艺术)》,河海大学出版社 2006 年版。

21. 郭亦勤主编:《学前儿童艺术教育活动指导》,复旦大学出版社 2006 年版。

22. 曹冰洁、李婷:《幼儿园音乐教学手册》,华东师范大学出版社 2011 年版。

23. 迟琳文、徐蓓珍主编:《快乐音乐:主题背景下 24 组幼儿音乐活动》,华东师范大学出版社 2007 年版。

24. 郭声建:《艺术教育论》,上海教育出版社 1999 年版。

25. 李慰宜主编:《一课一案:幼儿园优质案例汇编》,华东师范大学出版社 2011 年版。

26. 教育部颁发《3—6 岁儿童学习与发展指南》,2012 年。

27. 许卓娅主编:《幼儿园音乐教育与活动设计》,高等教育出版社 2009 年版。

28. 《幼儿园渗透式领域课程》编委会编:《幼儿园渗透式领域课程——科学·艺术教师用书(小班上)》,南京师范大学出版社 2009 年版。

29. 赵寄石、唐淑:《幼儿园渗透式领域课程——科学、艺术》(小班上),南京师范大学出版社 2005 年版。

# 后 记

　　《学前儿童音乐教育与活动指导》(第3版)是适合学前教育专业学习的一本必修课教材,也可供幼儿园在职教师进修成人高等师范学前专业所选用,并可作为学前儿童音乐教育领域的理论参考读物。

　　本教材在2006年出版的《学前儿童音乐教育》(修订版)的基础上进行了修订和补充。本次修订和补充主要围绕国家颁布的《3—6岁儿童学习与发展指南》以及学前教育专业课程标准之要求与精神,尤其针对目前幼儿园课程改革与实施中的转型与变化,对幼儿园音乐教育的价值指向、内容结构及活动实施等方面作了调整和补充。同时,为便于学生更好地领会和掌握幼儿园音乐教育活动的设计与实施,本教材增编了部分活动案例,其中既有专门的音乐活动案例,也有整合、渗透在主题背景下的音乐活动案例。本教材力图将各种音乐教育实践内容与中华优秀传统文化相结合,在增加学生音乐素养的同时,培养其文化自信,传承中华文明,使学生全面发展。

　　本教材的编写和修订得到了华东师范大学出版社的大力支持。全书分工如下:黄瑾撰写第一至六章;阮婷撰写第七章、第八章;周蓓撰写第一章第二节;上海市黄浦区荷花池幼儿园、上海市音乐幼儿园、上海市黄浦区星光幼儿园、上海市小红帆幼儿园、上海市月浦四村幼儿园、上海市大昌幼儿园的黄颖岚、孙敏、李郡、曹丛岭、金晶、袁泠、魏岭、张莉萍等老师为本书提供了活动设计案例,在此一并表示衷心的感谢。由于编者学识所限,加之写作时间仓促,书中肯定有不足之处,敬祈专家与读者批评指正。

编者

2024年1月